"Este guia prático explora as cinco competên̂̂̂̂̂̂̂̂̂̂̂̂̂̂̂̂ ̂̂̂̂̂̂̂̂̂̂̂̂̂̂̂ pi-rantes a líder precisam ter para galgar a escada corporativa. É um incrível guia de estratégias."

— TINA DANIELS, Diretora da Agência de Desenvolvimento de Negócios, Google

"*Vantagem Competitiva no Trabalho* é uma leitura obrigatória e inspiradora caso queira se tornar um líder de grande potencial. Ele é repleto de conselhos práticos e profundos para se alcançar esta condição crítica (e nela permanecer) em sua carreira."

— SCOTT DRURY, Presidente, San Diego Gas & Electric

"Um livro prático e bem fundamentado sobre como maximizar o seu potencial e permanecer nas primeiras posições. Leitura obrigatória para qualquer um que luta para ser um líder e se adaptar a um mundo em contínua mudança."

— PETER M. FASOLO, Vice-Presidente Executivo e Diretor de RH, Johnson & Johnson

"O livro *"Vantagem Competitiva no Trabalho* identifica os atributos fundamentais necessários para impulsionar a sua carreira e garantir que você permaneça no topo da lista de candidatos durante as discussões de planejamento para talentos."

— CHRIS KEMPCZINSKI, Presidente, McDonald's EUA

"Conger e Church quase lhe dão de bandeja sua próxima promoção com este livro! É um guia fácil de ser acompanhado – você aprenderá como se destacar e liderar com grande impacto."

— CLAUDIA RAIGOZA, Gerente de Produto, First Data Corporation

"Um inestimável recurso para os grandes talentos. Conger e Church decodificaram o plano de ação para a sua carreira. Agora é com você!"

— DAVID RODRIGUEZ, Vice-Presidente Executivo e Diretor Global de RH, Marriott International

"*Vantagem Competitiva no Trabalho* fornece ideias que podem ser colocadas em prática no obscuro terreno de como as empresas podem identificar dentre os seus funcionários aqueles com maior potencial. Você irá descobrir maneiras concretas de traçar uma trajetória de carreira e se diferenciar. Recomendo muito este livro!"

– G. JOYCE ROWLAND, Vice-Presidente Sênior, Diretor de RH e Diretor Administrativo, Sempra Energy

"*Vantagem Competitiva no Trabalho* faz uma análise única e completa do que é preciso para se tornar o executivo do futuro ou até mesmo o CEO. Agora tenho o guia prático e essencial para ser bem-sucedido não apenas na função atual, mas também em toda a minha carreira."

– DON SWAN, Analista de Investimentos, Skyview Capital LLC

"Um guia completo e fascinante que diz o que é necessário para se tornar um profissional de grande potencial e permanecer nesta condição. Os profundos conhecimentos dos autores na área de desenvolvimento de liderança são transmitidos com verdadeira humildade e fundamentados com ricos exemplos práticos. A habilidade dos autores em ensinar através do relato de histórias faz com que as ideias tomem corpo."

– BRENDAN J. SWORDS, Presidente do Conselho e CEO, Wellington Management Company

VANTAGEM COMPETITIVA
NO TRABALHO

VANTAGEM COMPETITIVA NO TRABALHO

Jay A. Conger & Allan H. Church

M.Books do Brasil Editora Ltda.

Rua Jorge Americano, 61 - Alto da Lapa
05083-130 - São Paulo - SP - Telefone: (11) 3645-0409
www.mbooks.com.br

Dados de Catalogação na Publicação

CONGER, Jay A. e CHURCH, Allan H.
Vantagem Competitiva no Trabalho/ Jay A. Conger e Allan H. Church
São Paulo – 2020 – M.Books do Brasil Editora Ltda.
1. Estratégia Profissional 2. Recursos Humanos 3. Pessoas no Trabalho
4. Administração
ISBN: 978-85-7680-329-4

Do original em inglês: The High Potential's Advantage
Publicado originalmente por Harvard Business Review Press

© 2018 Jay A. Conger e Allan H. Church
© 2020 M.Books do Brasil Editora Ltda.

Editor
Milton Mira de Assumpção Filho

Tradução
Ariovaldo Griesi

Produção Editorial
Lucimara Leal

Editoração
Crontec

2020
M.Books do Brasil Editora Ltda.
Todos os direitos reservados.
Proibida a reprodução total ou parcial.
Os infratores serão punidos na forma da lei.

Ao Nathan e a Zoe, que durante suas vidas
possam desenvolver todo o seu potencial.
Com carinho, papai

A Janine pela sua orientação, opinião e inspiração ao longo
de todos estes anos que me ajudaram a concretizar o meu potencial.
Allan

Sumário

1. **O que Significa ser um Profissional de Grande Potencial e como se Tornar um?** 15
   Como as Organizações Definem Profissionais de Grande Potencial 17
   Por que ser Considerado um Profissional de Grande Potencial
      Realmente Importa 18
   Como Saber quando Sou Considerado um Talento de Grande Potencial? 20
      Você Deve ser Informado ou Não sobre seu Status de Grande Potencial 20
      Processo Secreto Usado pelas Organizações para Identificar seus
      Profissionais de Grande Potencial 21
      Descobrindo o seu Status 22
   A Dificuldade de Definir o Potencial de Alguém – e Como Isso lhe
      Confere Poder para Influenciá-lo 24
   Tornando-se um Profissional de Grande Potencial e Permanecendo
      nesta Condição ao longo de sua Carreira 24
   O que Esperar deste Livro 30

PARTE UM
Os 5 Fatores X do Talento de Grande Potencial

2. **Percepção da Situação** 37
   Como Ganhar a Confiança de seus Superiores

Tarefa Número 1: Percepção e Flexibilização com cada Superior 38
As Quatro Zonas de Oportunidade 40
    Fazer com que as Tarefas Especiais de seu Chefe sejam a sua
        Maior Prioridade 40
    Realize Todas as Tarefas como se Estivesse no Alto Escalão 42
    Demonstre Inesperada e Excepcional Iniciativa além das
        Tarefas Especiais 46
    Colabore para Aliviar a Sobrecarga de Trabalho do seu Chefe 49
Adaptando-se e Reproduzindo as Exigências de Estilo do seu Chefe 51
    Detectando as Formas Necessárias para se Adaptar ao seu Chefe 52
    Como Saber se Você Está em uma Situação Difícil em termos de
        Inadequação ao Estilo do seu Chefe 55
Como Trabalhar com um Chefe Difícil 58
Lições Importantes 63

3. Aceleração de Talentos 65
Como o Ato de Focar no Desenvolvimento de sua Equipe Multiplica o seu Próprio Potencial

Por que Você talvez Não Valorize este Fator X 66
Veja a sua Equipe como um Poderoso Complemento às suas
    Próprias Deficiências 67
Como o meu Chefe Avalia a Minha Capacidade de Acelerar Talentos? 69
Como me Transformar em um Catalisador de Talentos? 72
    Aferir o Talento dentro da sua Equipe 73
    Desenvolvimento de Talentos através de *Coaching* e do
        Emprego de Atribuições 76
    Enfrentando a Questão dos Profissionais Categoria C de sua Equipe .. 78
    Encontrando os Melhores Talentos para a sua Equipe 83
    Seja um Líder Preocupado com o Desenvolvimento dos
        Membros de sua Equipe 85
Lições Importantes 89

4. Condução da Carreira 91
Como ser Bem-Sucedido em Tarefas Difíceis Futuras

Sentir-se à Vontade com uma Carreira Irregular e Imprevisível 92
    Na Corda Bamba das Promoções Futuras 96
Sentir-se à Vontade com Ambiguidades 97
Conduzindo seu Chefe à medida que Pilota 99
    Envolvendo sua Equipe e os seus Colegas 103
    Entenda cada uma das Diferentes Tarefas de Condução da Carreira .. 105

Quando se Deve Dizer Não a uma Proposta para Ocupar uma
   Nova Função?.. 109
Lições Importantes 112

5. Tradução das Complexidades... 115
Como Transformar Dados em Ideias Convincentes

As Habilidades de Tradução das Complexidades Fazem a Diferença 118
O que é Preciso para ser Eficaz na Tradução das Complexidades? 121
    Pesquisa de Dados 121
    Integração dos *Insights* 125
    Síntese para Estabelecimento de uma Narrativa 129
Lições Importantes 136

6. Aprendizagem Catalisadora 139
Como Transformar *Insights* em Desempenho

Transformando uma Função Nova Desapontadora em um
   Trampolim para Conseguir uma Promoção 140
Aplicação do Aprendizado a uma Função Maior 142
Tudo Começa com a Versatilidade no Aprendizado 144
    Os Sucessos Obtidos Podem Impedir o Aprendizado 144
Como Cultivar suas Habilidades de Aprendizagem Catalisadora 148
    Pratique um Modo de Pensar Voltado para o Crescimento 149
    Encare os Fracassos com Otimismo 152
    Aumente o seu Nível de Reflexão e Consciência de Si Mesmo 154
    Construa uma Rede Estratégica 156
    Encontre Entre os Seus Contatos Pessoas Otimistas e
      Aquelas que Dizem a Verdade 157
    Pratique Deliberadamente 159
Lições Importantes 162

PARTE DOIS
Como se Portar diante dos Processos voltados para Profissionais de Grande Potencial de sua Organização

7. Avaliação 167
Como sua Organização Faz uma Avaliação a seu Respeito

Por que as Organizações Usam Avaliações Baseadas em Dados 167
    Correção de Impressões Negativas ou Desatualizadas a seu Respeito 168

Identificação de Indicadores de Tendência do seu Potencial Futuro 169
Eu Poderia Influenciar nos Resultados de Avaliações? 171
    Simulações 171
    Avaliações de Desempenho 360° com *Feedback* 173
    Testes de Personalidade 177
    Entrevistas 179
    Testes de Habilidades Cognitivas 182
    Realizando Testes para encontrar a Elusiva "Pinta de Executivo" 183
Como Influenciar o Processo de Avaliação 184
O que Fazer Depois do Processo de Avaliação 185
O que Não se Deve Fazer em Processos de Análise de Talentos de
    Grande Potencial 187
Lições Importantes 188

8. Análise Retrospectiva de Talentos 191
Certificando-se de que sua Organização Tem Clareza de
    Quem Você É e o Que Você Quer

O que Realmente Acontece nas Análises Retrospectivas de Talentos? 192
Como Influenciar o Processo de Análise Retrospectiva de Talentos 196
    Certifique-se de que o seu Perfil do Funcionário seja Preciso e Completo..... 197
    Certifique-se de que os Seus Interesses Sejam Conhecidos 203
Seja Proativo 204
Lições Importantes 205

9. Cultura Organizacional 207
Compreendendo as Forças que Moldam a Percepção das
    Pessoas a seu Respeito

Cultura como Amplificador ou Elemento Retardador do seu Status de
    Profissional de Grande Potencial 210
A Cultura Influencia Profundamente o Destino de sua Carreira 211
Como Interpretar a Cultura de uma Empresa: O que Procurar e o
    que Incorporar 213
    As Variáveis Culturais que Moldam mais Profundamente as
        Percepções a seu Respeito 214
    Indicadores de Tarefas: Como o Trabalho é Concretizado 217
    Dinâmica Social: Como se Espera que as Pessoas Interajam? 221
    Os Fatores Intangíveis que Influenciam a Percepção das
        Pessoas a seu Respeito 224
Embarcando em uma Nova Cultura 225

Entendendo a sua Própria Abordagem e se Você se Adéqua ou
não à Cultura Organizacional 227
Lições Importantes 229

10. Prosseguindo na sua Jornada de Profissional de Grande Potencial... 231
Como Eu Poderia vir a ser Excluído do Celeiro de Profissionais de Grande Potencial da Minha Organização? 234
O que Devo Fazer Caso Não Seja Designado como um Profissional de Grande Potencial? 235
Ao que Atentar em Conversas com Superiores 235
O que Pedir? 237
Devo Considerar a Possibilidade de Sair da Empresa Atual? 238
Permanecendo na Condição de Profissional de Grande Potencial Concentrando-se no *Feedback* e no Desenvolvimento 240
Aprenda com o *Feedback* 240
Como Solicitar *Feedback* 242

Notas 245

Bibliografia 249

Índice Remissivo 253

Agradecimentos 263

Sobre os Autores 267

1

O que Significa Ser um Profissional de Grande Potencial e como se Tornar um?

Você é ambicioso. Sabe que possui um grande potencial que ainda não foi explorado, sonha algum dia tornar-se um diretor ou, de forma mais categórica, um CEO. Em geral, você mostra inquietude no que diz respeito ao trabalho – querendo algo melhor, maior remuneração e tarefas mais desafiadoras. Acima de tudo você quer se tornar um líder influente que faz realmente a diferença, uma pessoa que as demais admiram e se sentem entusiasmadas em seguir. Você quer se tornar um dos líderes de grande potencial de sua organização – alguém visto como capaz de avançar para patamares mais altos. Se o seu perfil se encaixa nesta descrição, então nós temos um roteiro para você chegar ao destino dos seus sonhos.

Nosso objetivo é responder às perguntas que você tem sobre como chegar lá na qualidade de um candidato a líder. Você pode, por exemplo, estar se perguntando: O que será preciso de minha parte para atingir os níveis hierárquicos mais altos dentro da organização em que trabalho? Quais competências, habilidades e conhecimentos preciso ter para chegar lá? Estes últimos diferem conforme o estágio em que me encontro ou eles permanecem basicamente os mesmos ao longo de toda a carreira? É melhor continuar na atual empresa ou mudar para aumentar minhas chances de galgar os lances da "escada corporativa"? O que o meu chefe procura ao avaliar se sou ou não um líder em potencial? E qual é o processo adotado pela minha organização para avaliar o meu potencial? Preciso fazer campanha em causa própria e pedir uma promoção ou simplesmente devo baixar a cabeça e executar o meu trabalho da melhor forma possível, na esperança de logo obter uma promoção? Como saber se atingi a condição de grande potencial quando os executivos de minha organização não compartilham essas informações comigo?

Caso tenha as dúvidas acima, temos as respostas para elas, não importando se você acaba de entrar para o mercado de trabalho, é novo na empresa, é um profissional no meio de sua carreira ou tenha recentemente atingido um cargo de executivo mas que já está pensando em alcançar os cargos mais altos (diretor-presidente, diretor financeiro ou diretor operacional). Desenhamos e implementamos processos para identificação de profissionais de grande potencial em renomadas organizações globais. Fizemos treinamentos, observamos e avaliamos milhares de gerentes de primeira linha, intermediários e altos executivos. Para este livro, entrevistamos mais de uma centena de dirigentes juntamente com dezenas de diretores de RH, responsáveis pela supervisão de talentos de grande potencial em suas empresas. Também nos aprofundamos na pesquisa sobre líderes em potencial e porque algumas vezes eles arruínam as próprias carreiras (veja o Quadro "A Pesquisa por trás deste Livro" próximo do final deste capítulo).

Nossa principal descoberta – e ideia central deste livro – é o fato de cinco competências críticas diferenciarem os profissionais de grande potencial dos demais. Nós as denominamos de *Fatores X do Talento de Grande Potencial*. Todo mundo pode aprender e melhorar tais competências, porém nossa pesquisa demonstra que é necessário estar bem preparado em todas elas para entrar na lista de profissionais de grande potencial da empresa. É preciso sempre aperfeiçoá-las para permanecer nesta lista. Certas competências são elementos essenciais para as demais e, portanto, descrevem bem a sequência em que você precisa cultivar cada uma delas.

Neste livro, examinamos em profundidade cada um destes cinco Fatores X: o que é cada um deles, como cada um funciona e como desenvolver uma dada competência. Também o levaremos para os bastidores para que entenda como seus superiores e as organizações determinam se você merece ou não ser considerado um profissional de grande potencial. Você aprenderá a mecânica e a política dos processos que sua empresa usa para avaliar o seu potencial.

Nosso objetivo ao longo deste livro é muito claro: ajudá-lo a se tornar um ícone de influência em sua organização e, em última instância, construir uma grande carreira. Independentemente de qual seja a sua carreira ou setor em que atua, certamente este livro será uma valiosa referência. Suas ideias são o produto de nossa pesquisa buscando o espectro mais amplo de designações de grande potencial, desde o início da carreira até os postos mais altos e de nossa experiência coletiva elaborando e trabalhando com programas de grande potencial em diversos setores.

Provavelmente você deve estar pensando o que será exatamente um "profissional de grande potencial" e por que você deveria se preocupar com isso.

Como as Organizações Definem Profissionais de Grande Potencial

Observemos esta sucinta definição de profissional de grande potencial: "É um valioso colaborador com grande dose de flexibilidade dentro da organização. Tais indivíduos são tipicamente promovidos a níveis mais elevados além de sua função atual e uma seleta minoria pode ser vista como apta a liderar a organização em altos cargos."[1] Muitas organizações – e provavelmente a de nossos leitores – definem "grande potencial" de forma mais concreta como "capacidade de ocupar um cargo dois ou mais níveis acima daquele ocupado no momento".

Se desempenho for apenas apresentar resultados na sua posição atual, então potencial é simplesmente a oportunidade de apresentar resultados em cargos de liderança no futuro. A maioria de nós quer ter um bom desempenho e ser reconhecido pelos nossos esforços. As empresas conhecem bem isso e possuem filosofias e sistemas de recompensa de acordo com o desempenho para suportar esse tipo de pensamento. Mas as empresas esperam mais de seus líderes do que apenas desempenho extraordinário no presente. Elas estão ávidas por talentos capazes de crescer rapidamente em funções mais desafiadoras no futuro. Portanto, elas avaliam de forma proativa o seu potencial para cargos que se encontram vários níveis acima daquele que você ocupa no momento. A pergunta que fazem antes de decidirem sobre a sua próxima promoção é simples: "O profissional em questão possui aquilo que é necessário para aprender rapidamente e assumir uma função que é bem mais complexa e desafiadora do que a desempenhada atualmente?". Ajudaremos você a garantir que a resposta seja sempre sim.

Apenas uma pequena parcela de indivíduos merece ser chamada de talento. Nossa pesquisa com centenas de organizações mostra que, tipicamente, apenas 10-15% de todos os colaboradores de uma organização fazem parte desta parcela.

Por que ser Considerado um Profissional de Grande Potencial Realmente Importa

A verdadeira razão para se esforçar para ser um talento de grande potencial é que, uma vez escolhido, se abrirão oportunidades inteiramente novas para você. As organizações investem seus escassos recursos para desenvolvimento de forma mais intensiva naqueles com grande talento. A lógica é simples. A escolha mais inteligente é investir os limitados recursos — dinheiro e oportunidades — em indivíduos que apresentem inquestionavelmente o maior potencial.

Que tipo específico de oportunidades estimulantes se pode esperar na condição de líder de grande potencial, condição que os colegas talvez não consigam atingir? Apresentamos abaixo as principais:

Promoções mais rápidas. As empresas se concentram em alavancar rapidamente profissionais de grande potencial através da organização, o que se traduz em galgar mais rapidamente a "escada corporativa" do que os demais. Igualmente importante, pesquisas realizadas com estas pessoas capazes e com grande potencial de sucesso indicam que geralmente elas maximizam seu aprendizado em novas funções depois de cerca de dezoito meses na função. Portanto, se você for um profissional de grande potencial, provavelmente assumirá novas funções mais rapidamente do que seus colegas.

Funções mais diversas e com maior frequência. Juntamente com avanço mais rápido, os profissionais de grande potencial têm maiores oportunidades para construir seu conhecimento sobre o negócio e desenvolver seu poder de liderança. Se sua empresa o avaliou como sendo um talento de grande potencial, ela demandará que você mude de função com maior frequência e irá considerá-lo para experiências mais críticas, funções fundamentais ou projetos de maior visibilidade do que seus pares. Um profissional promissor de 24 anos de idade que conhecemos já está na sua terceira função na mesma empresa. Certas vezes mudanças frequentes de função dizem respeito a testar sua determinação para a liderança. O CEO poderia convidá-lo a participar de uma força-tarefa especial para elaborar um plano estratégico para uma nova linha de produção ou para dirigir uma *joint venture*. Você poderia fazer parte da diligente equipe que está considerando um grande projeto de aquisição. Em organizações com um alcance multinacional significativo – em que uma mentalidade global e experiência em vários países são pré-requisitos para um alto cargo de liderança – você poderia ser designado para viagens internacionais e tarefas importantes. O melhor de tudo isso: sua empresa administra a sua carreira com maior consideração, garantindo-lhe oportunidades de desenvolvimento mais rápidas que seus colegas talvez jamais possam vir a ter.

Maiores recursos e apoio para o seu desenvolvimento pessoal. Os profissionais de grande potencial quase sempre têm maior prioridade em relação aos recursos para desenvolvimento pessoal disponibilizados pela companhia quando comparados a seus colegas. Em um estudo realizado por nós, 50% das corporações globais participantes concentravam seus investimentos destinados a talentos basicamente em líderes com grande potencial.[2] Isso significa que você será o primeiro a participar de programas internos para liderança, ter acesso a possíveis mentores, oferta de cursos, projetos especiais, treinamentos, *feedback*s e processos de avaliação, bem como outras oportunidades para desenvolvimento. Embora algumas pessoas possam reclamar que estas demandariam maior tempo de sua parte (raramente as empresas liberam as pessoas de suas responsabilidades atuais inerentes ao cargo para que possam tomar parte destas atividades), o fato de você aceitar de bom grado essas oportunidades será indicativo de sua natureza de grande potencial. Caso opte por não as aceitar, estará dando um sinal para a sua organização de que não quer ser considerado um talento de grande potencial.

Visibilidade perante a alta administração. Finalmente, ser um profissional de grande potencial significa que você, provavelmente, terá muito mais oportunidades de se reunir, passar mais tempo e até mesmo trabalhar diretamente com líderes executivos dentro de sua organização. Você poderia encontrá-los por meio de forças-tarefa especiais, estabelecendo relações com quem poderia vir a se transformar em seu mentor, por meio de convites para estar presente onde normalmente não estaria, para participar de programas de liderança conduzidos por executivos ou simplesmente tomar café da manhã ou almoçar com um alto executivo.

Em muitos casos, o CEO poderia saber quem é você. De fato, provavelmente ele terá prontamente o seu nome e informações sobre o seu talento. Quando ele o encontrar, já terá conhecimento do histórico de seu desempenho, formação educacional, cargos anteriores e antigos funcionários. Provavelmente já deverá saber a respeito de sua liderança e pontos fortes em termos de funções, preferências no que tange à carreira, resultados de avaliações, preferências de mobilidade, etc. Embora ele vá usar essas informações para planejar sua carreira durante análises retrospectivas de talentos (tópico que será amplamente discutido no Capítulo 8), esta visibilidade acentuada significa que você tem de permanecer nas primeiras posições de sua atividade. Você deve continuar conquistando sua condição especial.

Como Saber quando Sou Considerado um Talento de Grande Potencial?

Muitas organizações na verdade não informam diretamente seus funcionários que são considerados por elas talentos de grande potencial. Caso trabalhe em uma grande organização, sua empresa provavelmente tem um "celeiro" de talentos, tendo você conhecimento disso ou não. Um número estimado de 40-60% das empresas que usam essas denominações não irá informá-lo oficialmente. Em um de nossos estudos descobrimos que 66% de algumas das maiores empresas mundiais não compartilham este status de profissional de grande potencial com aqueles que assim foram designados.[3]

Você Deve ser Informado ou Não sobre seu Status de Grande Potencial

Ocorre um grande debate entre os altos executivos nas organizações sobre o fato de ser interessante ou não informar a um funcionário sobre o seu status. Alguns são a favor de ocultar esta informação. De modo razoavelmente surpreendente, seus defensores têm, na verdade, razões convincentes para assim fazê-lo. Eles temem que o fato de não receber tal denominação poderia desmotivá-lo. Pode ser também que a cultura de sua empresa dê grande importância à colaboração e ao trabalho em equipe e seu chefe poderia estar relutante de ir a público anunciar quais seriam aqueles assim chamados profissionais de grande potencial, pois isso também poderia encorajar muita competição interna e perturbar relações saudáveis de trabalho. Ou então, seus superiores simplesmente não querem aumentar suas expectativas em relação a ter prioridade na obtenção de promoções ou aumentos salariais mais frequentes e maiores. Eles também estão preocupados em não "encher tanto a sua bola". Além disso, algumas organizações preferem optar por riscos calculados em relação àqueles que se encontram na fronteira da condição de serem ou não considerados profissionais de grande potencial. Elas querem testar as próprias especulações, mas precisam do próximo encargo para validá-las. Se estas denominações fossem anunciadas publicamente, elas estariam menos propensas a fazer apostas naqueles que se encontram na fronteira para se tornar um profissional de grande potencial.

Aqueles que se encontram do outro lado, ou seja, aqueles que querem que você saiba sobre seu grande potencial, têm igualmente argumentos convincentes. Primeiramente, esta denominação é uma recompensa fantástica; portanto, deve ser visível. A transparência pode motivar um número maior de indivíduos a se esforçar mais para obter tal reconhecimento. O simples fato de receber esta denominação deve nutrir ainda mais a sua motivação. Afinal de contas outras oportunidades surgirão mais à frente caso continue a se destacar. Em segundo lugar, a tentação de trocar de empresa será menor caso saiba que está no caminho certo para ascensão profissional. Finalmente, pesquisas têm demonstrado que a maioria dos jovens que está ingressando no mercado de trabalho valoriza a transparência. Eles querem fazer parte de companhias que sejam abertas, honestas e não reservadas em relação a seus programas e processos para desenvolvimento de talentos. Dizer às pessoas onde elas realmente se encontram é um componente-chave desta honestidade e transparência, atraindo talentos.

Processo Secreto Usado pelas Organizações para Identificar seus Profissionais de Grande Potencial

O processo de avaliação que as empresas adotam para identificar pessoas de grande potencial é, por vezes, um grande mistério. Ao longo deste livro, iremos desmistificar o que acontece no interior desta grande caixa-preta. Você irá adquirir um profundo entendimento acerca do que realmente é preciso para se tornar e permanecer na condição de líder de grande potencial dentro de sua empresa.

Criou-se um verdadeiro mercado em torno das avaliações e processos que estão por trás das designações de grande potencial, com gastos anuais na casa dos bilhões de dólares. Embora seja possível dizer que os princípios da avaliação remontem a práticas da China e Grécia antigas, as ferramentas empregadas atualmente pelas empresas surgiram no século XX. Aquilo que começou como um meio de identificar as pessoas mais indicadas para cargos de liderança nas Forças Armadas, rapidamente foi adotado nos anos 1960 na forma de centros de avaliação em companhias como a AT&T. Com o passar dos anos, os tipos e a quantidade de ferramentas floresceram.

Literalmente centenas de consultores de gestão empresarial, empresas de recrutamento e grupos de psicólogos oferecendo testes, pesquisas e simulações desenvolveram formas para medir a capacidade de um funcionário apresentar um alto desempenho. Essas medidas para aferir o alto potencial de um profissional vão desde testes cognitivos (por exemplo, quociente de inteligência), testes de personalidade (temperamento e possíveis desvios, avaliações de desempenho) *feedback* 360º (percepção por parte de colegas do seu comportamento) e centros de avaliação presenciais ou simulações on-line (para avaliação de conhecimentos, discernimento e decisões tomadas em diferentes cenários). Embora todas essas ferramentas tenham pontos fortes e fracos (discutiremos mais adiante como melhor se preparar para enfrentá-las), a questão é que, no mundo do trabalho atual, é difícil evitar este arsenal de ferramentas de avaliação.

Descobrindo o seu Status

Portanto, o que fazer caso sua organização não lhe diga em que posição você está? Você ainda quer saber o que ela pensa a seu respeito, não é mesmo? Você poderia perguntar diretamente. Caso isso não funcione, procure identificar fortes indícios sugerindo que você já está entre os talentos de grande potencial. Apresentamos alguns dos indicadores mais comuns no Quadro "É Possível que Você já Esteja entre os Profissionais de Grande Potencial".

Se vários dos indicadores apresentados neste quadro se encaixam no seu perfil, então, provavelmente, você já é considerado um talento de grande potencial. O desafio é então garantir sua permanência lá. Uma vez lá, não há garantia alguma de sua permanência nesta condição. Geralmente as empresas fazem uma revisão anual do status de seus profissionais de grande potencial, simplesmente para verificar se ainda merecem esta designação. Em algumas companhias, este processo de atualização faz parte da análise retrospectiva contínua de talentos convencionalmente adotada. Mais à frente, veremos de forma mais detalhada, como e por que profissionais de grande potencial perdem esta condição e como evitar estas armadilhas em sua própria carreira.

É POSSÍVEL QUE VOCÊ JÁ ESTEJA ENTRE OS PROFISSIONAIS DE GRANDE POTENCIAL

Examine a lista a seguir para ver quais itens descrevem sua situação no trabalho. Quanto maior a pontuação obtida, é mais provável que você já seja considerado um grande potencial. No mínimo está no caminho para alcançar esta condição.

- De forma consistente você recebe avaliações de desempenho elogiosas e, quando a empresa distribui bônus ou incentivos futuros, você recebe uma parcela razoável ou maior do que os outros.

- Você é um dos primeiros a ser convocado para participar de novos projetos e forças-tarefa, bem antes que seus colegas.

- Mantém conversas e visitas frequentes com o seu chefe, com o chefe do seu chefe e com o RH sobre qual tem sido o seu desempenho e o que está reservado para o seu futuro. Você já está planejando seu próximo cargo com doze meses de antecedência e as pessoas estão lhe dando ouvidos (você não está simplesmente falando consigo mesmo) e respondendo positivamente em relação ao que deseja.

- É convidado a participar de programas de desenvolvimento de liderança com palestrantes que dão informações esclarecedoras, durante eventos realizados em hotéis e locais de prestígio.

- Participa de cafés da manhã, almoços ou jantares com executivos seniores, diretores, executivos do RH ou até com o CEO, quando estes estão na cidade em que você trabalha. Você é convidado a participar de programas formais de desenvolvimento e avaliação que incluem ferramentas de pesquisa e medições e quem sabe já trabalha com um *coach* de executivos para ajudá-lo em termos de *feedback* e plano de capacitação.

- Tem cada vez mais responsabilidades acrescidas a sua função atual, possibilitando que você desenvolva novas capacidades.

- Continua a ser testado com atribuições e projetos difíceis.

A Dificuldade de Definir o Potencial de Alguém – e Como Isso lhe Confere Poder para Influenciá-lo

Outra questão – e uma das principais razões para termos escrito este livro – é que o processo de medir o potencial de uma pessoa é elusivo e impreciso, além de ser altamente subjetivo. Ele envolve determinar o quão bem você irá desempenhar funções futuras que nunca havia tido e com exigências até então nunca enfrentadas. A maior parte dos chefes simplesmente observa qual tem sido o seu desempenho agora para determinar o seu potencial (no Quadro "Por que a Avaliação de Potencial é uma Loteria?" damos algumas ideias sobre por que avaliar o potencial de alguém é algo incerto, especialmente para um chefe). Entretanto, pesquisas revelam que o desempenho atual de uma pessoa raramente serve para prever desempenho futuro.

É justamente por ser tão difícil para gerentes e organizações avaliarem verdadeiramente o potencial de alguém, que você tem condições de influenciar este processo. Nossa pesquisa mostra que o seu desempenho nos Cinco Fatores X irá influenciar muito a percepção de seus superiores quanto a você estar pronto ou não para ser considerado um profissional de grande potencial, sendo que o desenvolvimento em cada um destes fatores está sob seu controle.

Tornando-se um Profissional de Grande Potencial e Permanecendo nesta Condição ao longo de sua Carreira

Nossa pesquisa mostra que é possível fazer coisas específicas para ser considerado um profissional de grande potencial. Independentemente do processo adotado por sua empresa para avaliação de talentos de grande potencial, descobrimos que cinco competências universais diferenciam os profissionais de grande potencial dos demais. Ao longo da carreira, os verdadeiros diferenciadores de alto potencial, nossos Fatores X, são o ingrediente secreto que distingue os líderes de grande potencial de seus pares (*vide* Figura 1-1). Depois da primeira ou segunda promoção, as competências Fator X lhe darão esta denominação de profissional de grande potencial e garantirão sua permanência nesta condição. Seus superiores irão buscar tais fatores ao decidirem sobre o seu potencial futuro. Caso queira sair na frente, precisará ter estes Fatores X essenciais ao longo de sua carreira.

O que Significa Ser um Profissional de Grande Potencial? 25

FIGURA 1-1

Os Cinco Fatores X

Cinco competências que diferenciam os profissionais de grande potencial dos demais

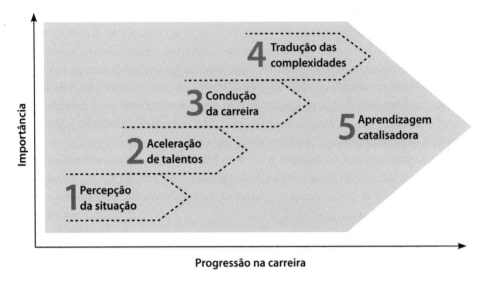

Não é possível mudar suas características próprias. Se você simplesmente não for aquele tipo estrategista ou não gostar do convívio com pessoas, terá que encontrar maneiras de contornar estes problemas. Entretanto, estes Fatores X normalmente não figuram nas listas de competências ou nos formulários de avaliações de desempenho. Eles descrevem competências e capacidades mais holísticas que se integram às ferramentas de avaliação de talentos mais comumente usadas. Possuir estes cinco fatores pode ajudá-lo a alcançar aquele tão almejado posto de profissional de grande potencial e impeli-lo para este status dentro da organização. Por exemplo, constatamos que todos os Fatores X se aplicavam a diferentes tipos de empresas, setores e níveis hierárquicos.

Mais importante ainda, é possível desenvolver os Fatores X ao longo do tempo através de esforço consciente. Embora suas capacidades inatas sejam importantes, você pode cultivar os Fatores X ao longo de toda uma carreira caso se concentre de forma diligente em desenvolvê-los. Se quiser saber em que nível você está em relação a estes cinco fatores, faça o teste de autoavaliação no final deste capítulo.

POR QUE A AVALIAÇÃO DE POTENCIAL É UMA LOTERIA?

A identificação de potencial é ao mesmo tempo uma ciência e uma arte e, muitas vezes, está mais para arte. Por quê? Porque somos seres humanos. Nossas próprias tendências e preferências entram em jogo ao julgarmos outras pessoas. Em um ambiente corporativo, seu superior determina suas habilidades influenciado por sentimentos e observações pessoais, pelo *feedback* de seus colegas e até mesmo por testes de avaliação formais. Portanto, dois chefes poderão julgá-lo de maneira bem diferente.

Consideremos como exemplo o caso de Michelle. A empresa em que ela trabalha a contratou com base em sua experiência como consultora de estratégias. Em seu cargo inicial em uma das unidades de negócios, ela se concentrava basicamente em transformar as estratégias da matriz em planos de negócios tangíveis. Ela primava pelo seu trabalho e recebeu a denominação de profissional de grande potencial. Dois anos mais tarde, Michelle foi promovida para uma nova função na matriz, para liderar a identificação de novas iniciativas.

Sua nova chefe, a vice-presidente de estratégias, no começo foi muito solícita, porém, após seis meses, decidiu que Michelle não tinha o que era necessário para ser bem-sucedida. Aquela identificação de profissional de grande potencial lhe foi retirada. Passados outros seis meses houve uma conversa para colocar Michelle em um plano para melhoria de desempenho com a possibilidade de até ser desligada da empresa (apenas doze meses depois de ser considerada uma profissional de grande potencial e ter obtido resultados elogiosos em uma avaliação de desempenho). Embora Michelle tivesse tentado dar o seu máximo, houve falta de entrosamento entre ela e sua chefe naquilo que era esperado no desempenho da função.

Depois disso, sua chefe e uma colega dela trocaram de função na diretoria. Da noite para o dia, a nova vice-presidente deu a Michelle um tempo para que pudesse mudar sua percepção sobre suas capacidades. Esta nova vice-presidente tinha necessidades diferentes e maneiras de trabalhar diferentes da anterior. O estilo e pontos fortes naturais de Michelle ficaram novamente em sincronia com sua nova chefe. Um ano depois, ela foi promovida, readquirindo a condição de profissional de grande potencial.

Os chefes baseiam seus julgamentos naquilo que observam a seu respeito na função atual. Entretanto, seus pontos fortes e a capacidade de aprendizado que você demonstra tão bem na função atual talvez não sejam suficientes no futuro. Outro fator que torna difícil uma avaliação acurada é o fato de ninguém jamais permanecer em um estado estável. Você está aprendendo e mudando à medida que passa por novas exigências, evoluindo constantemente. Dada sua capacidade de aprendizado, pode ser que você tenha muito mais potencial que o seu chefe possa imaginar. Portanto, o rótulo "potencial" não é absoluto tanto quanto gostaríamos de imaginar.

Outra questão crítica diz respeito ao seu potencial para uma determinada função. Um líder de grande potencial poderia ser alguém com grandes possibilidades de desempenhar uma série de funções ou de ocupar um cargo específico, como gerente de laboratório de pesquisa e desenvolvimento ou CEO. São necessárias diferentes capacidades e *expertise* em cada uma dessas funções para poder ser muito bem-sucedido.

Ferramentas de avaliação formais (por exemplo: testes, simulações, sondagens) e processos de análises retrospectivas de talentos podem ajudar a superar parte das tendências pessoais ao disponibilizar um padrão comum e mostrar aos gerentes um lado diverso de suas habilidades que talvez não estivessem vendo. Entretanto, no final das contas, a avaliação acaba se resumindo ao julgamento que eles fazem a respeito do funcionário. Quando seu superior o classifica como profissional de grande potencial, ele está apostando em sua habilidade de progredir dentro da organização com base em uma combinação de fatores. Portanto, o seu nível de inteligência, personalidade, motivação para apresentar um bom desempenho, habilidade de aprender a partir de experiências passadas, qualificações básicas de liderança e gerenciamento, bem como a profundidade de seus conhecimentos na função são todos fatores que compõem uma equação que resulta na denominação de profissional de grande potencial. Embora não seja possível se tornar mais inteligente da noite para o dia, mudar a personalidade ou influenciar significativamente os resultados de testes, você pode fazer algo em relação a como seu chefe e outras pessoas dentro da organização o veem. Os Fatores X que aqui apresentamos são áreas que você consegue controlar e pode se dar muito melhor. Concentrando-se em aprimorar suas habilidades em cada uma delas, você poderá influenciar o processo.

A PESQUISA POR TRÁS DESTE LIVRO

Baseamos os Fatores X segundo uma abordagem ampla em três frentes para determinar o que é preciso para ser visto como um profissional de grande potencial. Nossa pesquisa examina como e onde você pode conseguir o maior impacto para moldar sua carreira. Começamos com uma ampla revisão realizada por Silzer e Church sobre mais de cinquenta anos de teoria acadêmica, modelos de avaliação individuais e através de consultorias, estruturas de gerenciamento de talentos internos e pesquisa nos campos da psicologia aplicada e comportamento organizacional.[4] A partir desta revisão, formulamos um diagrama de blocos denominado Modelo para Análise do Potencial para Liderança.[5] Este descreve os principais fatores de base, de crescimento e carreira que foram úteis na classificação de todas as possíveis variáveis para prever se uma pessoa é ou não um líder em potencial.

Em seguida, usando este modelo como referência, revimos e integramos ideias de vários estudos recentes sobre práticas de avaliação de talentos de grande potencial realizados em mais de uma centena de organizações de primeira linha juntamente com dados coletados sobre profissionais de grande potencial de 45 empresas referentes aos atributos que diferenciam líderes de grande potencial.[6]

Você precisa ser bom em todas as cinco competências. Porém, em diferentes pontos de sua carreira, alguns são mais importantes do que outros. Por exemplo, os dois primeiros fatores X, são competências importantes a serem aprimoradas logo no início de uma carreira e, dificilmente alguém conseguirá avançar sem elas. Porém, à medida que for progredindo, mais importantes serão as demais competências e maiores serão as oportunidades de se praticar o terceiro e o quarto fatores. O último fator X é fundamental – trata-se de uma competência que impulsiona todas as demais. A seguir apresentamos uma breve descrição de cada uma delas:

- **Percepção da situação.** O primeiro fator X é a capacidade de perceber rapidamente as demandas e prioridades estilísticas únicas de seu chefe. Com a capacidade de percepção, você conseguirá se adaptar de forma consciente àquilo que mais importa para seus superiores. A pessoa que irá avaliar o seu potencial será, muito provavelmente, o seu chefe. Ao

Este último foi publicado em um artigo da *Harvard Business Review* "Você é um Profissional de Grande Potencial?". Esta pesquisa nos informou o que as empresas estavam realmente fazendo e qual era o pensamento delas em relação aos diferentes componentes do potencial como, por exemplo, o que mais importava, quais eram os traços com maiores chances de serem permanentes e quais traços poderiam ser desenvolvidos com maior facilidade. Ela também nos revelou os atributos de um talento de grande potencial em uma ampla gama de organizações, cargos e níveis de hierarquia.

Finalmente, realizamos entrevistas com mais de uma centena de líderes de grande potencial, muito bem-sucedidos em vários tipos de organização e funções, sobre a perspectiva deles com relação a fatores facilitadores e impeditivos de potencial em talentos iniciantes e veteranos. Além disso, entrevistamos cerca de trinta gerentes seniores de RH que supervisionavam talentos de grande potencial. Ampliamos todas essas informações com a combinação de nossas experiências de cinquenta anos de trabalho em processos internos de avaliação e desenvolvimento, consultoria externa bem como ensino e redação de artigos no ambiente acadêmico nestes mesmos tópicos. Uma síntese dos *insights* obtidos a partir destas entrevistas juntamente com todo o trabalho anterior feito no Modelo de Análise do Potencial para Liderança e *benchmarking* externo nos levaram a identificar os Cinco Fatores X apresentados neste livro.

deteriorar esta relação, você estará desperdiçando totalmente a chance de vir a ser considerado um profissional de grande potencial.

- **Aceleração de talentos.** Este fator é uma constelação de competências relacionadas com a avaliação, motivação e orientação de várias equipes que você irá liderar ao longo de sua carreira. Depois de seu primeiro trabalho como colaborador, você passa a ocupar funções de liderança de equipe e, finalmente, a liderar grandes equipes. Portanto, é preciso estudar rapidamente os talentos e dominar o desenvolvimento deles. Profissionais de grande potencial são bem-sucedidos porque são capazes de tirar muito proveito dos pontos fortes e motivação dos indivíduos que eles comandam. Em suma, o seu talento é construído em cima do talento de sua equipe.

- **Condução da carreira.** À medida que sobe e expande seus domínios dentro da organização, você terá tarefas mais desafiadoras para desenvolver e testar o seu potencial. Cada uma delas exigirá notável versatilidade em termos de adaptar o seu comportamento e modo de pensar. Você enfrentará conhecimentos novos e complexos a serem adquiridos e dominados. A amplitude de suas habilidades de liderança será ao mesmo tempo lapidada e testada. Você descobrirá a importância crítica de ser altamente perceptivo e de se sentir à vontade com a incerteza, bem como da necessidade de uma conduta serena, perceptiva e relacional.

- **Tradução das complexidades.** Ao iniciar uma carreira, você será recompensado por reunir uma grande quantidade de dados e entender profundamente uma questão. À medida que sobe na carreira, sua capacidade de integrar e simplificar estas mesmas fontes de informação divergentes será mais importante. Daqui em diante, você terá de criar uma narrativa convincente, isto é, traduzir as complexidades para diferentes públicos. Mais adiante veremos por que é preciso desenvolver esta capacidade fundamental.

- **Aprendizagem catalisadora.** Este fator fundamental impulsiona todos os demais. Ele permite que você consiga concretizar todos os demais fatores. Profissionais de grande potencial são capazes de aprender e continuar aprendendo mesmo após terem estabelecido marcas admiráveis. Eles são extremamente curiosos. Tais qualidades garantem que eles se tornem e permaneçam como profissionais com grande capacidade para perceber situações, catalisadores de talentos, condutores de carreira e tradutores de complexidades. Mais importante ainda, eles sempre transformam seu aprendizado em ideias, iniciativas e ações – todas visando melhorar ou transformar o *status quo*. Jamais são passivos. Esta é a porção catalisadora.

O que Esperar deste Livro

Na Parte 1, capítulos 2 a 6, nos aprofundaremos na exploração de cada um destes Fatores X e como cada um funciona para desencadear potencial. Por exemplo, você irá descobrir qual atributo de fator X o empreendedor Elon Musk e outros líderes de grande potencial têm em comum. Essa qualidade os mantém em constante evolução e é uma marca registrada de atletas de alto nível também.

Exploraremos o caso de um gerente sênior que é a opção número 1 dentro da lista de sucessão de qualquer um para se tornar o líder de posto mais alto em uma prestadora de serviços. Descobriremos que ele realiza consistentemente uma atividade que seus pares se esquecem de fazer, um de nossos Fatores X diferenciais. Você verá como um profissional de grande potencial tirou proveito de uma conferência da empresa para reinventar o seu papel e catapultá-lo em uma função de liderança muito maior. Mais uma vez, um Fator X em ação.

Veremos que alguns Fatores X são tão cruciais que, sem eles, você irá se afastar do caminho da ascensão profissional, mesmo que venha a superar todos os demais. Contaremos a história de um gerente com grande potencial e um fabuloso e destacado histórico, mas que caiu em desgraça. Paradoxalmente, ele havia obtido a melhor pontuação (dentro de um seleto grupo de líderes de grande potencial) em um teste que avaliava a capacidade de se tornar o CEO da empresa. Embora ele aparentemente tivesse tudo para dar certo, possuía um defeito fatal: faltava a ele um de nossos Fatores X cruciais. Veremos o que faz líderes de grande potencial perderem esta condição e como evitar esses fatores impeditivos.

Na Parte 2, mostraremos como se deslocar dentro do processo de grande potencial de sua organização. No Capítulo 7, o levaremos para os bastidores para que possa examinar como tanto o seu chefe quanto sua empresa julgam e avaliam o seu potencial. Você ficará sabendo que tipos de ferramentas de avaliação eles usam comumente para medir diferentes traços e competências. Também indicaremos etapas de modo a você poder se apropriar mais do processo de avaliação e, por sua vez, navegar com sucesso pelas outrora águas turvas.

No Capítulo 8, o conduziremos para dentro da caixa-preta da reunião para análises retrospectivas de talentos e compartilharemos com você o que altos executivos conversam a portas fechadas e como e quando eles falam a seu respeito. Discutiremos a importância de garantir que seu currículo interno (normalmente denominado perfil do funcionário) esteja atualizado e que seu chefe e a sua empresa saibam exatamente o que você fez no passado e o que quer fazer no futuro.

No Capítulo 9, discutiremos por que é preciso compreender as nuances da cultura de uma organização e como esta molda as maneiras pelas quais os Fatores X se manifestam. Embora os comportamentos subjacentes aos Fatores X sejam consistentes, as formas através das quais eles se manifestam em diferentes organizações são únicas, graças à cultura de cada uma delas. É preciso aprender como interpretar os sinais da cultura de uma companhia e como melhor demonstrar as suas competências e habilidades em um dado ambiente. Também o ajudaremos a descobrir as armadilhas referentes à cultura que devem ser evitadas.

VOCÊ TEM A QUALIFICAÇÃO NECESSÁRIA?

Uma Autoavaliação de seus Fatores X

As 15 descrições de avaliação a seguir foram desenvolvidas para que você possa medir rapidamente seu potencial futuro. Veja quantas delas o descrevem. Quanto mais pontos obtiver, maior será a probabilidade de você ter os quesitos necessários para se tornar um talento de grande potencial. Esta autoavaliação irá ajudá-lo a ver quais fatores X devem ser suas prioridades para desenvolvimento. Quais delas descrevem a maneira como você trabalha?

Percepção da situação

- ❑ Você é perceptivo a ponto de conseguir interpretar as exigências de seus superiores em termos de desempenho e, por sua vez, está apto a trabalhar consistentemente para que eles possam atingir seus objetivos.

- ❑ Você é, em termos de inter-relacionamento, hábil e observador. Como resultado, você se adapta facilmente e é capaz de flexibilizar o seu estilo de trabalho para atender às necessidades estilísticas de diferentes tipos de chefes.

- ❑ Gosta de tomar a iniciativa e persistir nela, sempre buscando maneiras de solucionar problemas organizacionais e agarrar oportunidades, mesmo quando não façam parte das responsabilidades inerentes à função que ocupa.

Aceleração de talentos

- ❑ Você é focado em identificar e orientar pessoas excepcionalmente talentosas seja lá onde estiverem para depois criar as melhores equipes possíveis com este talento.

- ❑ É dedicado ao desenvolvimento dos membros de sua equipe e, ao mesmo tempo, busca constantemente aperfeiçoar suas próprias habilidades como líder.

- ❑ Age rapidamente para lidar com aquelas pessoas que não estão tendo o desempenho esperado.

Condução da Carreira

- ❏ Você se sente à vontade em assumir novos desafios e atribuições mesmo quando isso possa se transformar em uma trajetória profissional imprevisível.
- ❏ Encara novas oportunidades com extrema abertura e tolerância a incertezas em relação a como você irá encaminhar tal situação.
- ❏ É uma pessoa que exerce uma influência tranquilizadora sobre aqueles a sua volta em momentos de pressão, estresse e mudança, ajudando a si e a outros a se adaptarem a circunstâncias de mudança de maneira refletida e apropriada.

Tradução das Complexidades

- ❏ Você pensa de forma abrangente sobre todos os tipos de informação e consegue visualizar dados e padrões em qualquer ponto.
- ❏ É um mágico em montar o quebra-cabeça para os outros transformando ideias analíticas em factíveis.
- ❏ É persuasivo ao contar histórias usando narrativas envolventes para comunicar de forma decisiva e influenciar os demais de todos os níveis hierárquicos a seguirem um plano de ação com o estabelecimento de prioridades.

Aprendizagem Catalisadora

- ❏ Você tem uma curiosidade incessante e adora saber o que está acontecendo no mundo a sua volta e como poderia aplicar tais informações.
- ❏ Por natureza você é uma pessoa versátil, que reflete sobre si mesmo, sempre buscando maneiras de melhorar suas próprias capacidades e conhecimentos como líder.
- ❏ Adota uma postura otimista e proativa em relação ao futuro e a como e onde será capaz de provocar impacto.

Este livro pretende ajudá-lo a cuidar do seu próprio futuro. Temos um único objetivo: garantir não apenas que você alcance o status icônico de líder de grande potencial, mas também (e mais importante ainda) que tenha uma carreira muito gratificante, que aproveite todo o seu potencial como líder. Bem-vindo a sua jornada de profissional de grande potencial.

PARTE UM

Os 5 Fatores X do Talento de Grande Potencial

2

Percepção da Situação
Como Ganhar a Confiança de seus Superiores

O primeiro fator X tem a ver com a relação mais importante no ambiente de trabalho – aquela com o seu chefe. Outras relações também importam e iremos explorá-las melhor no próximo capítulo, porém, a primeira realmente se destaca. Especialmente nos estágios iniciais de uma carreira – em que este fator X é desproporcionalmente mais importante do que os demais – somente o seu superior imediato o conhece mais de perto, tem um juízo a seu respeito e o representa dentro da organização. Nas reuniões em que executivos conferem o status de profissional de grande potencial, o seu chefe deve respaldá-lo. Ser designado um talento de grande potencial é, portanto, uma questão de apoio.

Pense no seu potencial como uma extensão daquele de seu superior, muitas vezes atrelado ao avanço e recompensas dele próprio. Para ser seu defensor, ele deve ter provas convincentes de que você o está ajudando a alcançar seus objetivos. Impressionar o chefe de maneiras memoráveis e únicas é o segredo para se tornar um talento de grande potencial. Mais importante ainda, se ele confiar em você, vai querer ver o seu progresso e sucesso. Você acabará criando um círculo virtuoso para você mesmo, com o seu chefe ficando atento as suas ações.

Em primeiro lugar, sua missão imediata é fazer com que seus superiores imaginem você como:

- Um profissional de alto desempenho no momento.
- Alguém em que eles possam confiar plenamente para ajudá-los a alcançar suas maiores prioridades.
- Um indivíduo com grande potencial para crescer, seja lá o que isto signifique na visão do seu chefe e sua organização.

A percepção da situação é uma habilidade crítica a ser dominada logo no início da carreira, pois aquilo que alguém dentro da organização considera importante pode ser bem diferente daquilo que é importante para outra pessoa. Você precisa ser capaz de compreender isto e agir de acordo. Você só será bem-sucedido se fizer as coisas certas extremamente bem na visão de seus superiores. Esta habilidade diz respeito, principalmente, a perceber as prioridades, as demandas de alto risco e estilo imperativos do seu chefe e rapidamente atendê-las de maneira adequada. O primeiro item de sua ordem do dia é entender os seus superiores e a maneira certa de se relacionar com eles.

Tarefa Número 1: Percepção e Flexibilização com cada Superior

Ter o domínio na percepção de situações lhe dá uma vantagem em dobro. Confere a você um diferencial de maleabilidade. Os superiores veem esta capacidade como um indicador de talento de grande potencial. No reino animal, poucas criaturas se adaptam ao ambiente que as cerca, alterando a cor da pele ou diminuindo/acelerando seus metabolismos para garantir que floresçam em qualquer situação. Para você, percepção da situação significa observar e atender às prioridades das tarefas, aos estilos de trabalho, hábitos e comportamentos que o seu chefe mais valoriza. Em alguns casos, isto significa mudar apenas um pouco o seu próprio comportamento e estilo de trabalhar. Em outros, será preciso trabalhar de forma totalmente diferente daquela que está acostumado e que até então havia lhe garantido o sucesso. Isto posto, não queremos que você se ajoelhe aos pés do seu chefe ou se torne um bajulador. Você acabará perdendo o respeito dos colegas bem como sua própria autoestima. Trataremos mais a este respeito em nossa discussão sobre o que fazer com chefes maus e antiéticos.

Portanto, este é o seu desafio. Você deve ser flexível com cada chefe novo. Por quê? Cada chefe é realmente único. Os vários chefes que você tem agora e terá no futuro possuem prioridades, estilos, realidades políticas e aspirações diferentes. A abordagem que funcionou tão bem com o seu último chefe dificilmente funcionará com o próximo. Ela pode até mesmo se voltar contra você. É por isso que você pode ganhar ou perder o status de profissional de grande potencial em uma troca para um novo chefe. É preciso impressionar cada um deles de forma consistente e rápida e em vários contextos diferentes. Suas realizações passadas não oferecem garantia alguma em relação a possíveis inadequações de sua parte com o estilo de trabalho do seu novo chefe.

Consequentemente, a "percepção do estilo de um chefe" deve ocorrer em todos os níveis e estágios da carreira. Mas mesmo que você demonstre esta capacidade desde o princípio de sua carreira, à medida que for progredindo na organização, sua percepção da situação tem que se tornar mais abrangente e elevada. Em termos de diretoria você terá que interpretar o chefe do seu chefe e os colegas de seu chefe. Conhecer os principais atores dentro da hierarquia organizacional e o que os diferencia é um fator que o torna candidato ao status de profissional de grande potencial. Nos níveis mais altos, como o de CEO, você lida com um conselho de administração e interessados externos poderosos (como investidores, agências reguladoras, órgãos do governo, sindicatos, etc.). Imagine a complexidade de interpretação dos interesses de toda esta gente e ter a capacidade de ser flexível para se adequar ao estilo de todos eles. Acreditamos que você já está começando a ver o quão importante é cultivar esta capacidade de percepção.

Neste capítulo começamos examinando as áreas-chave em que você deve demonstrar desempenho excepcional para o seu chefe. Mais especificamente, há quatro zonas de oportunidade para você demonstrar o seu valor – em que você poderá mostrar que já está pensando no nível de seu chefe e até mesmo assumir aspectos do trabalho de seu chefe. Discutiremos a respeito delas segundo uma ordem de importância. Obviamente, sua abordagem a estas tarefas deve ser vista como apoio de corpo e alma a seu superior e ao sucesso dele. Isto, porém, não deve ser percebido como pisar no calo dele ou como uma atitude artificial de querer cair nas graças do chefe. Mostraremos como lidar de maneira positiva com cada uma destas zonas de oportunidade para aumentar as impressões favoráveis do seu chefe em relação ao seu potencial.

Em seguida, passamos a uma importante necessidade: como se adaptar às exigências de hábitos de trabalho do seu chefe. Por exemplo, cada chefe com o qual se deparar acredita em certos mandamentos de estilo de trabalho, sejam eles certos ou errados: "É isto que é preciso para ser um líder eficaz". Estes mandamentos de estilo estão de tal forma arraigados às suas crenças que você se sentirá pressionado a persuadi-los do contrário. Detectá-los e reproduzi-los em suas próprias ações é crítico para o seu próprio sucesso. Discutiremos como determinar os mandamentos de estilo e se adaptar a eles.

Este capítulo termina com uma discussão sobre o que fazer quando se tem um chefe mau e/ou antiético. Tais situações podem colocar em risco sua condição de profissional de grande potencial e é preciso estar preparado para elas. Explicaremos de que forma.

As Quatro Zonas de Oportunidade

A percepção da situação em relação ao seu chefe diz respeito a quatro coisas:

- Determinar quais tarefas ajudarão a impelir o sucesso do seu chefe.
- Tratar cada atribuição como se já estivesse ocupando o cargo de seu chefe ou o chefe deste.
- Demonstrar iniciativa acima das expectativas que solucione um desafio organizacional emergente.
- Tirar trabalho da mesa do seu chefe.

Eis aqui como abordar cada uma delas.

Fazer com que as Tarefas Especiais de seu Chefe sejam a sua Maior Prioridade

Para você se diferenciar, é preciso perceber excepcionalmente bem as expectativas do seu chefe em relação às tarefas, a parte mais importante e mais difícil da percepção da situação. O seu dilema é o fato de o seu tempo e energia serem limitados e, na qualidade de profissional de grande potencial, você já tem uma carga de trabalho bem pesada. Portanto, é preciso ser bastante estratégico em relação a quanto investir nas diversas tarefas a serem cumpridas por você. Uma maneira simples de se pensar sobre como melhor alocar o seu tempo é primeiramente determinar quais atribuições se referem a tarefas essenciais que precisam ser completadas, mas não são críticas. Realize bem estas tarefas, mas não invista nelas tempo e energia em demasia.

Mais importantes são os projetos de maior prioridade para o seu chefe. Entre as diversas responsabilidades que você tem é bem provável que existam de duas a quatro tarefas que seu chefe valorize bastante. Chamaremos estas de "tarefas especiais". Elas se tornam realizações marcantes de uma carreira pelas quais tanto você como o seu chefe serão lembrados e reconhecidos. Elas podem ser facilmente identificadas, pois tanto o seu chefe quanto outros líderes dentro da organização dão a elas uma atenção desproporcional. Com frequência seu chefe pergunta a você sobre estas tarefas. Elas consomem tempo significativo nas reuniões. Seu chefe estará particularmente impaciente em relação ao seu progresso. Os chefes elogiam ou criticam as pessoas que estão trabalhando mais diretamente nestas tarefas e tendem a colocar as pessoas mais valorizadas para trabalhar nelas.

A maneira ideal de discernir as "tarefas especiais" é perguntar diretamente ao seu chefe quais são elas, especialmente quando você estiver estabelecendo suas metas anuais. Assim que souber quais são as tarefas especiais, é preciso revisitá-las continuamente à medida que seu chefe lhe pede para fazer outras coisas. Você corre o risco de que novas atribuições possam desviar o seu foco destas tarefas especiais. Portanto, uma priorização constante com o seu chefe é fundamental. Você precisa ter um ponto de vista claro sobre o que não priorizar entre as demais tarefas que lhes são atribuídas de modo a permanecer focado naquelas especiais. Faça com que o seu chefe tome parte deste processo de não priorização fazendo com que ele possa ser parcialmente responsabilizado pelas reclamações sobre tarefas ou projetos que, de repente, têm sua prioridade diminuída.

Saiba de cor e salteado estas tarefas especiais e dê o máximo para o seu cumprimento. O ponto-chave é que o seu chefe acaba confiando em você e em suas capacidades. Ele literalmente diz a si mesmo: "Posso confiar em você para ajudar tanto a mim quanto a organização atingir nossas metas mais prementes". O modo como você alcança os resultados algumas vezes tem maior peso na visão do seu chefe. Por exemplo, ser demasiadamente mandão e autoritário – o que poderíamos chamar de tática da "terra arrasada" – para realizar tarefas especiais acabará tirando você do caminho da ascensão em certas organizações. Em outras, avançar muito lentamente e depender excessivamente da construção de um consenso irá tirá-lo deste caminho. (Discutiremos em detalhe estes aspectos culturais e de estilo no Capítulo 9).

Quando os resultados de desempenho ficam abaixo das expectativas nas tarefas especiais, você deve lidar com tais situações difíceis com integridade, altruísmo e trabalho árduo. Na visão do seu chefe, mostrar estes traços irá contrabalançar os resultados desapontadores. Certifique-se de que ele tenha se engajado ao longo de todo o percurso das decisões por você tomadas. Particularmente, mantenha-o informado sobre os seus desafios e, se apropriado, envolva-o na resolução. Alguns chefes até irão perguntar de forma categórica: "O que posso fazer para ajudá-lo?" Este é código para dizer quais problemas ele poderá resolver para você ou com quais barreiras ele poderá lidar e que estariam acima daquilo para o qual você é pago, mas que precisam ser superadas para a realização bem-sucedida da tarefa especial. Será útil, caso as coisas não funcionem conforme o planejado, que o seu chefe saiba que você fez tudo o que estava ao seu alcance para ser bem-sucedido e que o engajou quando necessário. Lembre-se de ser estratégico ao tirar proveito da ajuda dele.

Como determinar quais tarefas são fundamentais e quais são especiais? Uma lista de características no quadro "Tarefas Básicas versus Tarefas Especiais: qual a diferença?" mostra como fazer a diferenciação entre os dois tipos de tarefas. Use seu poder de observação e pergunte diretamente (você poderia, por exemplo, perguntar ao seu chefe no que ele está trabalhando para o chefe dele) para determinar a maior prioridade ou as metas comerciais mais importantes para aquele ano. Muitas empresas possuem sistemas de gerenciamento de desempenho formais que dão visibilidade aos objetivos-chave do chefe. Se o seu chefe elencar formalmente estes objetivos para você (por sinal, uma prática comum), certifique-se de ter descoberto o peso apropriado para as suas metas.

Realize Todas as Tarefas como se Estivesse no Alto Escalão

Refletindo sobre o relatório de alta potencialidade de seus subordinados diretos, Wade, um alto executivo, explicou como um profissional deve encontrar sua próxima zona de oportunidades para alcançar a condição de profissional de grande potencial:

> Tenho três gerentes que estão sob minha supervisão. Um é mediano, os outros dois excepcionais. Mas destes últimos, um tem a capacidade de pensar e agir de forma abrangente. É ele que visivelmente está tornando minha organização mais forte. O outro funcionário de alto desempenho é realmente bem informado e conhecedor, muito bom na gestão de custos e exigências ambientais de nosso negócio. Durmo bem à noite graças a ele. Mas aí é que está a cilada – sua habilidade de contribuir de forma mais abrangente é limitada.
>
> Eu o transferi para uma função maior para testá-lo e ele aprendeu um bocado, mas não atingiu nada de extraordinário em termos de de-

sempenho. Então o coloquei de volta na função anterior. Atualmente, o outro profissional de desempenho excepcional é o meu diretor de atendimento ao cliente. Ele diz a si mesmo: "Quero construir um serviço de atendimento ao cliente de primeira classe". Ele é a pessoa com maior potencial. Está gerando um efeito multiplicador por toda a sua equipe. Está criando uma equipe mais robusta e engajada que o seu antecessor. Ele é muito bom em ajudar as pessoas a compreenderem como o trabalho coletivo de nossa organização se encaixa na organização maior. Faz isto compartilhando informações de forma ampla, ajudando as pessoas a desenvolverem um sentido de propósito de aspiração que os energiza e faz com se sintam maiores em seus trabalhos individuais. Os caras mais bem-sucedidos pensam sobre sua responsabilidade no contexto mais abrangente da empresa, da perspectiva do meu chefe e do chefe do meu chefe. Eles estão agindo com um pensamento que se encontra um ou mais níveis acima de seus cargos.

A segunda zona de oportunidades é um indicador-chave do que os chefes procuram em um profissional de grande potencial – se você está realizando ou não suas tarefas sob a perspectiva de alguém que se encontra um nível acima. Como fazer isto? Comece estruturando suas atribuições segundo a visão que o seu chefe usa para tomar suas próprias decisões. Digamos, por exemplo, que esteja trabalhando em uma área operacional e sua função primária (tarefa básica) seja garantir que as cinco linhas de produção que produzem doces de chocolate confeitados tipo gourmet sob sua supervisão estejam operando sem incidentes e dentro do cronograma. Caso surgisse um imprevisto de entregar uma quantidade maior do que a usual para um cliente importante, o que você faria? Um profissional de desempenho consistente determinaria a melhor forma de mudar as prioridades programadas e, quem sabe, acrescentaria alguns turnos extras de modo a poder atender este cliente. Em seguida ele retornaria as operações para a produção normal.

Porém, o profissional de grande potencial reconheceria que isto poderia ser uma oportunidade maior e, por sua vez, consideraria o contexto mais amplo e adotaria uma postura de maior alcance. Talvez este mesmo cliente possa vir a repetir o pedido maior ou, quem sabe, isto indicaria, sobretudo, uma demanda aumentada. Em ambas as situações, o profissional de grande potencial repensaria o processo de fabricação como um todo e identificaria aquelas áreas que resultariam em uma capacidade de produção aumentada e duradoura e, ao mesmo tempo, atendendo às necessidades deste cliente no curto prazo. É bem

TAREFAS BÁSICAS VERSUS TAREFAS ESPECIAIS: QUAL A DIFERENÇA?

Tarefas Básicas

- São rotineiras, repetitivas ou que ocorrem continuamente.
- Apoiam o fornecimento de um processo ou programa existente.
- Incluem tarefas bem documentadas com um histórico de execução consistente.
- Mantêm fortes relações com clientes e fornecedores existentes, bem como com outras partes interessadas importantes.
- Geram relatórios, documentação, análises ou orçamentos e assim por diante.
- Refletem iniciativas de melhoria contínua padronizada focadas em avanços incrementais mas importantes.
- Destinam-se a gerir uma equipe consolidada mantendo, ao mesmo tempo, níveis de engajamento, produtividade e talento.
- Cumprem objetivos primários em relação a metas predeterminadas (particularmente quando estas metas não refletem objetivos "mais amplos e desafiadores").

Tarefas Especiais

- Estão diretamente relacionadas com as maiores prioridades do seu chefe.

provável que ele encontraria uma maneira de se tornar mais próximo do cliente por conta própria de modo a conseguir dados adicionais. No final, ele conseguirá fazer um discurso convincente para seus superiores sobre a necessidade de recursos adicionais e de uma reestruturação. Ao fazer isto, ele demonstra a capacidade de adotar uma perspectiva típica de profissionais que ocupam cargos de liderança mais altos, em que o futuro da empresa e não apenas suas metas individuais, se encontram em seu escopo.

O quão bem você cultiva a perspectiva dos seus superiores e dos superiores destes últimos à medida que empreende uma tarefa? O Quadro "Um

- São bem visíveis para a organização através de resultados mensuráveis.
- Criam ideias ou conceitos novos, únicos ou inovadores.
- Implementam e oferecem novos produtos, processos ou programas.
- Levam à revisão, avaliação, mudança radical ou redesenho de um processo existente com o objetivo de aperfeiçoá-lo.
- Solucionam questões críticas e difíceis associadas a uma parte interessada ou cliente, novo ou existente (por exemplo, conseguir um cliente novo importante, poupando um que esteja tendo um mau desempenho, resolver uma questão fundamental de relações públicas, reagir a uma crise significativa).
- Conduzem a uma mudança importante para a própria empresa (por exemplo, uma fusão, aquisição, desinvestimento, reorganização, etc.).
- Orientam uma equipe ou organização durante uma grande transformação com impacto significativo sobre o engajamento, desempenho ou talento dos funcionários.
- São extremamente importantes para o CEO ou para o legado profissional de um alto executivo.
- Afetarão diretamente a marca ou a reputação da empresa e são muito visíveis.
- Embutem um alto risco para falhas, complicações ou perda de dinheiro ou potencial positivo significativo para o sucesso, orgulho e lucro da organização.

Modo de Pensar em Níveis Acima do Seu" descreve os tipos de perguntas que seus superiores provavelmente fariam a si mesmos quando se chega a esta perspectiva mais ampla. Geralmente envolve assumir um ponto de vista mais estratégico sobre clientes, acionistas, tendências, ameaças e oportunidades no segmento de atuação da sua empresa. Pense no que pode dar errado bem como no que pode dar certo e no impacto sobre partes interessadas críticas.

Quando lhe for atribuída uma tarefa crítica, resolva a questão mais ampla do qual esta tarefa é apenas um componente. Se você possuir este conhecimento de encarar o problema como um todo, será muito mais provável que você seja promovido a cargos executivos. Sem ele, você se verá estagnado.

Demonstre Inesperada e Excepcional Iniciativa além das Tarefas Especiais

A terceira zona de oportunidades para ganhar confiança de seu chefe é voluntariamente tomar uma iniciativa que esteja acima de suas responsabilidades – uma que claramente aumente a eficácia da organização ou exemplifique um dos valores fundamentais cultuados pela empresa. Tais iniciativas chamam a atenção sobre você como um indivíduo com talentos únicos ou espírito empreendedor ou então um líder com padrões fortes e admiráveis. Por exemplo, Ray Bennett, Diretor Mundial de Operações do Marriott International, explicou como, logo no início da carreira, chamou atenção para seu potencial através de displays em lojas que ele criou para seu então empregador, a PepsiCo:

> Eu era representante de vendas. Minha função era visitar as mercearias logo de manhã e tirar pedidos para o dia seguinte. Meus colegas apareciam às 3h30 da manhã para repor as mercadorias. Portanto, eu chegava à mesma hora e os ajudava a colocar os produtos nas prateleiras e montar os displays. Comecei a girar todas as latas e garrafas de modo que seus *facings** formassem um painel gigante Pepsi. Isto provocou uma impressão incrível nos clientes das lojas à medida que eles caminhavam pelo corredor de refrigerantes. Em poucos meses na empresa, o gerente regional percorreu as lojas pelas quais havia passado. Ele disse ao meu chefe que queria falar comigo. Ao nos encontrarmos, me disse: "As lojas pelas quais você passou são tão exclusivas devido aos displays que você criou com a parte frontal das latinhas. Você é a primeira pessoa que vejo fazer isto. Como você conseguiu convencer seus colegas para poder fazer isto?" Disse a eles que queria que formássemos uma equipe excepcional e que os displays faziam parte deste objetivo. Perguntou-me então o que eu queria fazer em termos de carreira. Disse que queria me tornar um executivo. Ele me disse para continuar agindo desta forma e consegui chegar lá.

---

* Cada exemplar de um mesmo produto exposto numa prateleira ou *display*, em pontos de venda. A maneira como estes produtos são apresentados, em geral, na primeira fila da prateleira. Fontes: *Dicionário de Marketing e Propaganda*, Zander Campos da Silva e *Dicionário de Termos de Marketing*, Tavares, Perrotti e Alan. (N. T.)

UM MODO DE PENSAR EM NÍVEIS ACIMA DO SEU

Como você poderia praticar um modo de pensar em níveis acima do seu? O que é desempenho excepcional na perspectiva do seu chefe? Comece considerando as seguintes perguntas à medida que pondera como melhor executar cada tarefa:

- Como o desempenho nesta tarefa influencia diretamente os objetivos mais amplos da empresa – aqueles que os meus superiores têm que atingir? De que formas ela poderia ser realizada para ajudar a alcançar os interesses estratégicos, organizacionais ou dos acionistas da empresa em que trabalho?

- Além do meu próprio grupo de trabalho, quais outros processos, partes interessadas e políticas têm impacto no resultado desta tarefa além das minhas decisões imediatas? Como melhor apreender e incorporar estas perspectivas à minha abordagem?

- Quais partes interessadas estão apoiando, adotando uma postura neutra ou então trabalhando em interesses conflitantes aos meus? Quais delas preciso derrotar? Quais delas poderiam atuar em meu nome como embaixadores de modo a influenciar outras partes interessadas?

- Se eu estivesse dirigindo uma unidade de negócios ou quem sabe a minha empresa, que mudanças faria de modo a melhorar o resultado desta tarefa? O que eu preservaria ou aperfeiçoaria de maneira incremental já que estes métodos atuais foram fundamentais para nosso sucesso até o presente momento?

- Quais competências fundamentais de liderança preciso começar a desenvolver agora caso queira comandar numa posição ocupada pelo chefe do meu chefe ou até mesmo do CEO da empresa? De quais habilidades eles frequentemente tiram proveito em suas funções que eu até o momento não desenvolvi completamente ou que simplesmente me faltam?

- Qual perspectiva funcional é crítica para esta tarefa dadas as exigências dos acionistas ou o background funcional de gerentes de primeira linha ou do próprio CEO?

Bennett estava pensando além das normas de sua função como representante de vendas. Ele apreendeu o valor da promoção da marca através de displays atrativos. Ele simplesmente tomou a iniciativa para ter um impacto diferente.

Um de nossos modelos a ser imitado de "iniciativa além do próprio dever" é Vineet, sobre a qual escrevemos em um artigo da Harvard Business Review.[1] Vineet trabalha na Índia para a empresa suíça de equipamentos médicos Synthes. A empresa de mais de US$ 3 bilhões comercializa implantes e biomateriais usados em cirurgia na regeneração do esqueleto e tecidos moles. Bem antes de trabalhar para a Synthes, Vineet pretendia fazer uma carreira na área científica, mas também tinha uma paixão para melhorar as vidas das pessoas em economias emergentes como, por exemplo, sua pátria natal, a Índia. Esta visão básica permaneceu com ele, mas sua carreira tomou rumos inesperados.

Depois da faculdade, para surpresa de seus colegas, ele optou por contabilidade para obter conhecimentos na área financeira que serviriam para qualquer carreira empresarial. Ele aceitou um cargo na prestadora de serviços profissionais A.F. Fergunson, que tinha uma carteira de clientes para auditoria. Depois ele se transferiu para a Arthur Andersen (que fez uma fusão com a Ernst & Young) e, finalmente, para a KPMG em Gurgaon, Índia. Mas cada vez mais ele sentia que o seu trabalho não atendia suas prioridades de aprendizado e mudança efetiva positiva em larga escala. Assim, Vineet aceitou uma vaga na Synthes.

Na Synthes, desde o princípio, aprendeu a sempre pensar como pessoas que estivessem ocupando cargos pelo menos um ou dois degraus acima – a marca de grande potencial sobre a qual falamos. Para alcançar esta perspectiva, Vineet tinha o hábito de fazer muitas perguntas – algumas vezes para consternação de seus colegas e superiores – mas ele compensava este incessante questionamento com um insaciável desejo de realizar. Ninguém poderia duvidar de seu comprometimento com o trabalho e a empresa, e a ambição de Vineet não era uma questão de triunfo pessoal. Na qualidade de gerente regional para a Índia, criou um livro de 150 páginas celebrando as contribuições de seus colegas e enfatizando seus valores comuns. Acabou se tornando uma espécie de guia para a filial indiana da Synthes. Gerou tamanho frisson que alguns funcionários que haviam deixado a companhia retornaram pelo fato de a organização ter sido tão energizada por este guia bem como pela liderança de seu criador. Ninguém havia lhe pedido para escrever um manual. Nenhum chefe havia lhe dito: "Precisamos de um livro comemorativo." Em outras palavras, não espere pelo seu chefe para lhe orientar no sentido de iniciativas que possam vir a se tornar paradigmas de mudança.

As aspirações originais de Vineet alimentaram sua extraordinária capacidade de iniciativa. Para este fim ele também criou um plano de negócios de oitenta e cinco páginas que incluía levar instrução de nível mundial para todos os cirurgiões indianos, inclusive aqueles em áreas remotas. O CEO da Synthes disse que o plano mudou a forma como a empresa encarava a Índia.

Vineet é muito curioso, mas com um único intento – transformar o aprendizado em iniciativas reais. Quando viajamos para os Estados Unidos para uma reunião estratégica da Synthes, ele ficou lá por vários dias a mais para ser um "mero observador do que se passava ali" com o pessoal de vendas dos Estados Unidos. Tendo despertado a atenção do CEO com sua estratégia de crescimento, ele imaginou que a empresa poderia ser capaz de implementá-la apenas com a ajuda de um número maior de colaboradores e com perfis distintos. A divisão norte-americana parecia ter estes colaboradores em sua força de vendas. Vineet participou de dezenas de visitas de vendas, observando o que fazia esta equipe de vendas ser tão eficiente. Ele então levou o que havia aprendido para criar um novo perfil de competências para os vendedores na Índia (juntamente com mudanças no treinamento e recrutamento) que enfatizavam comportamentos empreendedores, um atributo que ele julgava crucial para realização no promissor mercado indiano. Suas ações levaram a um aumento significativo nas vendas. Nenhum superior havia pedido para estudar a unidade de vendas norte-americana. Foi sua busca genuína por construir uma organização mais sólida que levou a esta iniciativa pessoal. Todos os seus colegas retornaram imediatamente de Nova Iorque para casa após a reunião de estratégia da Synthes, mas Vineet tinha um objetivo maior – aumentar as vendas aprendendo as melhores práticas de outros para então aplicá-las segundo uma nova abordagem.

Identifique as maneiras através das quais você pode demonstrar iniciativa acima das responsabilidades exigidas pelo seu cargo, seja elevando os padrões, agarrando oportunidades para as quais os outros não têm tempo ou resolvendo problemas que ninguém antes havia resolvido.

Colabore para Aliviar a Sobrecarga de Trabalho do seu Chefe

Outra área em que você realmente pode se diferenciar e provar o seu potencial é pegar parte do trabalho que o seu chefe não gosta de fazer ou em que ele simplesmente não é bom. Uma pergunta que os chefes sempre recebem bem é: "Como posso ajudá-lo a aliviar sua sobrecarga de trabalho?" Isto pode funcionar de modo mais efetivo caso você consiga identificar uma tarefa que exija habilidades que você já domina. Acaba virando uma situação em que todos saem ganhando. O seu chefe se livra dela e você se sai bem fazendo algo que já domina. Provavelmente tais atividades sejam aquelas relacionadas com as tarefas básicas descritas anteriormente, exceto pelo fato de serem tarefas básicas para o seu chefe. Portanto, enquanto outros talvez não vejam isso como algo que possa produzir um impacto significativo (e outros talvez nem percebam que você realizou este trabalho), este tipo de atitude cria boa vontade e solidifica a confiança em seu relacionamento. O seu chefe pode ou não lhe agradecer por isto, mas de qualquer maneira irá apreciar. Não se trata de uma condição de servidão ao chefe, mas sim de um desejo genuíno de lidar com os desafios e as oportunidades que o seu chefe e a empresa estejam enfrentando.

Foi oferecida a Jackie uma posição desafiadora na divisão bancária de uma organização de serviços financeiros de alcance mundial – uma promoção a vice-presidente e diretor regional de operações na Alemanha, o segundo maior negócio do banco na Europa.[2] Ela aceitou o cargo, mesmo com as chances não estando a seu favor. Ninguém lá havia ouvido falar a seu respeito e pouco sabia sobre o segmento bancário. Sua experiência tinha sido exclusivamente na área de seguros do banco. O presidente regional queria alguém com experiência no setor bancário, portanto, o maior desafio de Jackie era conquistar credibilidade rapidamente. O pessoal da Alemanha estava acostumado a ser independente e estar no comando, portanto, Jackie percebeu que ela não seria bem-sucedida caso não conseguisse trazer a equipe para o seu lado.

Jackie decidiu que ajudar seus novos colegas teria que ser uma prioridade. Em suas três primeiras semanas, reuniu-se com dezenas de gerentes e reconheceu abertamente que ela se encontrava diante de uma dura curva de aprendizagem. Ela se concentrou em obter pequenas vitórias em problemas que há muito tempo haviam sido uma pedra no sapato deles, mas que ninguém tinha tempo de resolver. Por exemplo, ela otimizou o processo de abertura de novas contas. Ela pretendia aliviar o máximo possível a carga de trabalho de seu cético chefe perguntando, sempre que possível: "Que tipos de tarefas que consomem muito tempo o senhor gostaria de ver resolvidas nos meus primeiros noventa dias aqui – tarefas para as quais o senhor não tem tempo ou simplesmente não gosta?" Ela começou a trabalhar imediatamente nestas. Por exemplo, ele não gostava de enfrentamentos, algo importante que faltava no perfil do seu chefe. Portanto, Jackie enfrentou os problemas com grande potencial para geração de conflitos como, por exemplo, redesenhar processos de planejamento e solucionar problemas de quem teria o direito de decidir. Passou a gozar de uma reputação de solucionadora de problemas na visão do chefe e, como consequência disso, sua influência foi aumentando de maneira estável.

A lição aqui é descobrir quais são as tarefas que não agradam ao seu chefe bem como o que falta a ele em termos de habilidade – tarefas que você poderia desempenhar com sucesso não apenas para facilitar a vida do seu chefe como também fazer com que ele seja bem-sucedido. Você vai querer fazer isto de maneira consciente e, portanto, não irá, sem querer, clamar aos quatro ventos os pontos fracos dele. Ao mesmo tempo, tome cuidado para não ficar sobrecarregado. Todos nós temos limites para o volume de trabalho que conseguimos absorver, seja ele diário, semanal ou mensal. Se você se comprometer com um número demasiado de tarefas básicas (ou outros tipos de tarefas) originalmente de responsabilidade do seu chefe, se verá incapacitado de realizar suas próprias tarefas. Se, como consequência disso, suas próprias tarefas especiais ou básicas ficarem de lado, ambos os resultados serão desastrosos. Infelizmente, ninguém (nem mesmo o seu chefe) irá lhe dar uma promoção pelo fato de você o estar ajudando. Portanto, reflita sobre quais tarefas deveria assumir e quando é chegado o momento de impor um limite.

Adaptando-se e Reproduzindo as Exigências de Estilo do seu Chefe

O seu desempenho nas quatro zonas de oportunidades irá potencialmente fazer com que você consiga de forma mais rápida o status de profissional de grande potencial. Ao mesmo tempo, você não pode negligenciar as exigências de estilo do seu chefe. Vimos, por repetidas vezes, profissionais de grande potencial perder esta condição apesar de um destacado desempenho, tudo por causa de conflitos e inadequações referentes a expectativas de estilo de trabalho.

Como subordinado é preciso encontrar maneiras de ser eficaz segundo os diferentes hábitos de trabalho dos vários chefes com os quais irá se deparar. Não espere que o seu chefe se adapte ao seu estilo. Pode ser que o seu chefe atual seja muito colaborador. Ele adora realizar sessões de *brainstorming* com você e participar de acalorados debates. Porém, o seu próximo chefe talvez não goste de *brainstorming* e irá lhe pedir que encontre uma única opção para cada problema. Outros terão uma propensão ao uso de dados, cronogramas ou processos. Alguns serão estrategistas, ao passo que outros não. Alguns rendem mais pela manhã, outros à tarde. Alguns terão uma abordagem tão diferente da sua que você poderia até questionar a eficiência deles – ou a sua. Você terá que morder a própria língua e se lembrar que esta situação não é permanente. Entrementes, perceba e se adapte ao estilo do seu chefe.

Rene, uma experiente executiva, descreve as diferenças no trato com dois CEOs aos quais era subordinada:

> Eles absorviam informações de formas diferentes. Por exemplo, Amy buscava pouquíssima interação. Eu sempre planejava cuidadosamente meus encontros de trinta minutos com ela. Eu sabia exatamente quais questões precisavam ser discutidas. Tinha um conjunto claro de ideias bem elaboradas. Rob, meu atual CEO, já é mais conversador: "Vamos conversar. Não me venha com grandes decisões, não me traga um monte de papelada." Com Rob, são necessárias sete conversas para se chegar a uma decisão. Com Amy, era uma conversa para uma decisão. Para outro chefe que tive, ela sempre quis saber a meu respeito pessoalmente. Eu usaria dez minutos de cada reunião para chegar às decisões-chave que gostaria de cobrir para depois conversarmos sobre nossas vidas por outros vinte minutos. Ela sabia os nomes dos meus filhos, qual escola frequentavam, o trabalho do meu marido.

Detectando as Formas Necessárias para se Adaptar ao seu Chefe

Como determinar precisamente o estilo e tipo de comportamento que seu chefe está buscando? Caso tenha um chefe que possa ser abordado de maneira mais próxima, uma forma eficaz de realizar o seu trabalho de detetive é convidá-lo para tomar um café ou para almoçar. Discuta diretamente qual o estilo de trabalho preferido dele. Sempre que estiver em dúvida, pergunte de uma forma segura e construtiva. Apresente diferentes situações de trabalho, como quantas vezes vocês deveriam se reunir, se ele prefere reuniões formais ou informais e como ele irá medir o seu grau de sucesso em termos tangíveis. Pergunte a ele sobre medidas quantitativas e qualitativas que serão os indicadores do seu sucesso daqui a três meses e no final do ano. Em seguida, caso se sinta corajoso o bastante, pergunte também o que seria sucesso daqui a dois ou três anos. Se tiver sorte, a resposta será algo como: "Até lá você será promovido".

Nos primeiros meses de contato com novos chefes, sempre observe e escute. Observe os tópicos que eles discutem repetidamente nas reuniões. Veja se certas métricas, metas e prioridades são particularmente significativas para eles. Veja quais indivíduos demonstram comprometimento com estas últimas e pergunte a si mesmo o que o chefe acha tão envolvente nestes indivíduos. Observe o estilo do seu chefe na condução de reuniões e o nível de aceitação e rejeição entre o chefe e os participantes da reunião. Examine a sala dele. Que tipo de informação você consegue extrair dali sobre ele quanto a estilo de vida, necessidades em termos de organização, exigências e preferências por agendamento versus interações espontâneas? Perceba se o telefone está sempre tocando ou mensagens de texto chegando, o que pode significar que ele se encontra no meio de uma atividade que demanda esforço e tempo ou quem sabe ele simplesmente é bem relacionado ou uma pessoa que realiza várias tarefas ao mesmo tempo. Observe quando e como ele prefere se comunicar.

Uma pessoa de grande potencial que entrevistamos mencionou que a chefe dele era fanática por mensagens de texto. Ele nos confidenciou que ela conseguia enviar mais mensagens do que sua própria filha de doze anos de idade e geralmente enviava mensagens para ele depois das 9 da noite. Ele rapidamente se deu conta que ela precisava de uma grande dose de *feedback* e ficava feliz de receber este *feedback* via mensagem de texto. Se o seu chefe lhe envia artigos, observe os tópicos, a abrangência das questões abordadas, o que ele quer que você faça com estas informações e o que ele quer que você reflita mais a respeito. Seja bem astuto em escutar e observar bem.

Até mesmo pequenos detalhes importam como, por exemplo, vestuário. Como um jovem profissional de grande potencial comentou: "Sempre usarei terno na presença do CEO. Procuro refletir a sua indumentária. Nunca o vi vestido de maneira informal. Já o meu gerente é mais informal. Com ele me apresento de jeans." Já outro comentou: "No meu primeiro dia de trabalho com minha nova chefe, percebi o grau de desconforto dela quando um colega apresentou números sobre um tópico que estávamos discutindo. A chefe perguntou num tom inquisidor: 'Onde você obteve estes dados?' Meu colega respondeu: 'Bem, lembro-me de ter ouvido alguém falar disso'. A fisionomia da chefe exprimiu desagrado. Logo depois, pude apreender que toda vez que eu desse uma opinião sobre uma determinada questão envolvendo números, teria que provar que eu havia feito a lição de casa. Eu simplesmente não poderia apresentar dados estatísticos do nada, sem comprovar de onde eles tinham vindo."

Dê particular atenção nos momentos em que o seu chefe estiver mais aberto a receber conselhos, especialmente informações que gerem enfrentamento. Alguns chefes apreciam o *feedback* e o debate, mas não diante de outras vinte pessoas. Outros, por sua vez, esperam que você diga a eles o que lhe passa pela cabeça a qualquer momento. Um executivo disse-nos que sabia que poderia compartilhar informações confidenciais com o CEO relativas ao plano da empresa toda vez que ele tirasse os seus sapatos. Neste momento, o chefe estava descontraído e pronto para ouvir informações desagradáveis ou discutir assuntos difíceis.

Josh, um sagaz profissional de grande potencial, mas ainda num nível júnior, revelou como começou a lidar com um novo chefe em termos de percepção de situações:

> Nos meus primeiros encontros com meus superiores, minha conduta é bastante subserviente. Fico na minha, acomodando-me. Uso este tempo para observar e formar uma opinião sobre o estilo deles. Minha percepção do outro é aguçada. Presto muita atenção às dicas verbais e não verbais, como eles se sentam, com que intensidade usam as mãos ou gestos faciais enquanto falam. Avalio o quão bem-sucedidos são na transmissão de ideias, qual a importância dos fatos para eles, se têm ou não uma opinião formada sobre várias questões. Por exemplo, nosso CEO forma opiniões rapidamente. É extremamente difícil fazê-lo mudar de opinião. Uma vez que tenha chegado a uma conclusão, sua posição será praticamente imutável. Portanto, quando preparo algum material para ele, sempre trabalho para ficar do lado certo de sua percepção, para não contestar diretamente suas opiniões. Por exemplo, outro dia eu tinha uma reunião com ele. Estava me preparando para propor um novo produto. Apresentei a ele alguns resultados iniciais de testes realizados com um cliente. No final ele me fez uma recomendação com a qual não concordei. Em vez de lhe dizer: "Não, eu acho que existe uma solução melhor", meu posicionamento foi muito mais brando. Optei simplesmente por dizer: "Podemos fazer isto", mas com uma entonação que sugeria que poderia haver uma alternativa melhor.

Outra abordagem possível para se obter informações sobre o seu chefe é solicitar relatórios diretos atuais ou do passado. Pergunte às pessoas o que elas particularmente gostaram ao trabalharem com o seu chefe. O que faz do seu chefe um profissional bem-sucedido: expertise, traços pessoais ou outras habilidades? Pergunte a elas como o seu chefe gosta de trabalhar e conduzir reuniões e que tipo de resultados ele espera. Algumas vezes você receberá uma resposta objetiva, outras não, porém sempre vale a pena coletar estas informações. Procure, entretanto, colegas da mesma equipe que poderiam ser altamente competitivos e que poderiam estar tentando induzi-lo a erro. Dado que existem apenas um ou dois profissionais de grande potencial para cada dez colegas, você está em igualdade de condições com os demais, muito embora gostaríamos de adotar uma posição positiva.

Percepção da Situação

Com a maioria dos chefes mais abertos e focados, você pode solicitar *feedback* em tempo real após já ter trabalhado um tempo com eles. Por exemplo, recomendamos que você obtenha um *feedback* imediatamente após uma reunião em que você teve uma participação importante. Pergunte diretamente: "O que eu fiz de bom nesta reunião? O que eu poderia melhorar para a próxima vez?" Em geral você irá obter indicações concretas daquilo que eles querem.

Caso bata de frente com alguma característica importante do estilo do seu chefe, observará uma reação negativa. Provavelmente você deve ter atingido uma prioridade de estilo que é um ponto delicado. Estes comportamentos ou prioridades são absolutos para o seu chefe. Poderia ser, por exemplo, que todas as reuniões devem começar exatamente no horário programado. Ou quem sabe seja necessário relatórios concisos de apenas uma página para relatar questões que você está avaliando. Para um chefe seu relacionamento com os distribuidores deve exigir sua máxima atenção. Para outro, a questão poderia ser ultrapassar as metas factíveis e mais fáceis. Portanto, é imperativo que você determine, de antemão, quais são estes pontos delicados para o seu chefe.

A má notícia é que geralmente o seu chefe não irá lhe dizer nada quando você tocar em um destes pontos. Ele espera que isto tenha acontecido de forma não intencional. Mas quando você tocar nestes pontos delicados pela segunda ou terceira vez, o chefe irá começar a desconfiar de sua capacidade. Você passará a receber *feedback* negativo ou então perceberá que certas tarefas não lhe serão mais atribuídas ou que você não será mais convidado para certas reuniões. Nesta altura você estará em apuros.

Muitos chefes têm quatro ou mais pontos delicados em termos de prioridade ou estilo. Estes podem ser um verdadeiro campo minado. Um primeiro passo é simplesmente perguntar: "O que realmente eu precisaria fazer para deixá-lo irritado? Quais são suas prioridades absolutas em tarefas, relacionamentos e estilo? Em que devo prestar particular atenção? Como o senhor gostaria de receber dados e informações? Quais são seus critérios mais importantes nas tomadas de decisão?"

Como Saber se Você Está em uma Situação Difícil em termos de Inadequação ao Estilo do seu Chefe

Quais são os primeiros sinais de alerta de uma eventual inadequação ao estilo de um chefe? À medida que perderem a confiança em você, eles se torna-

UMA LISTA DE VERIFICAÇÃO PARA INTERPRETAÇÃO DO ESTILO DO SEU CHEFE

Utilize as perguntas abaixo para avaliar o leque de opções de estilo que você precisa construir para depois se adequar às preferências de seus superiores:

- Que tipos de informação eles preferem para tomadas de decisão e em que formas? Que nível de detalhes eles querem para tomar uma decisão e que tipos de informações quantitativas e qualitativas? Eles querem uma única opção ou várias para serem consideradas? Vão querer considerar opções não convencionais?

- Qual o nível de paciência deles ou em que velocidade eles tomam decisões? Alguns preferem umas duas horas para fazer uma análise; outros querem um relatório sucinto de uma página e dez minutos de conversa. Outros preferem ler briefings com dias de antecedência, outros não.

- Eles se sentem à vontade com suas intuições e o restante da equipe – de forma espontânea ou através de reuniões planejadas antecipadamente, um por vez ou em grupos, a portas fechadas ou não, na sua sala ou na deles? Pessoalmente, por telefone, via FaceTime e/ou mensagens de texto?

- O quão confortáveis se sentem quando você questiona o ponto de vista deles? Em que ambientes você pode desafiá-los (por exemplo, cara a cara? Onde e sobre quais questões você não pode questioná-los?).

- Na prática, até que nível hierárquico você pode levar uma questão? É preciso ter permissão deles a cada etapa na cadeia hierárquica para discutir um problema com seus superiores?

- O quão direto você pode ser com eles em relação às suas preocupações ou novidades sobre reveses? Eles interpretarão isto como um sinal de firmeza ou de fraqueza de sua parte?

---

rão mais prescritivos. Passarão a checar constantemente com você para saber como vão andando as coisas. Exigirão várias atualizações quanto ao status das coisas. Corrigirão com frequência o que você diz ou a forma como você diz.

Percepção da Situação

- O quão conectado os chefes querem que você esteja com eles? "À disposição" a qualquer momento do dia ou da noite ou apenas durante o expediente? Com que frequência você precisa se comunicar com eles durante viagens de negócios ou a lazer?

- Com que agilidade eles esperam ter uma resposta de um telefonema, e-mail ou SMS (imediatamente, em um prazo de duas horas, no final do dia, na manhã seguinte)? Que tipos de problemas eles querem ouvir de você imediatamente?

- Eles querem ser incluídos apenas em determinadas comunicações ("Mande-me uma cópia apenas quando for preciso que eu tome uma decisão relacionada à comunicação; confio em você para resolver os demais casos) ou em todas as comunicações ("Sempre me mantenha no circuito de modo que eu possa saber o que está se passando")?

- O quanto eles querem dividir com você em relação a sua vida pessoal e a deles; em outras palavras, eles são pessoas abertas ou reservadas?

- Como seus chefes esperam que você trabalhe com os demais? Eles querem que você arrase e gere resultados não importando quais possam ser as implicações deste ato? Ou querem que você respeite as relações e introduza um elemento de diplomacia e unidade do engajamento daqueles que estão implementando suas iniciativas?

- Quais as expectativas deles em relação a atitudes e vestuário no ambiente de trabalho? Quais contrariedades excêntricas os incomoda a ponto de você ter sempre que evitá-las (por exemplo, jamais envie uma mensagem durante uma reunião, não arregace suas mangas, sempre vista terno completo e jamais calças marrom claras ou uma saia com um padrão de cores vivas, nunca masque chiclete, não use bonés no escritório, sandálias de tiras de couro ou sandálias havaianas.

- Quais são suas aspirações e fatores motivantes em termos de carreira e como veem os membros de sua equipe como parte delas?

Irão rever o seu trabalho antes que este chegue ao chefe deles. Um sinal muito ruim é o fato de interromperem-no constantemente enquanto você está fazendo uma apresentação.

Um profissional em cargo de chefia explicou-nos como ele agora trata um indivíduo que não entende o que o respectivo chefe espera dele:

> Tenho um indivíduo em minha equipe que não me entende bem. Portanto, agora, dou a ele instruções bem detalhadas e prescritivas. Por exemplo, a tarefa atual exige, digamos, as etapas de um a oito. Em discussões comigo, descobri que não observa todas estas etapas. Esta pessoa teria realizado a tarefa apenas com duas etapas e não entende as outras seis. Portanto, agora fico observando como executa as cinco seguintes. Se cair de novo no modo de realizar apenas duas etapas, ficarei mais alerta ainda! Alguém com capacidade de perceber qual é o meu estilo, me enviaria um e-mail dizendo: "Olá, Sven, eis as sete etapas que irei realizar para a atual tarefa". Portanto, ele irá verificar para ter certeza que está adotando a abordagem correta. É isto que o dito cujo deveria fazer.

É responsabilidade sua se adequar ao estilo do chefe. Jamais assuma que é responsabilidade deles. Nossa "Lista de Verificação para Interpretação do Estilo do Seu Chefe" fornece os aspectos mais importantes a serem considerados ao se adequar ao estilo e preferências de um chefe no trabalho. Consequentemente, é tarefa sua descobrir exatamente como se adaptar ao estilo e prioridades do seu chefe.

Como Trabalhar com um Chefe Difícil

Inevitavelmente você encontrará um ou mais chefes difíceis em sua carreira. Um chefe difícil pode ser alguém que não esteja interessado em você e no seu potencial, não se preocupe em identificar e promover talentos em geral, seja inapto para cargos de chefia ou simplesmente não goste de você. Você não vê meios para impressioná-lo ou, pior ainda, o aborda da maneira errada. Caso não tome cuidado, este chefe pode arruinar o seu prestígio. No quadro "Lidando com um Chefe Antiético", discutimos o que fazer com uma situação potencialmente mais difícil – um chefe antiético.

O segredo nestas situações é impressionar outras partes interessadas, particularmente pessoas que ocupem cargos mais altos do que o dele. Eles irão reconhecer suas habilidades. Geralmente se você é um profissional de alto desempenho e acredita que o seu chefe direto é ruim, os bons líderes da empresa também reconhecerão que seu chefe é ruim. Irão entender que você se encontra em uma situação difícil e, em algum momento, irão colocá-lo longe das garras deste chefe. Trate os chefes ruins de maneira profissional e madura. Tenha em mente que você está tentando impressionar outros superiores que observarão como você lida com uma situação difícil. Em algumas situações, caso não consiga escapar de um chefe ruim ou antiético, você simplesmente terá que procurar um novo emprego em outra empresa. Seguem abaixo alguns pontos-chave para ter em mente:

- Jamais assuma que simplesmente pelo fato de alguém ser o seu chefe, ele está sempre certo. Você deve apresentar o seu ponto de vista a ele. Com alguns deles, será preciso ser direto ao questionar decisões; com outros, talvez seja preciso ser mais deferente e cerimonioso. Pergunte se ele quer ouvir sugestões. Em caso positivo, apresente-as, mesmo que ele não demonstre ser muito grato em relação a elas. Caso ele diga não, apresente-as mesmo assim, mas na forma de perguntas e não de afirmações.

- Faça perguntas para saber o que eles pensam, como se sentem e se eles reconhecem ou não o impacto ou efeito das decisões deles em outras questões ou pessoas. Chefes difíceis normalmente reagem melhor ao serem perguntados do que dizer a eles o que fazer.

- Forme alianças com outras pessoas que talvez sejam melhores do que você em fazer com que o seu chefe ouça certas coisas. Use estes relacionamentos para testar ideias e sutilmente expressar seus sentimentos e ideais para o seu chefe.

- Jamais comprometa sua integridade simplesmente para fazer com que um chefe difícil aceite, aprecie ou lhe ouça.

Portanto, como se portar com chefes ruins nestas situações incertas? A história de um líder de grande potencial, Quinn, ilustra como abordar esta situação difícil. Quinn acabou de ser promovido ao cargo de diretor operacional dentro de sua unidade de negócios. Ele passará a substituir um bom amigo que foi rebaixado de cargo por causa de uma relação difícil com a futura chefe de Quinn, Natalie. Ela tinha a reputação de ser uma supervisora muito difícil. Antes de Quinn começar na função, ele chamou antigos subordinados de Natalie que com cuidado o alertaram sobre a forma como ela gostava de trabalhar com os subordinados. Ele fez questão de conversar com indivíduos que não foram

COMO LIDAR COM UM CHEFE DIFÍCIL

Você pode ir muito longe ao tentar se adaptar a certos chefes. Você não vai querer simplesmente imitar o estilo do seu chefe, tornando-se um Mini-Me, o clone do Dr. Maligno do filme Austin Powers. Descubra o que ele deseja ver em um excepcional relatório direto e adapte-se a este estilo de trabalho da melhor maneira possível. Aqui também é preciso tomar cuidado. Se o seu gerente não for ético ou quiser que você faça algo que considera errado, é preciso impor um limite. Por exemplo, ele poderia pedir para você realizar algo que iria minar o seu chefe ou um de seus colegas para que o primeiro pareça bom. No final de cada dia você tem que se olhar no espelho. É preciso preservar os seus próprios aspectos positivos e crenças relativas às maneiras corretas de se tratar e trabalhar com os outros. Ser simplesmente um puxa-saco e fazer tudo o que o chefe pede (uma pessoa que só diz "sim") não é a solução.

Uma pesquisa sobre personalidade usada para avaliar profissionais de grande potencial, a HDS (Hogan Development Survey), chama a atenção para este comportamento transviado em um aspecto denominado "submisso". Esta pesquisa descreve o comportamento de indivíduos que são tão ansiosos por agradar que acabam se tornando relutantes a agirem de forma independente. Eles sentem uma excessiva necessidade de conselhos e reafirmação por parte de seus chefes antes de agirem. Eles também são muito relutantes em expressar desacordo com os seus chefes por medo de caírem em desgraça.

---

bem-sucedidos na missão de trabalhar com Natalie bem como aqueles que foram bem-sucedidos neste aspecto. A partir destas pessoas, ele descobriu abordagens que funcionaram e aquelas que provocariam uma má impressão para ela. Em suas conversas, ele descobriu que o estilo dela era totalmente diferente do dele. Por exemplo, Quinn, que é extrovertido, adora conversas informais e pelos corredores. Em um impulso ele simplesmente pegaria o telefone e começaria a bater papo com alguém sobre um dado problema. Sua nova chefe não gostava deste estilo informal e impulsivo.

Ela acreditava que isto tumultuava os seus dias bem planejados. Portanto, por ora Quinn abandonou o seu estilo informal e passou a planejar com grande antecedência suas reuniões com Natalie.

Ele também viu que ela era uma chefe extremamente analítica que gostava de informações sempre baseadas em dados. Como explicou Quinn, ela era uma pessoa "apresente-me os números". Ela não gostava de abordagens intuitivas

Isto leva a percepção de situações a um nível exagerado. Estes comportamentos submissos podem funcionar com aquele tipo raro de chefe – um que adora subordinados altamente dependentes. Mas na maioria dos casos, seu chefe irá valorizar um pensamento e forma de agir independentes. Sem estas qualidades você será visto como uma pessoa sem iniciativa e profundidade. Portanto, jamais se venda a um chefe. Não comprometa seus valores fundamentais ou padrões éticos.

Ao se deparar com um chefe que quer que você faça algo antiético ou altamente manipulador, mantenha-se firme. Você poderia perguntar assim: "Gostaria de me certificar se entendi perfeitamente o que o senhor está me pedindo para fazer. Parece-me que o senhor está me pedindo para fazer X e eu, francamente, me sinto desconfortável quanto a isto. Estou entendendo corretamente o que está me pedindo e é isto realmente o que o senhor quer que seja feito?" Se não gostar da resposta, diga a seu chefe que você tem que recusar a solicitação, pois isto vai contra os seus princípios.

Finalmente, e acima de tudo, certifique-se de não se envolver em algo ilegal. Obedecer cegamente ao seu supervisor enquanto ele toma decisões erradas não é a escolha certa para ninguém. É por isso que as empresas possuem programas para denúncia anônima de práticas ilegais e corruptas dentro da organização.

---

e de *brainstorming*. Deu grande importância a deixá-la informada sobre todas as questões através de dados e análise quantitativa. Ele raramente apresentava opções para ela analisar; pelo contrário, apresentava dados para embasar uma única opção que ele achava ser a melhor delas. Em poucas semanas, esta reprodução por parte de Quinn de alguns fatores críticos do estilo de Natalie, acabaram por conquistá-la.

Mas o verdadeiro golpe de mestre de Quinn na sua relação com Natalie foi a sua de uma tarefa especial que traria um grande benefício a ela. Ele sabia que uma prioridade contínua para o grupo de operações eram seus dados analíticos – dados de produção, informações de custos, o cumprimento da segurança. O departamento não era muito sofisticado em termos da coleta deste tipo de informações ou na comunicação destas. Quinn soube a partir de alguns de seus contatos que os altos executivos da divisão reclamavam que os dados fornecidos pelo grupo de Natalie geralmente eram tardios e frequentemente inconsistentes, levando de trinta a sessenta dias simplesmente para fechar os resultados operacionais do ano. Conseguir realizar processos analíticos melhores e mais rápidos seria uma vitória bastante visível tanto para Natalie quanto para ele próprio.

Embora não tenha sido uma tarefa que Natalie tenha atribuído a Quinn (ou a qualquer outra pessoa), ele buscou sua permissão para trabalhar em uma ideia que iria solucionar o problema. Tendo obtido o sinal verde por parte de Natalie, passou a trabalhar na implementação de uma nova tecnologia que fizesse todas as informações brutas passarem por um sofisticado painel de instrumentos. Em poucos meses a tecnologia estava implementada e operativa, exatamente a tempo para o fechamento do ano. Os dados operacionais deste ano em particular foram fechados e transmitidos em vinte e quatro horas. Foram, sobretudo, dados precisos compilados em categorias significativas para grande surpresa da equipe de executivos. Quinn comentou sobre a vitória: "Projetamos um sistema que era muito valorizado e extremamente preciso. Também consegui realizar isso sem consumir muito tempo da Natalie". No final, ele deu visibilidade a ela e ao departamento até chegar aos altos executivos.

Algumas vezes, entretanto, é simplesmente impossível solucionar um conflito diretamente com seus superiores. Eles podem ser difíceis e aparentemente impenetráveis. Nestas circunstâncias, é preciso se concentrar na tarefa, cumprir o seu trabalho utilizando o que você tem de melhor (certifique-se de cumprir as tarefas básicas sem cometer erros) e focar em incrementar a sua rede de contatos. Trabalhar em conjunto com outros líderes pode ser muito útil neste caso. Mesmo que você não seja reconhecido como um profissional de grande potencial pelos seus chefes atuais, fazer com que outros estejam cientes de suas capacidades irá ajudá-lo a sobreviver à tempestade até você ou o seu chefe mudarem de cargo. Por isso, é essencial ter vários apoiadores para garantir a construção de uma boa reputação entre os colegas do seu chefe. Ajude-os em situações em que eles possam contar com você. Envolva-se em forças-tarefa e projetos especiais para aumentar a sua visibilidade dentro da organização. Embora não ser identificado como um profissional de grande potencial importe, é quase certo que esta situação pode e irá mudar com o seu próximo chefe. Não importa o que aconteça, o seu histórico de bom desempenho em uma organização será uma marca que lhe acompanhará durante a carreira dado os sistemas de avaliação existentes hoje em dia. Um passado de bom desempenho pode ajudá-lo no longo prazo não obstante avaliações negativas por parte de um chefe ruim.

Percepção da Situação

Uma qualidade que muitos de nossos profissionais de grande potencial e com sucesso duradouro acham útil é adotar a postura de que não existe chefe que você não consiga derrotar. Você precisa simplesmente entender porque eles agem de certa maneira. Todos os chefes querem ser de alguma maneira bem-sucedidos. Sua missão é descobrir como ajudá-los a conseguir isto. A questão fundamental passa a ser se você se sente à vontade em relação à maneira como eles querem ajudar. Um sujeito nos contou sobre um chefe que era absolutamente desrespeitoso com o seu pessoal. Ele queria resultados sem agradecimentos e não tinha o mínimo interesse em motivar sua equipe ou fazer com que ela se desenvolvesse. Normalmente era rude e insensível nas interações do dia a dia. Um de nossos profissionais de grande potencial descobriu como ajudá-lo basicamente constrangendo a si mesmo, bem como a sua equipe, a alcançar as promessas não realistas feitas por seu superior a um cliente. Mas uma vez bastou. Ele nos disse que não faria mais isto, pois não tinha o respeito deste chefe e não queria, ele próprio, gerir desta forma. Ao completar o projeto do chefe, solicitou uma nova atribuição e um novo chefe. No final das contas o antigo chefe foi demitido por violação da ética.

...

A percepção da situação é o primeiro de nossos fatores X do talento de grande potencial por um bom motivo. É a forma básica para você ser maleável, um importante atributo dos profissionais de grande potencial. É preciso ser capaz de interpretar os superiores rapidamente e de forma precisa de modo a estabelecer as bases para o seu sucesso. Se você apoiar o sucesso deles e ajudá-los a se tornarem profissionais de ótimo desempenho, isto terá reflexos positivos para você mesmo.

Embora a relação com o seu chefe seja a mais importante, ela não é a única que você precisa administrar com habilidade. No próximo capítulo observaremos outras relações críticas em nossa jornada para se tornar um líder de grande potencial – aqueles com os quais você se relaciona diretamente.

Lições Importantes

- Reconheça o fato de que todo chefe é diferente.
- Aprenda tudo o que possa fazer para satisfazer os seus chefes, seja em termos de atender os interesses deles como em adequar-se aos hábitos de trabalho que valorizam.

- Concentre suas energias em tarefas que impulsionarão o sucesso do seu chefe.

- Trate cada tarefa que lhe for atribuída sob a perspectiva de que você já se encontra no mesmo nível do seu chefe ou do chefe do seu chefe.

- Sempre que vislumbrar uma oportunidade, demonstre iniciativa além da esperada na tentativa de ajudar a resolver um problema organizacional que surja.

- Diferencie-se dos demais fazendo coisas que o seu chefe não gosta de fazer. Porém, tome cuidado para não se tornar uma pessoa que só diz "sim" e que não foca em atingir de forma resoluta os próprios objetivos às custas daqueles da organização ou das pessoas com as quais se relaciona.

- Lembre-se que é sua responsabilidade adaptar-se aos chefes; jamais suponha que é responsabilidade deles adaptarem-se a você.

3

Aceleração de Talentos

Como o Ato de Focar no Desenvolvimento de sua Equipe Multiplica o seu Próprio Potencial

Seu chefe o considera um talento de grande potencial, mas é a sua equipe que determinará se você é capaz de produzir os resultados esperados para alcançar tal denominação. É preciso pensar com carinho sobre quem trabalha para você, quem você contrata, demite, promove e incentiva o desenvolvimento pessoal e de que maneira. Você deve demonstrar o mesmo grau de interesse pelo potencial dos membros de sua equipe que aquele demonstrado pelo seu próprio. Esta é a mensagem essencial de nosso segundo fator X: aceleração de talentos.

Um dos mais bem-sucedidos profissionais de grande potencial com o qual trabalhamos, Eric, descobriu esta lição a duras penas. Uma de suas primeiras atribuições foi ter que reverter a situação de um produto em sério declínio. Ele dedicou seus primeiros meses à realização de um ciclo de visitas a seus principais clientes visando ouvi-los, seguido por um redesenho da linha de produtos e uma remodelação da estratégia de marketing. Após seis meses no novo emprego, parou um pouco para analisar os resultados. Foi então que ele se deu conta do grande erro cometido:

> Cheguei a completar 90% do plano... o que, na verdade, é considerada uma má notícia para a empresa para o qual trabalho. Jamais vou esquecer... Às seis e meia da tarde parei na minha sala, pensando: "isto é

muito louco". Nada está funcionando. O que aconteceu? Eu havia desprezado completamente a importância da capacidade de minha equipe. Estava tão concentrado em ouvir a opinião dos clientes bem como em corrigir os produtos que não percebi que tinha as pessoas erradas alocadas na minha equipe. Elas não eram tecnicamente habilitadas para vender e atender produtos mais sofisticados. E nenhuma delas queria ser pessoalmente responsabilizada pelas mudanças que estávamos tentando implementar. Elas simplesmente estavam dando tempo ao tempo até conseguirem a próxima promoção.

Com isso aprendi uma dura lição – concentre-se primeiro na capacidade de sua equipe. Somente depois disso você poderá partir para outros assuntos. No final das contas, fui obrigado a mudar toda a equipe. Mas aprendi que a verdadeira tarefa de um líder de grande potencial é identificar logo no começo: "Quem na minha equipe é capaz de cumprir a jornada? Quem não? Quem tem condições de melhorar? Quem é mais apropriado para outra tarefa?" Em cada atribuição de liderança desde então – e com isto quero dizer todas elas – começo avaliando meu pessoal, a cultura da empresa para depois passar aos planos de ação, correções e metas de desempenho.

Por que Você talvez não Valorize este Fator X

Esta visão absolutamente crítica – iniciar toda nova tarefa avaliando o seu pessoal e a cultura do local – é, paradoxalmente, uma que observamos gerentes e executivos repetidamente deixarem de valorizar. Talvez você pergunte o porquê, dado que isto é tão essencial para ser considerado um profissional de grande potencial. Se você for como todos os aspirantes à condição de profissional de grande potencial, terá alcançado esta condição pela primeira vez por ser o melhor na área financeira ou o melhor vendedor ou então o melhor engenheiro. Você se destacou pelo seu dinamismo, poder mental, consciência e resultados expressivos. Em outras palavras, você pessoalmente fez a diferença. À medida que foi mudando para funções de liderança no passado, novamente você foi o condutor fazendo com que sua equipe trabalhasse duro, estabelecendo marcos e metas desafiadoras e liderando com uma forte orientação para a ação. Você certificou-se de atingir e depois ultrapassar as metas de sua equipe. Se alguém cometeu erros, você entrou em ação e, por vezes, executou a tarefa você mesmo. Consequência disso, você foi aquele que foi promovido, não a sua equipe. Até mesmo a tese defendida pelo nosso livro – a de que um pequeno grupo de líderes possui talentos únicos – reforça a ideia de que um indivíduo faz a diferença.

Mas eis a realidade. Esta abordagem àquilo que poderia ser chamado de "liderança heroica" é ineficaz para o sucesso na carreira a longo prazo. À medida que galga postos, não se trata mais apenas de você e sua competência. Você é – e a partir de agora em diante será – resultado de um efeito multiplicador de talentos. O calibre e a motivação dos indivíduos que trabalham para você determinam enormemente o seu próprio desempenho individual, multiplicando-o num sentido positivo ou negativo. Deixe de desenvolver o potencial de seus subordinados para que o seu próprio desenvolvimento sofra o mesmo. Imagine por um instante as consequências quando indivíduos que trabalham para você são líderes com desempenho abaixo da média e pense nos talentos que estão selecionando, contratando e promovendo sob o comando deles. As consequências, certamente, não podem ser boas.

Conforme enfatizado no Capítulo 1, dominar a competência da aceleração de talentos logo no início de sua carreira é crítico. Primeiramente, você terá tempo para experimentar e aprender, coisa que terá muito menos em cargos mais altos. Os riscos para a sua credibilidade serão muito menores no início de sua carreira quando reveses em fase de aprendizado terão consequências menores e serão menos visíveis. Em segundo lugar, é mais provável que as pessoas lhe deem *feedback* e mentoria na primeira metade de sua carreira. Terceiro ponto: você poderá detectar seus comportamentos ineficazes antes que eles se tornem hábitos arraigados. Portanto, ouça e atue em cima daquilo que outros têm a dizer sobre as suas competências na detecção, no desenvolvimento, na preservação e na liderança de talentos. Se não estiver recebendo *feedback*, seja proativo e peça que isto seja feito.

Veja a sua Equipe como um Poderoso Complemento às suas Próprias Deficiências

Obviamente, a sua equipe é crítica para o seu sucesso. Afinal de contas, é provável que você não dê conta de todo o trabalho a seu encargo. Você precisará de muitas cabeças e mãos auxiliadoras. Líderes de grande potencial efetivos são mestres na arte de delegar e da colaboração – sabendo o que liberar e para quem para então poder fazer com que todos sejam responsáveis pelos resultados. Mas uma razão mais importante para precisar do efeito multiplicador de sua equipe é que você não é completo.

O que queremos dizer com incompleto? Em nosso trabalho com gerentes e executivos, ainda estamos por encontrar um líder absolutamente completo. Esta figura simplesmente não existe. Ao longo de nossas carreiras, tomamos conhecimento de dezenas de toneladas de avaliações de liderança. A boa notícia é que ninguém atinge uma pontuação máxima em todos os itens na estrutura de liderança de suas organizações. Assim como você, todos os líderes de grande potencial têm lacunas importantes em termos de expertise, conhecimentos e competências. Além disso, a maioria possui hábitos que realmente dificultam sua eficiência. Eles também têm responsabilidades que não gostam e, portanto, as procrastinam. Quando você ocupa cargos menores, todas estas deficiências são menos aparentes e com probabilidade muito menor de afetar negativamente sua carreira. Entretanto, ao atingir cargos intermediários dentro da organização, estas podem acabar tirando você do caminho da ascensão.

Não importa em que nível se encontre dentro da carreira, sua equipe é o meio mais vital disponível para cobrir suas lacunas em termos de habilidades, conhecimentos e informação. Para cada tarefa, descubra em que pontos você precisará de profissionais talentosos para complementá-lo. Por exemplo, um líder de grande potencial que entrevistamos destacou uma característica que ele precisa ter em qualquer equipe:

> Minha deficiência é que encaro a liderança racionalmente e não emocionalmente. Sou forte em termos analíticos e, portanto, comunico-me através desta faceta. Entretanto, à medida que fui liderando equipes maiores percebi que é mais fácil motivar mais pessoas através do coração. Conectar-se desta maneira não é algo natural para mim. Hoje, faço parceria com um gerente de recursos humanos que me ajuda enormemente. Ele me ensina o que é preciso demonstrar em eventos públicos como concertos e apresentações ou então me relembra de enviar uma nota pessoal a alguém. Minha consciência inicial desta necessidade de ter alguém com inteligência emocional dentro da minha equipe começou realmente há dez anos quando descobri que o pessoal mais novo me achava intimidador. Uma de minhas subordinadas diretas na época era realmente boa no trato com as pessoas. Ela apontava minha falha e me orientou para ser mais equilibrado na faceta emocional da liderança.

Esteja ciente daquilo em que você é realmente bom (por exemplo, habilidades, conhecimentos e capacidades) e naquilo em que não é. Comece pensando nos projetos e empreitadas do passado quando você foi mais bem-sucedido e naqueles em que teve desempenho abaixo do esperado (segundo suas próprias expectativas) ou até mesmo tenha falhado. O que em você e no conjunto de suas habilidades fez a diferença nestas situações contrastantes? Coloque-as por escrito. Pensando no futuro, quais competências, hábitos, conhecimentos e tendências (ou inclinações) você possui hoje em dia que irão ajudá-lo à medida que sua carreira for progredindo? Quais são suas lacunas em vista das exigências de possíveis atribuições ao longo dos próximos anos? Coloque-as por escrito também. Agora faça uma comparação e descubra quais tendências, competências e perspectivas precisa ter para se equilibrar. Esta é a lista de qualidades complementares sobre as quais precisa refletir quando for considerar os talentos de sua equipe. Quanto mais você souber sobre si mesmo – pontos fortes e fracos – maior será a sua capacidade de reunir e equilibrar uma equipe de pessoas altamente talentosas.

Como o meu Chefe Avalia a Minha Capacidade de Acelerar Talentos?

Quando o seu chefe se senta para avaliar a sua capacidade de acelerar talentos, ele examina como você alcançou resultados excelentes em termos de desempenho e não simplesmente o que você alcançou. Isto é bem diferente de uma avaliação de desempenho tradicional em que a ênfase é quase sempre naquilo que foi alcançado. O quadro "As Perguntas que o seu Chefe faz ao Avaliar a sua Capacidade de Acelerar Talentos" enfatiza as perguntas que o seu chefe irá considerar ao avaliá-lo.

Se a cultura de sua organização for extremamente relacional, os aspectos relativos à equipe normalmente terão um enorme peso na visão de seu chefe. Tais culturas valorizam o tempo que se gasta na mentoria de seus subordinados, fazendo com que eles tenham contato com líderes de níveis hierárquicos superiores e dando a eles oportunidades para se desenvolverem. Espera-se que você invista ativamente nos melhores e mais brilhantes funcionários, bem como trate e resolva quaisquer situações com aqueles que estiverem tendo um desempenho abaixo do esperado. Os chefes observam para ver se você dá crédito a sua equipe por bons resultados ou simplesmente se apossa da glória somente para si. A expectativa deles é que você se comporte mais da primeira maneira. Eles observam o nível de confiança que seus subordinados diretos têm por você. Eles ponderam o quão seguros seus subordinados se sentem

PERGUNTAS QUE O SEU CHEFE FAZ AO AVALIAR A SUA CAPACIDADE DE ACELERAR TALENTOS

- O quão bem você dimensiona o talento de cada membro de sua equipe? Você faz uma leitura correta dos pontos fortes de seus colaboradores, as áreas em que eles precisam se desenvolver, possíveis dispersores e as formas como eles o complementam?
- Você estabelece relações de confiança com os membros de sua equipe? Eles se sentem à vontade ao lhe levarem más notícias? Eles podem compartilhar livremente suas ideias e soluções com você? Podem debater com você? Podem confidenciar-lhe abertamente suas necessidades de desenvolvimento?
- O quão bem você motiva seus talentos? Eles estão empolgados em trabalhar com você? Você emprega uma variedade de meios para motivá-los e adéqua suas abordagens a cada indivíduo?
- De que forma você credita e reconhece seus subordinados pelos sucessos e realizações: de forma privada ou em público?
- Com que grau de eficiência você consegue liderar uma equipe em termos de estruturar funções e responsabilidades para aproveitar conhecimentos e pontos fortes da equipe, resolvendo conflitos, coordenando ações, explicitando prioridades e objetivos de maneira clara, recompensando ou responsabilizando indivíduos?
- Você é capaz de identificar e substituir um colaborador com baixo desempenho? Com que rapidez? Sabe quais colaboradores com baixo desem-

---

ao levarem a você questões difíceis, particularmente, as más notícias. Eles observam de que forma você se comunica em público com sua equipe. Algumas organizações até consideram a pontuação obtida pelos funcionários em pesquisas de engajamento de funcionários como um importante indicador de seu potencial de liderança. Em certas culturas, deixar de colocar em prática aqueles aspectos de liderança relativos aos talentos podem fazer com que você perca a condição de profissional de grande potencial apesar do seu bom desempenho. Vamos exemplificar isto com o caso de um jovem e destacado engenheiro que deixou de valorizar a necessidade de incorporar este conjunto de habilidades voltadas para o desenvolvimento dos membros de sua equipe.

penho podem ser reaproveitados através de *coaching* e reestruturação de funções e quais não? Você é efetivo no desenvolvimento dos primeiros para que estes se tornem profissionais com bom desempenho?

- Você sabe como investir nas pessoas mais talentosas, dando a elas *coaching*, *feedback* construtivo, atribuições, projetos especiais e oportunidades de fazerem apresentações para líderes de nível hierárquico superior bem como poderem trabalhar com partes interessadas importantes?

- É um professor e treinador eficiente? Os membros de sua equipe o chamam de mentor?

- Está preparando sucessores para a sua própria função?

- Você é capaz de liderar pessoas que foram seus colegas e amigos responsabilizando-os pelos seus atos?

- Os membros de sua equipe o veem como seu líder?

- Você evita dar tratamento diferenciado a certas pessoas, em outras palavras, adota a prática de não ter favoritos de forma visível?

- Ao alocar pessoas a novos projetos, considera os pontos fortes da equipe inteira e como cada pessoa pode contribuir?

- Ex-membros da equipe querem trabalhar de novo para você ou, pelo contrário, querem evitá-lo?

- Você fica de olho em pessoas que você preparou no passado e os defende mesmo depois de terem ido trabalhar para outros gerentes?

Dan era um indivíduo brilhante, porém, rude e grosseiro. De forma extremada, não suportava pessoas estúpidas. O conteúdo de seu *feedback*, sem papas na língua, frequentemente carregado de blasfêmia para qualquer um que chegasse a resultados que não fossem extraordinários, se transformava no papo do dia pelos corredores. Dado seus padrões, ele era extremamente exigente e controlador. Contudo, seus resultados eram, de fato, extraordinários. Com seu histórico de desempenho foi promovido a um cargo de média gerência, porém, com este defeito preservado. Embora cada um de seus chefes houvesse lhe aconselhado a tentar maneirar este estilo descortês, este não conseguia enxergar tal questão;

afinal de contas, ele havia sido promovido. À medida que foi progredindo dentro do escalão intermediário da empresa e passou a ter equipes de engenheiros subordinados a ele, os aspectos negativos do seu estilo começaram a aparecer de maneira mais acentuada. Ao rever a pontuação obtida pelos colaboradores no departamento de engenharia, o chefe deste departamento observou que toda vez que Dan herdava uma equipe, o nível de engajamento do grupo caía e, muitas vezes, de forma significativa. Logo depois de uma promoção importante, dois de seus subordinados pediram demissão alegando como motivo da saída a insensibilidade de Dan. O chefe do departamento de engenharia chegou à conclusão que não poderia mais tolerar esta falta de liderança voltada aos talentos. Refletindo sobre o fato de que Dan jamais havia respondido de forma positiva ao *feedback* sobre o seu desempenho e desenvolvimento referentes a avaliações passadas, seu chefe concluiu que a única solução era demiti-lo. Este promissor engenheiro saiu da rota de ascensão na carreira por não ter os fatores X de aceleração de talentos e de percepção da situação.

Como me Transformar em um Catalisador de Talentos?

A questão crítica é: como cultivar a habilidade de catalisar talentos? Há cinco atividades fundamentais a serem dominadas:

1. Aferir a capacidade individual em termos de talento de cada membro da equipe.
2. Atuar como *coach* e atribuir tarefas para testar e medir o potencial de cada indivíduo.
3. Enfrentar o problema de pessoas que não estão contribuindo para o desempenho geral da equipe.
4. Encontrar os melhores talentos.
5. Alinhar o desempenho e comportamento de sua equipe através do seu próprio comprometimento ao desenvolvimento pessoal.

Não conseguir cumprir os aspectos acima, particularmente o quinto deles, tem provado ser um fator preditivo confiável para dizer quem não consegue permanecer na condição de profissional de grande potencial. Exploremos cada um destes cinco aspectos.

Aferir o Talento dentro da sua Equipe

As pessoas que você gerencia representam um amplo espectro de talentos, capacidades e motivação. Ao avançar para o próximo cargo você herdará alguns indivíduos aparentemente muito capacitados e outros que descobrirá terem um desempenho abaixo do esperado. Em vez de confiar na avaliação feita por outra pessoa, o seu desafio (e alguns dirão ser sua responsabilidade) será ter uma ideia acurada sobre as capacidades de cada pessoa, mais especificamente, seus pontos fortes e em que áreas elas precisam se desenvolver. Descubra quais são seus objetivos em termos de carreira e o que as motiva. Em um breve espaço de tempo você terá que fazer a distinção entre aqueles que apresentam um ótimo desempenho, aqueles com nível de adequação precário às funções desempenhadas no momento, mas que de outra maneira poderiam apresentar um bom desempenho e, finalmente, aqueles que simplesmente são menos competentes e que não deveriam fazer parte de sua equipe. Terá também que identificar as áreas em que não há profissionais na sua equipe para lidar com desafios e oportunidades emergentes. Estas lacunas em termos de talento poderiam ser para a tarefa atual (por exemplo, um projeto não está dando certo porque as pessoas que estão participando dele não são capazes) ou para um trabalho futuro que exija novas habilidades ou expertise (por exemplo, conhecimentos específicos sobre um determinado tipo de tecnologia que nenhum membro da equipe possui). Após esta ampla avaliação dos talentos, você pode começar a identificar se tem as pessoas certas para formar uma equipe eficiente. O processo pode, na verdade, levar vários meses.

O primeiro passo é considerar uma ampla gama de aspectos (habilidades funcionais, características pessoais como ser propenso a colaborar e a trabalhar em equipe, ter habilidades estratégicas e analíticas – como, por exemplo, raciocínio sistêmico – e liderança) que são requisitos para se alcançar os objetivos de sua equipe ou para concretizar a estratégia da empresa. Digamos que você seja um gerente geral e as metas comerciais para a sua região digam respeito a ser bem-sucedido na comercialização de uma nova linha de produtos. É preciso certificar-se de já ter em operação os processos e a cadeia de suprimentos apropriados, bem como pessoal de marketing e vendas (com experiência de terem trabalhado de perto com os departamentos de P&D, RH e financeiro). Naturalmente você precisará ter pessoas com espírito colaborador dadas as muitas "trocas de passes" necessárias entre os departamentos para se poder lançar um produto. Você precisará de algumas pessoas com experiência em liderança interdepartamental. Caso esteja liderando uma equipe de marketing voltada para o desenvolvimento de uma nova campanha, será preciso mesclar indivíduos com capacidades criativas bem como de execução, ou seja, pessoas com ideias e pessoas com senso prático. Portanto, tudo depende da necessidade da empresa e daquilo que se pretende alcançar.

Naturalmente, o desempenho atual de seus subordinados diretos deve estar no topo da lista de variáveis a serem consideradas. Porém, observamos muitos altos executivos e gerentes que dão um peso exagerado a esta única medida. Para evitar focar apenas nas avaliações de desempenho mais recentes é mais útil observar uma média ou mescla de desempenho e resultados alcançados ao longo dos últimos três anos para cada membro da equipe. Você vai querer saber se há uma tendência mais consistente ou um padrão mais mesclado. Observe a trajetória profissional deles até a presente data. Baseie-se no maior número possível de diferentes fontes de informação que a sua organização é capaz de fornecer como relatórios de avaliações de desempenho 360°, avaliações de desempenho anteriores, ferramentas gerenciais para aferição de qualidade ou outros testes ou quadros de avaliação que discutiremos no Capítulo 7.

Os antigos chefes de um subordinado podem ser uma valiosa fonte de informações, especialmente se eles consideram o profissional em questão. Os colegas dele também têm experiências consideráveis com os seus subordinados diretos a partir dos quais também se pode tirar conclusões. Além disso, pode ser que você tenha um colega de RH altamente capacitado que conheça os membros de sua equipe de empregos anteriores. Sua capacidade de observação é crítica. Observe cuidadosamente como seus subordinados se comportam em reuniões com a sua participação, com a participação da equipe, dos subordinados diretos deles e de executivos do alto escalão.

Reúna-se, obviamente, com cada membro de sua equipe. Pergunte o que eles aspiram na carreira, descubra o que os motiva e registre (sim, literalmente anote num papel) suas observações. O que eles pretendem das respectivas carreiras? Que desafios críticos enfrentaram? O que eles fazem nestas situações e o que aprendem e incorporam às suas abordagens à medida que progridem? Em que aspectos cada um deles parece ser realmente bom no momento? Quais são suas deficiências? Em quais situações tendem a ter dificuldade em apresentar um bom desempenho? Como são suas habilidades interpessoais e de relacionamento? Em que áreas eles precisam de ajuda para se desenvolverem e apresentarem melhor desempenho? Que tipos de atribuições e *coaching* seriam mais úteis para eles.

Pegue todas estas informações e classifique seus subordinados usando a estrutura simples descrita no quadro "Classificando Profissionais: categorias A, B e C" logo nos primeiros meses de sua chegada em qualquer nova função.

CLASSIFICANDO PROFISSIONAIS: CATEGORIAS A, B e C

Toda vez que ingressar em uma nova atribuição, use este método simples para classificar sua equipe em três grupos: aqueles com maior potencial de desempenho (profissionais categoria A), aqueles com bom desempenho e que consistentemente apresentam bons resultados (profissionais categoria B) e aqueles com desempenho abaixo do esperado (C). Embora poucas empresas adotem, na realidade, os graus A, B e C (preferindo usar termos como profissionais de grande potencial, futuros líderes, profissionais com bom desempenho em uma dada função,* profissional confiável, profissional de fundamental importância, funcionário com potencial de crescimento, etc.), este esquema de três categorias é a forma mais fácil de se começar.

Os profissionais categoria A de sua equipe não apenas realizam bem sua função atual como também demonstram grande iniciativa e são capazes de assumir responsabilidades muito maiores. Eles são, essencialmente, seus talentos de grande potencial. Você irá querer acelerar o desenvolvimento deles e fazer tudo o que esteja ao seu alcance para continuar com eles. Muito provavelmente eles representam de 10-15% dos membros de sua equipe.

Os profissionais categoria B são bons colaboradores que formam a grande maioria de sua equipe e funcionários, na faixa de 80-90% da equipe. Eles executam bem suas funções e de forma responsável. Conforme mencionou um de nossos entrevistados, você poderá dormir tranquilo à noite ciente de que estes indivíduos estão dando conta de determinadas atividades. Dito isso, por eles formarem um grupo tão grande, o grau de iniciativa deles se encaixa em um espectro mais amplo (desde grande iniciativa até nível de iniciativa muito baixo), sendo que alguns parecem ter um potencial limitado para passarem a desempenhar tarefas maiores (e, consequentemente, algumas organizações subdividem este grupo em várias subcategorias). Não obstante, possuem conhecimentos profundos e grande expertise que você e sua organização precisam.

Já os profissionais categoria C são outra história. Será preciso lidar com o desempenho ou comportamento deles após passarem a cargos de liderança. Discutiremos o que fazer com este tipo de profissional mais adiante.

---

* O termo originalmente usado é *continuity player* que, basicamente, é alguém dentro de uma organização que cumpre bem uma dada função no momento mas que não almeja desempenhar uma outra função (seja ela através de uma mudança vertical (ocupando uma posição hierárquica maior) ou até mesmo uma movimentação lateral (dentro do mesmo nível hierárquico)) ou que então não está capacitada (por um ou mais motivos) a ocupar a nova função. Fonte: htps://rorytrotter.com/2013/04/11/the-role-of-continuity-players-in-crafting-a-strong-bench/. (N. T.)

Após ter classificado seus talentos em grupos que façam sentido, estará pronto para criar (para a sua equipe) um plano de alocação de pessoal ou de gestão de talentos mais focado. Usando este esquema de classificação você será capaz de determinar se, quando e onde será necessário um número maior de profissionais categoria A e menor da categoria C e como melhor empregar ou redistribuir os profissionais categoria B de sua equipe.

Desenvolvimento de Talentos através de *Coaching* e do Emprego de Atribuições

Habilidades para *coaching* são uma necessidade básica para líderes de grande potencial. Espera-se que você tenha aprendido tais habilidades de vários superiores que são excelentes formadores. Porém, nossa experiência com gerentes e executivos sugere que a maior parte deles não é suficientemente preparada para o *coaching*. Portanto, é preciso buscar treinamento e oportunidades para praticar esta competência diariamente.

Em nossa pesquisa nos deparamos com um chefe voltado para talentos que havia aperfeiçoado uma técnica bastante eficaz para *coaching* que considerava um bom modelo a ser empregado. Este chefe apresentaria a um subordinado direto um problema real que este estaria enfrentando na forma de um estudo de caso, possivelmente um conflito entre certos membros da equipe ou uma falha de comunicação com outro departamento. O chefe guiaria seu subordinado nos detalhes e então perguntaria a este o que ele faria. Depois disso, este explicaria o que fez na prática e o que aprendeu com a experiência.

Com esta abordagem você estará atuando como *coach* para seus subordinados de acordo com a sua própria forma de pensar diante de problemas comuns com os quais eles irão se deparar. Entre outros exemplos de práticas de *coaching* úteis temos: rotineiramente reunir-se com subordinados diretos para que estes façam um relato do ocorrido em uma reunião importante, especialmente uma que teve o envolvimento de altos executivos. Você poderá apresentar a eles suas percepções em relação ao que estes fizeram de bom durante a reunião e seu respectivo impacto. Caso não tenham sido eficazes, apresente a eles sugestões concretas para que eles possam evoluir e faça uma sessão de *brainstorming* em cima de como eles poderiam implementar tais sugestões.

Em geral, *coaching* pode significar simplesmente abrir mão de tarefas em áreas que você já domina e permitir que os membros de sua equipe evoluam justamente nesta capacidade. Uma profissional de grande potencial nos confidenciou sobre sua visita a um cliente em Nashville junto com sua equipe de vendas. Ela estava explicando ao cliente como sua equipe poderia dar suporte a ele. No meio da conversa percebeu que os quatro membros de sua equipe estavam simplesmente lá sentados em silêncio enquanto ela falava. Ela estava fazendo um trabalho que poderia ser feito pela equipe. Neste momento ela passou a bola para a sua equipe. Eles prosseguiram do ponto em que ela havia parado, fechando outros negócios com o cliente. Portanto, pergunte a si mesmo: "O que estou fazendo que os membros de minha equipe poderiam estar fazendo em benefício do próprio desenvolvimento deles?".

Um dos pontos que mais diferenciam os líderes mais hábeis e que se voltam ao desenvolvimento de seus subordinados é a tendência de realizar o *coaching* em intervalos curtos ao longo do dia em vez de se limitarem a sessões formais de *coaching*. Frequentemente vemos estes líderes dando *feedback* e propondo ideias aos seus subordinados diretos em curtas sessões de alguns minutos. O modo de pensar de dar *feedback* e *coaching* em tempo real na forma de uma atividade diária é crítico para o seu sucesso. Caso observe algum membro de sua equipe fazendo algo bem, comente isto no ato. Se, ao contrário, ele ainda precisar se desenvolver, encontre um tempo e local logo depois deste momento para apresentar reservadamente suas recomendações.

Max, um líder de grande potencial, nos conta como ele faz isto com o seu mais promissor profissional categoria A:

> Passou a fazer parte de minha equipe um funcionário chamado Alex. As pessoas me diziam que ele era sensacional, mas, de fato, eu não o conhecia. Ele era muito motivado. Fiquei admirado em ver uma pessoa tão proativa. Mas, ao mesmo tempo, tinha uma má reputação em relação a sua franqueza. Ele diz a alguém exatamente como encara uma situação – sem papas na língua. Portanto, a melhor coisa que pude dar a ele foi um *feedback* em tempo real. Ele ficava frustrado caso alguém não estivesse cooperando e deixando de dar o apoio necessário. Dirigia-se à minha sala dizendo: "Vou falar com o diretor dele sobre a falta de apoio desta pessoa". Eu diria a ele então que tal abordagem não funcionaria, que ele não poderia lidar com o problema dessa forma. Tratava do assunto com ele imediatamente. Juntos chegaríamos então a uma solução apropriada. A partir deste momento,

quando ele se sente frustrado e quer ser direto sobre algum assunto, ele dá uma passada na minha sala ou então me liga. Revisamos a questão de forma breve e juntos encontramos a melhor forma de resolver o problema.

O que Max fez de forma tão bem-sucedida foi cultivar uma relação que possibilite a evolução de seu subordinado. Alex sabe que o seu chefe quer que ele seja bem-sucedido, especialmente em suas habilidades interpessoais. Quando percebe que suas frustrações podem se transformar em reações das quais depois ele possa vir a se arrepender, dirige-se imediatamente para a pessoa mais indicada para discutir suas ideias: Max. O resultado disso é que Alex está aprendendo a ser diplomático, uma competência crítica caso queira assegurar e manter a condição de profissional de grande potencial.

Além do *coaching*, saber delegar é um elemento crítico que se deve ter no kit de desenvolvimento pessoal. Caso queira cultivar em alguém a capacidade de liderança, encarregue-o de uma missão. Caso queira que aprendam a trabalhar com outros departamentos, nomeie-os elo de ligação do seu departamento dentro de um projeto multidisciplinar. Caso queira que eles dominem técnicas de apresentação, permita que eles façam várias apresentações dentro de sua própria equipe. Se quiser que tenham uma postura de executivo, faça com que eles observem os executivos que você admira e depois os apresente a eles. Em todos estes casos, pergunte a si mesmo e ao seu subordinado em que áreas ele precisa ser treinado por você ou por outros profissionais antes de ele assumir uma tarefa. Afinal de contas seus subordinados estão ingressando em atribuições que exigem competências que ainda não possuem. Não permita que eles tenham que encarar quaisquer das situações acima despreparados.

Enfrentando a Questão dos Profissionais Categoria C de sua Equipe

Assim que tiver determinado se há profissionais categoria C em sua equipe, é preciso lidar com tais profissionais rapidamente. Faça um diagnóstico do motivo para o rendimento deles ser baixo. Profissionais categoria C com desempenho abaixo do esperado muito provavelmente caem em um de três grupos. Todos apresentam resultados consistentemente abaixo de suas expectativas, mas cada um deles por razões diferentes. O quadro "Os Três Tipos de Profissionais Categoria C" fornece mais detalhes sobre cada tipo de profissional categoria C.

O que fazer em relação aos profissionais categoria C?

Não adie suas ações ao lidar com profissionais categoria C de qualquer um dos grupos, caso contrário, o impacto negativo provocado por eles se refletirá sobre você em diversos níveis. Primeiramente, sua equipe questionará a sua credibilidade. Passará pela cabeça deles perguntas como: "Por que o meu chefe tolera os baixos padrões apresentados por esta pessoa?" ou então "seu péssimo relacionamento com os colegas" ou "sua supervisão excessiva querendo controlar tudo que estamos fazendo". "Será que não veem a desmotivação que tenho ao ter que trabalhar para este sujeito que leva a fama por aquilo que o grupo faz?" ou "a falta de iniciativa dele" ou "como ele interfere demais no meu trabalho". "Por que este cara impede que pessoas como eu tenha oportunidades?"

Cada profissional categoria C de sua equipe desempenha um papel e, por sua vez, impede o avanço e o desenvolvimento daqueles mais talentosos. Além disso, profissionais categoria C raramente são bons modelos ou mentores para os demais. Em sua pesquisa sobre talentos, a consultoria McKinsey & Company constatou que 80% daqueles que responderam a uma sondagem feita com alguns milhares de executivos disse que trabalhar para um chefe com baixo rendimento impede que eles próprios aprendam, impede que eles contribuam mais para a organização e faz com que queiram sair da empresa.[1]

Quais serão os empecilhos ao enfrentar os problemas de desempenho ou comportamento destes indivíduos? A principal razão será emocional. Em alguns casos este profissional categoria C poderia ser um ex-colega ou até mesmo um amigo seu. Em outros, trata-se de um funcionário antigo e leal. Talvez falte a ele apenas um ano e meio para conseguir a aposentadoria. Talvez este indivíduo seja o ex-chefe do seu departamento e até tenha formado este departamento da estaca zero. Para a maioria de nós trata-se de um desafio emocional tentar disciplinar ou até mesmo mandar embora alguém que conheçamos ou para o qual devemos alguma gratidão. Este ato será ainda mais doloroso quanto mais o postergarmos. Talvez você tenha receio de enfrentar um processo litigioso ou simplesmente fique aborrecido pelo oneroso processo de ter que documentar o alto grau de ineficiência desta pessoa. No trabalho da McKinsey apenas 19% dos milhares de executivos pesquisados tinha a impressão de que as empresas para as quais trabalhavam haviam eliminado funcionários com

OS TRÊS TIPOS DE PROFISSIONAIS CATEGORIA C

A maioria de nós associa a denominação profissional categoria C com alguém que foi promovido acima de suas capacidades. Talvez falte motivação a pessoas deste tipo. Normalmente se acobertam, usando desculpas para justificarem suas deficiências, jogando a culpa em seus colegas, outros departamentos ou "forças ocultas" por deixarem de alcançar os resultados esperados. Você precisa testar sua competência atribuindo a elas tarefas com resultados concretos, mensuráveis e a curto prazo. Você precisa ser bem claro em relação a prazos e métricas a serem utilizadas de modo a poder medir precisamente o progresso delas. Pergunte a elas de antemão: "Quais recursos e orientação você precisa para alcançar sua meta?" De forma realista, dê a elas o apoio que elas disseram necessitar. Se não atingirem os resultados esperados, então você terá um claro indicador de que a competência e motivação delas são insuficientes. Conforme explica Ray Bennett, presidente mundial da Marriott International:

> É crítico começar com expectativas claras. Certifique-se de ter transmitido concretamente o que é bom rendimento – bem como desempenho abaixo do esperado, de modo que seus subordinados possam compreender a diferença. Informe a eles as recompensas, mas também as consequências negativas por resultados abaixo do esperado. É muito importante dar treinamento ou *coaching* sobre como cumprir as obrigações do cargo. Talvez seja preciso retreiná-los para reforçar o aprendizado em contextos diferentes. Também verifico se há problemas pessoais que possam estar impactando de forma negativa o desempenho deles. Avaliações de desempenho atualizadas são essenciais em intervalos de tempo prefixados, tomando cuidado para que cada discussão seja documentada. Se um indivíduo não estiver atingindo os resultados esperados depois de *feedback*, *coaching* e conversações documentadas sobre seu desempenho, então você terá que tomar a difícil decisão. Além disso, é importante mostrar que você não dá tratamento preferencial aos seus melhores subordinados. Aqueles com fraco desempenho poderão reclamar de favorecimento. Portanto, lido com esta questão dando *feedback* aos meus melhores profissionais, em público, sobre áreas em que eles precisam melhorar de modo que seus colegas possam ver que todos da equipe recebem o mesmo tratamento.

Entretanto, alguns profissionais categoria C apresentam um desempenho abaixo do esperado devido a uma grave falta de correspondência entre suas responsabilidades e suas reais habilidades. Sua tarefa é avaliar se eles têm capacidade para aprender as competências necessárias para desempenho da função ou se devem ser deslocados para uma função que corresponda mais precisamente ao conjunto de habilidades que possuem. Ao se reunir com eles, pergunte o que os motiva no trabalho, o que eles mudariam caso pudessem (e por qual razão) e o que gostariam que permanecesse do jeito que está (e por qual motivo). Outra pergunta a ser tentada, particularmente se você for novo na equipe, é como reestruturariam a equipe e, por consequência, seu próprio trabalho. Que função mais gostariam de ter, caso pudessem? Em que áreas se sentem menos competentes? As respostas a estas perguntas podem ajudá-lo a determinar se as circunstâncias os sufocavam ou se o desempenho deles é um verdadeiro caso de incompetência.

Outro fator que contribui para desempenho abaixo da crítica é um conflito de estilos com o chefe. Um líder que conhecemos estava tendo um embate com um subordinado cujo estilo formal e reservado claramente contrastava com o seu próprio estilo, mais informal e extrovertido. Ele queria que este subordinado gastasse mais tempo socializando-se depois de horas com clientes da empresa em vez de reuniões formais durante o expediente. Em um momento de clareza, o líder se deu conta que tinha uma concepção radicalmente diferente de marketing de relacionamento do que aquela do seu subordinado. Ele jamais havia comunicado onde e como achava que seu subordinado direto deveria investir tempo com clientes. Depois de terem conversado a respeito e de ter recebido algum treinamento mais profundo, o problema de desempenho resolveu-se por si só. Certas vezes é preciso recuar um pouco como chefe e avaliar o que poderia contribuir para os problemas de baixo desempenho de seus subordinados.

Profissionais categoria C do terceiro tipo atingem suas metas – muitas vezes metas difíceis – mas em detrimento de seu relacionamento, seja com seus colegas de equipe, seja com colegas de outros departamentos. Eles podem ser grosseiros, supercontroladores, interesseiros ou arrogantes. Podem demonstrar pouco ou nenhum interesse em receber *coaching* e mentoria. Muitos são elementos com arrojo e determinação que adoram abrir caminho de maneira bruta através de novas atribuições desafiadoras. Precisam de *feedback* bem tangível de sua parte, associando o comportamento deles diretamente às consequências negativas que você está observando. Você também deve ser franco com eles em termos das consequências à carreira deles. Diga a eles antecipadamente o que irá acontecer caso continuem com este tipo comportamento, mesmo que isto signifique alertá-los sobre o fato do emprego deles ou uma futura promoção estarem correndo risco.

baixo rendimento de maneira rápida e eficiente. Não conseguimos lembrar de nenhum líder de grande potencial com um sentimento de ter agido muito rápido em relação a um profissional categoria C. A maioria se arrepende de ter dado muitas oportunidades a este tipo de pessoa e, por outro lado, ter dado muito tempo para que eles pudessem provar serem dignos de mérito.

Como identificar profissionais categoria C dentro de sua equipe na qualidade de responsável por ela? Os sinais mais óbvios de profissionais deste tipo são sua falta de preparo para cumprimento de suas atribuições, o descumprimento de prazos de forma consistente ou deixar de fazer follow-up em solicitações. Eles talvez consigam realizar de 40-50% do que deles se espera. Em geral culparão outras pessoas ou atribuirão a fatores externos seus atrasos e tarefas incompletas. Poderão até mesmo chegar a jogar a culpa em você por não dar instruções mais precisas e não especificar exatamente qual era a sua expectativa em relação a eles. Você tomará conhecimento destes tipos C com falta de habilidade no trato com as pessoas a partir de colegas que se queixarão diretamente com você. Ao observar este padrão se repetindo por duas ou três vezes, é bem provável que você tenha um indivíduo-problema em sua equipe.

É preciso aperfeiçoar sua capacidade de demitir um funcionário com baixo rendimento. Não postergue a decisão e não deixe que alguém faça isto por você. Angarie o apoio de seu chefe juntamente com seu contato no RH e certos colegas que talvez estejam trabalhando com ele.

Seja transparente em suas avaliações e honesto na forma de tratar o assunto com um subordinado de baixo rendimento. O RH poderá ajudá-lo caso esteja preocupado ou precise construir estas competências. Também é preciso ter uma conversa com o RH de modo a ter as provas corretas para justificar uma demissão, bem como o procedimento correto a ser adotado. Uma das maiores provas dadas por profissionais de grande potencial é a sua capacidade de realizar as coisas mais difíceis de forma corajosa, executando-as bem e com paixão.

Não tente transferir os seus subordinados categoria C para a equipe de algum colega seu, especialmente se tais indivíduos não devessem nem fazer parte da organização. Chamamos isto de "passar o abacaxi pra frente" e resultará em sério prejuízo a sua reputação. Eis uma fábula moral sobre um profissional de grande potencial – alguém que mencionamos no capítulo de abertura.

Um grupo de altos executivos foi avaliado em termos de seu potencial para se tornar o futuro CEO de uma empresa. O indivíduo com maior pontuação no processo de avaliação – aquele que teoricamente tinha a maior probabilidade de se tornar CEO – acabou por si só tirando suas chances do caminho da ascensão em grande parte por ter "passado o abacaxi". Ele contratou um subordinado que, aparentemente, parecia ser um profissional de alto rendimento. Logo ao receber uma tarefa, mostrou ser bem menos competente do que parecia ou simplesmente incapaz de se adaptar a sua nova função. Contudo, o executivo em questão era avesso a conflitos. Em vez de confrontar o subordinado e estabelecer um plano de desempenho, disse a um colega que o dito cujo era realmente muito bom. O executivo chegou até mesmo a cotar bem este subordinado em uma avaliação de desempenho pois não conseguia lidar com o confronto. Em seguida ele persuadiu seu colega a ficar com este indivíduo. Logo depois do recrutamento seu colega se deu conta de que, na realidade, este novo membro não era competente. Logo a notícia se espalhou rapidamente sobre este ato de "passar o abacaxi". A realidade era que o executivo estava tentando ser bondoso para não arruinar a carreira de seu subordinado. Além disso, acreditava que esta pessoa se adaptaria melhor em alguma outra posição. Pelo contrário, os colegas deste executivo interpretaram seus atos como uma artimanha. Resultado de tudo isto: este profissional de grande potencial rapidamente ficou fora da corrida ao cargo de CEO e, posteriormente, foi afastado da organização. A mensagem que fica é: você deve tratar dos profissionais categoria C logo no início e orientá-los continuamente, dando-lhes uma oportunidade de mudar o rumo das coisas. Caso não apresentem resultados após certo tempo, não os segure mais.

Encontrando os Melhores Talentos para a sua Equipe

Embora você possa achar que encontrar novos talentos para substituir aqueles profissionais categoria C – e até mesmo os de categoria B e categoria A para cargos em aberto – seja mais fácil do que determinar que tipo de talento você tem em mãos, isto não é verdade. Seja lá qual for a condição dos membros de sua nova equipe, quase sempre você terá que buscar novos talentos para melhorar o rendimento geral do grupo. O melhor lugar para se começar é procurar dentro da própria empresa.

Dependendo do nível de sofisticação e tamanho de sua organização, este processo se resumiria simplesmente a conversar informalmente com colegas sobre uma vaga em aberto ou em reuniões internas para o emprego de um sistema formal de postagem de vagas on-line em que as funções seriam listadas (bem parecido com anúncios do tipo "procura-se") para depois as pessoas postarem seus currículos, seguido por um sistema de pré-seleção para aqueles com perfil adequado ao cargo.

O sistema on-line de postagem de vagas (e muitas vezes o de preenchimento) pode ser útil. Se bem implementado ele pode ajudar na sua busca por diferentes tipos de competências dentro de sua organização. Em uma empresa pequena a postagem on-line pode ajudar, porém, ela pode ser extremamente valiosa em grandes empresas globais. Imagine, por exemplo, que você precise de um programador com competências em campos eletromagnéticos, embora ninguém em sua área pareça ter o perfil desejado. Você faz uma pesquisa on-line e encontra 150 possíveis candidatos com estas características espalhados pela empresa. Refinando um pouco mais sua pesquisa, você aplica um filtro para desempenho, idiomas, mobilidade, grau de experiência e interesses. Você envia um e-mail para cinco candidatos encontrados em sua pré-seleção. Entretanto, use o sistema interno de maneira criteriosa, garantindo que está seguindo os protocolos adequados para preenchimento interno de vagas versus simplesmente "roubar" os melhores profissionais de outras equipes.

O que acontece caso você não consiga encontrar o perfil de profissional desejado dentro da própria empresa? A maioria dos sistemas internos de postagem de vagas possui uma política simples. Eles oferecerão as vagas para candidatos internos por um período de três a sete dias e depois, automaticamente anunciarão as vagas para o mundo externo, no site de oferta de vagas da empresa. Portanto, espere terminar o período de postagem interno referido acima para depois procurar candidatos externos com perfil adequado ao cargo.

Em certas situações, você pode achar que existem bons candidatos internos em outros setores de sua organização e que você acredita que teriam um bom desempenho na sua equipe. Pode ser que no passado eles próprios tenham manifestado o desejo de trabalhar na sua equipe. Em ambos os casos, cabe um alerta. Se estiver planejando fazer um processo de recrutamento interno, é melhor trabalhar através de seus colegas e não tentando evitá-los – seja isto através do processo formal de avaliação de talentos de sua organização (vide Capítulo 8) ou simplesmente fazendo uso de sua rede de contatos internos. É crítico evitar "roubar" talentos de outros gerentes a menos que queira criar inimigos. Ao fazer isso você não somente estará manchando sua reputação e condição de profissional de grande potencial como também impactará negativamente a percepção da pessoa que você acaba de recrutar.

Seja um Líder Preocupado com o Desenvolvimento dos Membros de sua Equipe

O único e verdadeiro caminho para se atingir o status de profissional de grande potencial por um longo período é dominar o segundo fator X – aceleração de talentos – concentrando grande parte de sua atenção para o desenvolvimento dos membros de sua equipe bem como o seu próprio. As quatro ações a seguir cultivam esta orientação.

1. **Crie atividades voltadas para o desenvolvimento dentro de sua rotina diária.** Os modelos de profissionais de grande potencial de nossa pesquisa encontram tempo dentro de suas agendas insanamente lotadas para manter contato pessoal com as pessoas sob sua liderança. Um dos líderes mais admiráveis que entrevistamos comentou: "Quero realmente que o tempo trabalhando junto com minha equipe seja divertido e envolvente, e isto por efeito de trabalhos que envolvam enormes desafios. Estou convencido de que relações fortes valem a pena. Portanto, invisto continuamente nas 180 pessoas do meu grupo. Tento saber o máximo possível sobre o andamento de seus trabalhos e quais são suas aspirações e outros aspectos de suas vidas como suas paixões e hobbies. Encontro inúmeras oportunidades de orientá-los e atuar como mentor. Espontaneamente direi a eles quais são minhas visões sobre para onde está orientada a empresa ou contarei minhas experiências com clientes importantes". Engajar o seu pessoal em torno de um foco concentrado no desenvolvimento deles é importante. Garanta que cada indivíduo tenha um plano de desenvolvimento, experiências evolutivas específicas relacionadas às suas necessidades únicas, bem como *coaching* e *feedback* contínuos para que possam desenvolver e aperfeiçoar habilidades e atacar lacunas críticas (e não ficar dependente apenas de avaliações para a gestão do desempenho).

2. **Mostre-se vulnerável através do encorajamento de um clima de *feedback* e aprendizagem.** Vários dos profissionais de grande potencial mais bem-sucedidos que entrevistamos falaram da importância de "mostrar-se vulnerável" como um poderoso meio para promover um modo de pensar evolutivo em suas equipes. Arjun, líder de uma firma de prestação de serviços profissionais, comentou: "Muitas vezes tenho que fazer transparecer um certo desconforto pessoal, revelar que eu tenho um

problema e pedir conselho e reafirmar a confiança que deposito neles (meus funcionários). As pessoas querem vê-lo (o líder delas) de uma forma muito humana. Você tem que estar disposto a mostrar que é um ser humano vulnerável. O resultado disso é que eles se sentirão à vontade em também serem vulneráveis e procurarão obter *feedback* seu ou de outras pessoas."

Pesquisa realizada por dois colegas meus, Rob Goffee e Gareth Jones, revela que quando os líderes compartilham suas fraquezas, eles acabam estabelecendo um maior grau de confiança com suas equipes. De forma contrastante, gerentes que passam a ideia de serem perfeitos, sem nenhuma fraqueza aparente, estão sinalizando que não precisam da ajuda de ninguém. Aparentemente eles podem fazer tudo sozinhos. Trata-se de uma mensagem extremamente desencorajadora para todos que com ele trabalham e um grande exemplo de um modo de pensar que leva a uma desaceleração de talentos.

Revelar suas deficiências também é um convite a uma atmosfera de colaboração e acentua sua autenticidade como líder. Mas é preciso ser seletivamente vulnerável. Não exponha muito a todo mundo ou nem um pouco para os indivíduos errados. Não revele uma deficiência que poderia ser interpretada como um defeito grave – um defeito que sugira que você é um profissional incompetente. Do ponto de vista do engajamento e desenvolvimento de talentos, a melhor opção é revelar lacunas no seu desenvolvimento pessoal em áreas em que sua equipe poderá ajudá-lo. Um jovem profissional de grande potencial em nosso estudo solicita *feedback* sobre os experimentos que faz com diferentes estilos em apresentações. Outro está trabalhando em suas competências para *coaching*, um outro em saber delegar, um terceiro em solução de conflitos. Em todos estes exemplos, eles reconhecem suas fraquezas e pedem *feedback* e orientação contínuos por parte de seus subordinados diretos e de seus superiores.

3. Compartilhe seus objetivos pessoais de desenvolvimento (bem como o *feedback* recebido). Se quiser ser vulnerável da maneira mais positiva possível, apresente quais são seus próprios objetivos no campo do desenvolvimento pessoal aos membros de sua equipe. Muitos de nossos líderes de grande potencial apresentam os resultados de avaliações de desempenho 360° a sua equipe para então escolherem coletivamente uma área a ser melhorada, concentrando seus esforços nesta nos próximos

seis meses a um ano. Durante a jornada, solicitam à equipe *feedback* do progresso alcançado, fazendo avaliações periódicas para medir o progresso em relação à meta. Este poderoso modelo sinaliza à sua equipe que a evolução deve ser prioridade de todos mas que começa com você, o líder da equipe.

4. **Lembre-se que os refletores estão todos direcionados para você.** Na qualidade de líder de grande potencial, seus atos e escolhas serão constantemente alvo de crítica. As luzes dos refletores vêm de todas as direções. Seus subordinados diretos o colocam nesta posição porque você é diretamente responsável pelo futuro deles. Seus colegas avaliam se você é um concorrente ou um aliado, um recurso ou alguém que apenas está consumindo o tempo deles. Altos executivos observam se você continua dando provas de seu valor. Alguns darão seu aval para você ocupar um cargo e o seu sucesso ou fracasso refletirá diretamente na capacidade deles de localizadores de talentos. Ou então, pode ser que por você ter ficado com a função que eles queriam para um de seus próprios talentos de grande potencial e que não conseguiu ser selecionado, estão à espreita para ver se você comete uma falha.

    Ou seja, tem muita gente de olho em você. Pequenos gestos, ações e comunicações são amplificados. Se, por natureza, você gosta de fazer caretas ou brincadeiras, a partir de agora terá que tomar cuidado. Uma líder de grande potencial relatou que teve que parar de ficar tirando sarro das pessoas, pois colegas achavam que ela estava falando sério e não de brincadeira.

    Você pode levar esta atenção no sentido de sinalizar a sua convicção em relação aos membros da equipe e ao progresso deles. Um profissional de grande potencial consciencioso disse que não ia às reuniões com o seu celular, optando por deixá-lo em sua sala. Acreditava ser uma falta de respeito ficar no celular no meio de uma reunião com seus subordinados ou mesmo tê-lo à mão à vista de todos. Ele também se disciplina no sentido de fazer quatro ou cinco perguntas abertas em cada reunião antes de começar a expressar suas opiniões. Seu intuito é o de sinalizar que, genuinamente, valoriza as opiniões dos membros de sua equipe. Muitas vezes muda de ponto de vista depois de ouvir o ponto de vista deles. Compreende o poder de suas emoções e o potencial destas agirem de forma contagiante sobre a equipe. Portanto, chega a cada reunião transmitindo uma energia positiva.

O ponto aqui é que seus atos no dia a dia, geralmente pequenos, sinalizam de forma expressiva o seu interesse pelo desenvolvimento da equipe. Aproveite a notícia de um projeto malsucedido como uma oportunidade para reflexão e exploração das causas para isto ter acontecido. Concentre-se nas próximas etapas em vez de simplesmente expressar sua ira e desapontamento. Quando estiver trabalhando em questões que visem o seu próprio desenvolvimento, alerte sua equipe sobre isto, pergunte a eles o que esperam ver caso esteja agindo de forma diferente, diga-lhes que solicitará deles *feedback* em termos de progresso e, então, simplesmente aja.

...

O segundo fator X, aceleração de talentos, é aquele que cria um efeito multiplicador para o seu próprio desempenho. Quanto mais alto você subir na escala hierárquica da empresa, mais as outras pessoas terão que lhe apresentar resultados e mais você precisará deste efeito multiplicador para provar que é um líder de grande potencial.

Como saber se você já domina a liderança voltada para o desenvolvimento de talentos? Mark Alders, vice-presidente de Recursos Humanos da Avery Dennison, nos confidenciou o que ele considera ser o verdadeiro teste – a diferença em resultados que vê em todo líder que realmente se dedica à aceleração de talentos:

> Suponhamos uma rede de *fast-food* com dez lojas e dez líderes de grande potencial dirigindo cada uma delas. O verdadeiro profissional de grande potencial irá gerenciar de modo que ele possa se ausentar por alguma razão e a loja funcionará exatamente da mesma forma caso ele estivesse ali presente. Fundamentalmente, eles investem o seu tempo criando processos, equipes e capacidades, de forma que a loja funcionará muito bem com ou sem a sua presença. Após vários anos visitando fábricas, descobri que a diferença entre líderes de grande potencial e líderes medianos se revela muito rapidamente. Muitos gerentes de fábrica permanecem ao seu lado enquanto você visita a fábrica e se sentem desconfortáveis em deixá-lo ficar andando pela fábrica por conta própria, ao passo que o verdadeiro líder de grande potencial passará um tempo ao seu lado e depois irá se retirar, deixando-o investigar as coisas por conta própria. Se o gerente de fábrica que não é um líder de grande potencial estiver ausente, você verá e ouvirá coisas que o primeiro não iria querer que você

visse ou ouvisse e as coisas não estarão funcionando de forma tão tranquila. "Brutamontes" do tipo "deixa que eu faço tudo sozinho" são capazes de dirigir um negócio na faixa dos US$ 100-200 milhões, porém, acima deste tamanho, torna-se muito difícil alavancar resultados mais robustos. Líderes deste tipo simplesmente são controladores demais. Eles tiram o poder de seus subordinados e acabam ficando sobrecarregados.

Portanto, pergunte a si mesmo: "Caso tivesse que me ausentar por um mês, como este lugar funcionaria? Será que realizei um bom trabalho no progresso de cada membro da minha equipe de modo a poderem desenvolver todo o seu potencial? Formei uma equipe de pessoas talentosas e cujas habilidades se complementam, sentindo prazer em trabalharem em equipe? Criei um 'banco de reservas' de líderes capazes de me substituir a qualquer momento?" Uma resposta positiva para cada uma destas perguntas irá sinalizar que você conseguiu ter o domínio do fator X crítico da aceleração de talentos.

Lições Importantes

- Será a sua equipe que determinará se você é ou não capaz de apresentar os resultados necessários para alcançar a condição de profissional de grande potencial.

- Todos os líderes de grande potencial têm lacunas importantes em seus conhecimentos e competências, da mesma forma que você. Esteja atento tanto aos aspectos em que você é realmente bom (por exemplo, competências, conhecimentos e capacidades) e aqueles em não é. Construa sua equipe de modo a complementar as suas lacunas.

- Domine as cinco atividades básicas que identificamos para ser efetivo no quesito aceleração de talentos.

- Engaje o seu pessoal em torno de um foco centrado no desenvolvimento deles.

- Deixe claro que está de fato comprometido com a capacitação – tanto a sua quanto a da equipe.

- No que diz respeito a avaliar o talento de cada membro de sua equipe, não se restrinja a avaliar apenas o desenvolvimento atual, mas sim o potencial.
- Enfrente a questão dos profissionais categoria C de sua equipe com um senso de urgência.

4

Condução da Carreira

Como ser Bem-Sucedido em Tarefas Difíceis Futuras

À medida que for demonstrando seu potencial de liderança – especialmente quando já tiver passado a ser chamado de profissional de grande potencial – você será promovido mais rapidamente do que seus colegas e lhe serão atribuídas tarefas de maior impacto e visibilidade. Como resultado, você passará a ter atribuições cada vez mais complexas. Estas serão estimulantes e bastante compensadoras mas, muitas vezes, o deixarão com os nervos à flor da pele. A boa notícia é que você crescerá de maneiras jamais imaginadas. Entretanto, a maioria das tarefas serão desafios tão grandes que algumas vezes você se sentirá completamente incapacitado.

A variedade e o escopo das tarefas futuras exigirão que você atue continuamente fora de sua zona de conforto. Por zona de conforto queremos dizer uma dependência do cabedal acumulado por você até a presente data. Em um determinado momento, você verá que não poderá mais depender da sua principal área de expertise, digamos, financeira ou marketing, do número de negócios que fechou ou até mesmo do seu estilo de liderança, aquele seu lado de "bombeiro expedito".

Para ser bem-sucedido na próxima onda a ser surfada, você terá que cultivar o terceiro fator X, condução da carreira, sua capacidade de rapidamente se adaptar a novas situações através do ajuste de seu modo de pensar, flexibilizando seu estilo de liderança, envolvendo sua equipe e seus colegas de modo a encontrar soluções, implementando-as de modo focado e permanecendo estreitamente ligado ao seu chefe. Este fator X garante que você apresentará resultados extraordinários, algo que se esperaria de um profissional de grande potencial independentemente do quão grande ou adversa seja sua próxima tarefa.

Caso queira mensurar qual é o seu posicionamento em termos de condução da carreira, faça uma autoavaliação usando as perguntas contidas no quadro "Você é um Condutor de Carreira Eficaz?"

No presente capítulo o ajudaremos a construir as competências para a condução de sua carreira. Mostraremos a você como:

- Sentir-se à vontade com uma trajetória profissional não linear que é, ao mesmo tempo, estimulante e imprevisível, juntamente com o gerenciamento dos riscos a ela associados.
- Sentir-se confortável em relação a ambiguidades e gerir tarefas cheias de incertezas.
- Trabalhar em conjunto com o seu chefe no decurso de tarefas desafiadoras e investir nas relações com seus pares.
- Extrair um significado dos diferentes tipos de tarefas e experiências que serão necessárias para se tornar um bom condutor da carreira.

Também explicaremos porque algumas atribuições poderão ser ruins para você e como declinar destas sem ser mal interpretado ou prejudicar seu potencial como futuro líder.

Sentir-se à Vontade com uma Carreira Irregular e Imprevisível

Muitas das oportunidades que surgirão fogem de nosso controle. O professor de administração da Wharton Peter Cappelli e seus colegas Monika Hamori e Rocio Bonet estudaram a trajetória profissional e as qualificações dos dez executivos que se encontravam no topo da lista das 100 maiores empresas da revista Fortune.[1] Eles descobriram a relativa falta de controle que líderes destas grandes empresas tinham sobre suas próprias carreiras. Em comparação a décadas anteriores, Cappelli e seus colegas notaram que "O que vemos hoje em dia está mais para carreiras 'irregulares e imprevisíveis'. Durante uma recessão as pessoas permanecem um pouco mais do que o usual em seus empregos e depois, quando mudam, não mudam necessariamente de forma previsível. Pode ser que eles ultrapassem outros que despenderam um tempo considerável trilhando pela busca de um cargo executivo ou então podem ser trazidos profissionais de fora, passando na frente de condenados à prisão perpétua cuja própria trajetória profissional também se torna questionável, quem sabe fazendo com que eles também mudem de função."[2]

VOCÊ É UM CONDUTOR DE CARREIRA EFICAZ?

- O quão à vontade você se sente quando muda para um emprego onde nada lhe é familiar? Você encara cada nova tarefa isento de ideias preconcebidas? O seu estilo é inquiridor e versátil? Você lida bem com novos desafios? Você é propenso a nem sempre ter "as respostas" no início nem a se acomodar naquilo que já faz bem?

- Compreende perfeitamente os interesses de seus superiores no que diz respeito a uma tarefa que está realizando no momento? O que está em jogo na carreira deles? Que resultados eles considerariam como termômetro de um bom desempenho na sua atual função? O quão bem você identificou e atendeu às necessidades deles relacionadas à sua atribuição?

- Sente-se capaz de rapidamente criar uma cultura de confiança com a sua equipe? Em outras palavras, você é capaz de criar canais seguros para que as informações fluam para você, particularmente as más notícias e *feedback* crítico? Consegue explicar numa boa a seus subordinados o que está por trás disso? É consciencioso em relação a como é preciso administrar e o que deve ser comunicado? Compreende bem problemas de moral baixo e falta de engajamento de sua equipe? Com que eficiência você os resolve?

- Em momentos de pressão, de estresse e mudanças você é uma pessoa que transmite calma para aqueles que o cercam? É capaz de fomentar um ambiente de diálogo aberto e espírito empreendedor ao enfrentar situações ambíguas?

- Conhece os colegas que você tem que engajar e conseguir o apoio para ser bem-sucedido em seu novo desafio? Você é claro em relação ao que pode oferecer a eles em troca? Já consegue enfrentar qualquer "do contra" que possa surgir no seu caminho?

- Com que nível de maturidade você reage a reveses? Consegue se reerguer e prossegue no seu aprendizado e experimentação? Quando as coisas vão mal você joga a culpa nos outros? Ou aceita a sua responsabilidade? Aprende com suas falhas e muda suas atitudes como consequência disso? Adota, basicamente, uma atitude otimista – mas não cegamente otimista?

Em outras palavras, não se pode prever com qualquer grau de certeza que atribuições lhe serão dadas. Você tem que ser aberto àquilo que lhe é oferecido, mesmo que não seja aquilo que pretendia originalmente fazer, e ver sua carreira sob uma perspectiva de longo prazo. Você se encontrará em uma posição melhor para o sucesso caso foque naquilo que poderá aprender da função futura, seja qual for ela, em vez de ficar esperando pela promoção dos seus sonhos.

Ping – presidente de uma divisão de uma empresa – descreve a evolução de sua carreira de profissional de grande potencial:

> Iniciei gerenciando um departamento em nossa organização financeira onde era responsável por tudo abaixo do cargo de diretor. O cargo de diretor ficou em aberto quando meu chefe estava se aposentando e eu desejava ardentemente esta posição. Eu era superqualificado, juntamente com vários outros candidatos. Para minha total surpresa, não consegui a promoção. Disseram-me que se eu realmente quisesse ser promovido para o nível de diretoria, teria que me transferir para outro departamento da empresa. Lembro-me de ter pensado que me encontrava numa função que eu realmente gostava e através de vários indicadores estava desempenhando muito bem a função. O cargo de diretor parecia ser o caminho natural na minha carreira. Quando fui preterido na promoção, fiquei pensando que estava em fim de carreira. Na realidade, embora não a apreciasse naquele momento, aquela função estava vários níveis acima da minha anterior.
>
> Vários meses depois, recebi um telefonema de um cliente interno que me ofereceu outra oferta. Era realmente uma posição desafiadora, uma área completamente nova para mim. Teria que ser efetivo no trabalho através de outras pessoas e não simplesmente ter que supervisioná-las. Eu também era mais jovem que todos os demais, portanto, perguntei a mim mesmo: "Como influenciar outras pessoas com tanta experiência e expertise?" Assumi o cargo oferecido e me tornei gerente de operações de campo, administrando todo o canteiro de obras. Exerci esta função por dois anos.
>
> Certo dia um dos diretores da empresa me chamou para ver se eu queria passar a ser chefe da área de operações de emergência. Disse então: "Será que devo me interessar por este cargo?" Meu chefe disse-me que era bom ser aberto a propostas. Fiz a entrevista e no final fui aprovado para o cargo. Era uma posição bastante desafiadora. Minha tarefa era realizar os preparos para uma série de situações de emergência. Em minha entrevista final para o cargo, me senti como se estivesse em uma sabatina no Senado. Fui até entrevistado pelo CEO.

Como consequência deste novo cargo, foi me passada uma incumbência que me deixou realmente surpreso. Minha ex-chefe – que havia me preterido do cargo de diretor que eu tanto queria – me chamou e disse que tinha uma posição para mim em negócios externos que me daria uma grande visão externa. Aceitei o cargo e naquele ano aprendi mais do que em qualquer outro em minha carreira. Hoje mantenho contato com diferentes grupos de clientes, alguns amigáveis, outros não. Toda minha carreira até então tinha sido focada internamente.

Um ano depois fui promovido ao cargo de diretor, minha tão sonhada promoção de alguns anos atrás. Quem poderia imaginar? Assumi todas estas outras funções sem saber que algum dia alcançaria o tão almejado cargo.

Como se pode ver a partir do exemplo de Ping, você terá uma variedade de oportunidades muito maior do que aqueles profissionais de grande potencial de vinte anos atrás. Esta geração anterior avançava dentro de uma estrutura de cargos engessada – de gerente de produto assistente a gerente de produto associado, depois para gerente de produto e assim por diante. É muito provável que este esquema não reflita mais a sua trajetória profissional hoje em dia. No passado as organizações eram muito mais estáveis. Portanto, era mais fácil planejar uma trajetória profissional concreta e estruturada. Com o mundo se transformando tão rapidamente em termos de tecnologia, globalização e plataformas digitais, não é fácil prever o que vem pela frente. As organizações mudam suas estruturas e funções a todo instante. Uma empresa conhecida nossa prepara profissionais para este fenômeno dizendo: "Não aspire a uma função específica mais à frente já que esta talvez não esteja disponível no momento em que você estiver apto a assumi-la. Em vez disso, concentre-se em aprender o máximo daquelas funções mais imediatas. A carreira se assemelha a uma estrutura reticular tridimensional e não a uma escada."

Não tenha expectativas rígidas em relação a uma imaculada carreira que se constrói tijolo por tijolo. Em uma de nossas entrevistas tivemos contato com um promissor candidato que declinou da vaga por ter dito ao chefe exatamente quais seriam as três funções que ele esperava conseguir. Sua falta de flexibilidade acionou o sinal vermelho, indicando que ele não possuía o modo de pensar justo para ser um profissional de grande potencial no longo prazo. Em geral, as pessoas pensam cuidadosamente no próximo passo, mas não da maneira linear que se imagina. Portanto, esteja aberto a designações mesmo que estas pareçam estar fora da trajetória por você planejada. Se você for realmente um profissional de grande potencial provavelmente a sua empresa está planejando em termos dos seus destinos na carreira a longo prazo nas análises retrospectivas de talentos e não apenas pensando na próxima promoção (para maiores informações sobre o funcionamento das análises retrospectivas de talentos, veja o Capítulo 8).

A lição aqui é, na verdade, construir a maior variedade possível dentro da carreira, prestando atenção às experiências fundamentais que a organização espera de seus executivos. Você literalmente deseja uma carreira "irregular e imprevisível". Profissionais de grande potencial que sobem um único degrau na escada funcional durante toda a carreira têm muito mais chances de serem desbancados do que você.

Na Corda Bamba das Promoções Futuras

Junto com o grande número de oportunidades variadas e únicas oferecidas a profissionais de grande potencial surge outro efeito: o de cada vez mais estar na berlinda. Hoje em dia os altos executivos estão prestando uma desmesurada atenção ao seu desempenho particularmente às maneiras através das quais você o atinge. Eles ficam observando para determinar se você tem os requisitos necessários para se tornar um executivo. Se o seu desempenho for consistente ou acima do esperado, continuará neste círculo virtuoso de promoções e oportunidades especiais. Ao mesmo tempo, os riscos a sua carreira se tornam muito maiores. Deixar de dominar os fundamentos de condução da carreira em uma única tarefa que lhe for atribuída pode lhe custar o status de profissional de grande potencial.

Por exemplo, um executivo nos confidenciou como um de seus subordinados diretos perdeu a condição de profissional de grande potencial tomando como base um único projeto em que acabou revelando uma deficiência crítica no seu conjunto de competências e uma correspondente falta de reação para corrigi-la:

> Dado seu histórico profissional até a presente data, imaginei que Mike continuaria a ser um profissional de alto desempenho. Ele é muito bom no pensamento criativo, na proposta de ideias estratégicas para reinventar nossos modelos de negócios. Ele também possui uma grande expertise na sua área bem como é realmente competente na formação de parcerias e networking. Porém, descobri que sua grande lacuna era no aspecto da execução, deixando as coisas para a última hora. Ele era incapaz de cumprir os prazos. Trata-se de uma falha grave já que estamos sob intensa e contínua avaliação por parte de nossos altos executivos para

cumprirmos prazos apertados e sem trégua. Hoje esta é a parte mais importante de seu trabalho.

Por exemplo, o encarreguei de liderar um grande e estratégico projeto de engajamento de pessoal. Levou mais de um ano para ele completá-lo. Algo que poderia ter sido feito em seis meses. Embora ele seja bastante estratégico, percebi que outra deficiência sua é não conseguir traduzir seus insights em ideias claras bem como transmiti-las bem. Suas apresentações nada mais são que uma coletânea de ideias soltas. Estava muito longe do que eu esperava de alguém com visão estratégica.

Conversei abertamente com ele a este respeito e passei a atuar como seu *coach*. Mas devo confessar que ele não se mostrou aberto aos meus comentários. Ele acredita que já tem todos os aspectos resolvidos, que não precisa mais melhorar. Portanto, à primeira vista ele parecia ser um profissional categoria A, mas agora o vejo como um profissional categoria B.

O ponto a ser notado neste exemplo é que futuras tarefas que exijam muito empenho irão revelar suas lacunas – muitas vezes de maneira acentuada – queira ou não queira. Suas lacunas se tornarão muito aparentes para os seus chefes. Este nível de visibilidade tanto dos seus pontos fortes quanto dos seus pontos fracos é o preço a ser pago para poder ser chamado de profissional de grande potencial em cada um dos desafios que você encontrará pelo caminho.

Esteja aberto a críticas que podem, infelizmente, apontar para uma deficiência pessoal e reaja de forma positiva tomando medidas para corrigi-la. Você não pode ficar apegado às suas promoções passadas ou acreditar que seus pontos fortes compensarão uma deficiência. Se o seu chefe vir os prazos como metas que não podem deixar de ser atingidas, você terá que cumpri-los, não importando o quão importantes são, em sua opinião, os demais pontos fortes através dos quais você obteve uma promoção.

Vejamos qual modo de pensar é necessário ter para enfrentar de modo seguro as reviravoltas da carreira de líderes de grande potencial. É fundamental sentir-se à vontade com ambiguidades, uma qualidade que pode ser desenvolvida. Isto é primordial para o fator X condução da carreira.

Sentir-se à Vontade com Ambiguidades

Para se tornar capaz de "pilotar" na turbulência você terá que cultivar um senso de se sentir à vontade com oportunidades que fogem do seu controle e que muitas vezes estão bem distantes daquilo que aprendeu e vivenciou. Chamamos isto de tolerância à ambiguidade, uma qualidade que você pode desenvolver ao longo do tempo. Ela compreende uma alta tolerância a situações que são cada vez mais indefinidas e imprevisíveis. Ela requer que você se sinta à vontade em dirigir-se a e envolver as partes interessadas mais importantes para ajudá-lo a cultivar um profundo entendimento do terreno adiante e instruir-se nas habilidades e conhecimentos que logo serão exigidos. Você tem que cultivar um repertório amplo e versátil de habilidades de um agente catalisador e defensor de mudanças. Também deve estar preparado para ser flexível em seu estilo e atitudes bem como voltado para o aprendizado e, mais frequentemente, para o reaprendizado.

Isto posto, é fácil perder esta receptividade. O seu sucesso em passar a ser considerado um profissional de grande potencial pode e facilmente irá nutrir uma falsa sensação de confiança. Afinal de contas, cada promoção obtida lhe diz o quão talentoso você é. Agora você tem um histórico profissional que se parece com uma apólice de seguro protegendo-lhe contra futuros reveses. Da mesma forma sua autoconfiança tem sido uma aliada para ter alcançado o status de profissional de grande potencial. Sua confiança será um dos motivos para você aceitar este próximo encargo sem grandes reservas. Se não tivesse esta confiança provavelmente não aceitaria a maioria das oportunidades que surgem durante sua trajetória ao perceber o quão difícil é o empenho necessário para cumpri-las.

Queremos que você se despoje um pouco desta autoconfiança, mantendo um certo grau de paranoia. Por quê? Em nossa pesquisa e trabalho de consultoria vimos profissionais de grande potencial perder o rumo no meio ou no final de suas carreiras devido ao excesso de confiança. Isto os levou a não focar em suas necessidades de progresso relacionadas a uma dada tarefa. Levou-os a subestimar a "lição de casa" e os recursos necessários para serem bem-sucedidos nesta próxima árdua tarefa. Quando as coisas pioraram, a aceitação e o nível de conforto deles em relação a ambiguidades crescentes desapareceram.

Sempre parta do pressuposto que cada nova função por vir exigirá de sua parte uma flexibilização de estilo e formação de novas fontes de expertise e habilidades para que assim você possa ser realmente bem-sucedido.

Sempre tenha em mente que ninguém realmente conhece a verdadeira extensão de seu próprio potencial em cada nova atribuição até provar a si mesmo. Afinal de contas você nunca realizou o seu próximo trabalho. Pode ser que os seus superiores tenham superestimado sua versatilidade e capacidade de aprender ou talvez não tenham avaliado completamente o poder de uma dada deficiência ou lacuna que podem levá-lo a prejudicar a sua carreira. Talvez eles nem percebam a impossibilidade de cumprir as exigências desta nova tarefa a você atribuída.

Preserve esta pitada de paranoia. Caso o faça, é bem mais provável que consiga fazer a exaustiva "lição de casa" necessária para avaliar de forma precisa e conduzir bem a próxima tarefa que representa um grande desafio. Apresentamos lições adicionais no quadro "Como Administrar a Ambiguidade em suas Tarefas".

Agora passaremos do modo de pensar necessário para ser bem-sucedido no quesito condução da carreira para a relação que você jamais deve desprezar ou subestimar ao assumir um novo encargo feito para realmente testar o seu potencial.

Conduzindo seu Chefe à medida que Pilota

Quando o professor Jack Gabarro da Harvard Business School observou pessoas em nível de comando assumindo novas funções desafiadoras, descobriu que a única e fundamental diferença entre tarefas bem-sucedidas ou não era o relacionamento existente entre o novo gerente com as principais partes interessadas no final do primeiro ano deles no cargo.[3] Aqueles malsucedidos mantinham um relacionamento precário com seus chefes. A existência de conflitos de estilo em torno das questões de controle e delegação era a razão mais comum para tal. Eles deixaram de esclarecer antecipadamente suas expectativas diante das crenças de outras pessoas sobre o que seja liderança efetiva e os aspectos envolvidos para a realização da tarefa em questão.

Dada nossa discussão sobre percepção da situação no Capítulo 2, temos certeza que esta descoberta não será nenhuma surpresa para você. O relacionamento com seus superiores é aquele mais importante para se alcançar e manter sua condição de profissional de grande potencial. É preciso garantir clareza e concordância em uma série de expectativas em relação a eles. Por exemplo, qual é exatamente o seu grau de poder para tal atribuição? Como será medido o sucesso de sua equipe como um todo além das principais métricas utilizadas pela sua empresa (vendas, custos, produtividade, etc.)? Quais são os relacionamentos críticos do ponto de vista deles, especialmente em relação a seus pares e superiores do seu chefe, que você precisa lidar com cuidado? De que forma o seu chefe quer manter-se informado e envolvido nas decisões?

COMO ADMINISTRAR A AMBIGUIDADE EM SUAS TAREFAS

- O que funcionou tão bem em sua última tarefa – no que tange a processo e conhecimentos – talvez não funcione tão bem na próxima. Pesquisa da Harvard Business School mostra que a tendência mais forte de um profissional envolvido em uma nova incumbência é fazer mudanças em áreas que ele mais domina.[4] Portanto, você deve cultivar amplitude àquilo que deve atentar – habilidades investigativas que parecem estar além de sua expertise ou experiências acumuladas até o momento. Pergunte a si mesmo: "O que realmente preciso aprender neste caso (e de quem)? Que aspectos do meu estilo preciso revisitar e reinventar para ser bem-sucedido nesta nova situação? Como minha experiência e background funcional poderão provavelmente gerar um excesso de confiança a ponto de fazer com que eu não perceba certas coisas em relação a esta nova tarefa? Em que aspectos poderei deixar de prestar atenção suficiente pelo fato de não ter a experiência e a perspectiva necessárias? Que novas relações devo cultivar mesmo com minha limitação de tempo?"

- É provável que você se encontre sob tremenda pressão em termos de prazo, portanto, sua curva de aprendizagem terá que ser pronunciada. Você terá que tirar proveito de todos aqueles que possuem uma profunda visão de contexto referente a sua função e implementar estas visões rapidamente. Uma exigência imprescindível é investir tempo em aprendizagem antes de assumir a nova função fazendo uso de sua rede de contatos para lhe dar uma visão rica e múltipla de suas verdadeiras prioridades e as armadilhas com as quais pode vir a se deparar.

- É provável que você se veja em situações em que não terá suas relações de longa data e em que a política pode ser prevalente. Sua base de experiência e rede de contatos nestes novos ambientes podem ser de valor limitado. Procure mentores e colegas que conheçam a política local e que possam alertá-lo sobre as minas bem como orientá-lo a evitá-las.

A pesquisa de Michael Watkins sobre os primeiros noventa dias de trabalho de uma pessoa com cargo de liderança é particularmente útil.[6] Ele identifica cinco questões críticas que devem ser discutidas com o chefe ao ingressar

- À medida que for atingindo níveis intermediários e superiores dentro da escala hierárquica de sua organização, as partes interessadas relacionadas a sua atuação se multiplicarão de diferentes maneiras. Será cada vez maior o número de colegas que não terão que ajudá-lo ou que simplesmente terão muitos compromissos a cumprir. Na verdade, você pode achar que alguns deles são seus concorrentes. Um deles pode ser um que tenha perdido a corrida à vaga que você ocupa hoje. De repente, suas habilidades para construção de redes de relacionamento se tornam de suma importância, mas que talvez sejam habilidades que você jamais tenha levado a sério até agora. Além disso, o seu tempo é mais precioso embora investir na construção de relações seja essencial também.

- É preciso ter um claro senso de como é o seu comportamento quando está sob pressão. Pense em quais seriam os fatores que poderiam tirá-lo do caminho da ascensão e como mitigá-los em situações estressantes. Você estará sendo avaliado de perto e de modo rigoroso não apenas pelos seus chefes, mas também pela sua própria equipe. O ex-vice-presidente da Goldman Sachs Robert Kaplan observou que se você se blindar contra acusações que lhe imputem a culpa em algo ou evitar admitir erros ou levar a fama por realizações em vez de dividir os louros com aqueles que o ajudaram, estará permitindo que os membros de sua equipe façam o mesmo.[5] Ele salientou que se eles temerem como será a sua reação a más notícias, você irá desencorajar o fluxo de informações objetivas e urgentes. Pergunte a si mesmo: "Perco a paciência sob pressão ou me mantenho calmo? Protejo meus subordinados quando as coisas não estão indo de acordo com o planejado ou jogo a culpa neles? Responsabilizo-me pelos meus tropeços? Critico minha equipe ou indivíduo publicamente quando um resultado não é o esperado ou o convoco para uma conversa privada? Quando estou sob pressão defendo aquilo que acho ser o verdadeiro problema perante meus superiores?" A resposta correta para cada uma destas perguntas é clara. Sua tarefa é praticar as reações apropriadas com grande consistência.

em uma nova função. Fizemos um resumo e adicionamos algumas coisas às perguntas originais de Watkins.

O primeiro ponto diz respeito a como o seu chefe vê a situação em que você está ingressando, que está ligada diretamente ao nosso primeiro fator X

– percepção da situação. Você vai querer discutir as percepções do seu chefe referentes ao seguinte: Que fatores fazem desta atribuição algo desafiador? Mais precisamente, quais serão os primeiros obstáculos a serem enfrentados? Que fatos do passado têm grandes implicações naquilo que você deverá prestar atenção? Quem serão seus verdadeiros aliados? Qual o calibre dos talentos que você estará comandando? Em que ponto surgirão as primeiras conquistas? Quais são os objetivos dos altos executivos para esta tarefa? O que se deve resolver ou alcançar urgentemente? Qual o nível de cooperação ou conflito entre os principais grupos e partes interessadas envolvidas?

A segunda questão diz respeito às expectativas em termos de desempenho. O que o seu chefe precisa que você realize no curto e no médio prazo? Que resultados tangíveis os superiores desejam? O que significa sucesso em termos concretos? Como e quando o seu desempenho será avaliado? Quais são as prioridades absolutas a serem tratadas? Que resultados alternativos seriam aceitáveis caso ocorressem reveses ou fossem necessárias mudanças de rumo?

O terceiro ponto a ser discutido gira em torno de estilo – retornamos à mensagem transmitida no Capítulo 2. Qual o nível de independência que terá para realizar suas tarefas? Em quais questões e decisões você deve buscar orientação do seu chefe e com que frequência? Como o seu chefe prefere se comunicar? Com que frequência e de que formas – pessoalmente, por escrito, por telefone ou através de mensagens de texto e e-mails? De que maneiras o seu estilo e o do seu chefe diferem e em que pontos você terá que se adaptar a ele? Que estilo o seu chefe acha mais apropriado para este cargo em particular? O seu chefe sempre espera que você conheça perfeitamente certos detalhes críticos? O quão à vontade o seu chefe se sente quando você leva um problema para um superior dele? Ou ele prefere ser o canal de acesso para informações para os superiores?

O próximo tópico a ser discutido concerne aos recursos. Defina os recursos em linhas gerais. Talvez você precise de mais investimento ou pessoas, porém, algumas vezes é preciso ter "cobertura aérea" de um chefe ou será preciso pedir a ele que lance mão dos contatos dele para apoio político, outros recursos ou a participação de colegas. Portanto, entre os vários tipos de recursos, o que é preciso para ser bem-sucedido e como garantir isto? O que você precisa especificamente do seu chefe? Você pode fazer lobby com superiores ou até mesmo colegas?

A última questão a ser discutida diz respeito ao seu desenvolvimento pessoal. O que o seu chefe vê nesta função que beneficie o seu próprio desenvolvimento? Como ela irá contribuir para os objetivos evolucionais com os quais vem trabalhando ou deseja trabalhar? Existem cursos que você possa fazer para formar habilidades para o desempenho desta função? Há pessoas que possam atuar como *coach* e mentor em torno de exigências específicas associadas à função? Existem membros dentro de sua equipe capazes de complementar as suas próprias lacunas em termos de estilo, expertise ou conhecimentos?

Como observa Watkins, estes cinco pontos não precisam ser discutidos de uma só vez. Suas primeiras conversas provavelmente girarão em torno de fazer um diagnóstico da situação, expectativas e estilo. À medida que for evoluindo em seu relacionamento com o seu novo chefe, estará melhor posicionado para negociar recursos, rever o seu diagnóstico inicial da situação e, por sua vez, revisar expectativas de desempenho. Quando sentir já ter estabelecido um relacionamento mais à vontade, poderá passar para a questão do desenvolvimento pessoal.

Passaremos agora a tratar dos indivíduos que, em última instância, garantirão que você seja bem-sucedido nos seus esforços para condução da carreira.

Envolvendo sua Equipe e os seus Colegas

Sabemos ainda, a partir de pesquisas sobre novos profissionais em cargo de liderança, que aqueles que não são bem-sucedidos no cumprimento de suas tarefas geralmente têm um relacionamento precário com os membros de sua equipe bem como seus pares. Tais grupos se tornam fundamentais para o seu sucesso por duas razões. Primeiramente, à medida que avança além de sua formação básica, não poderá mais depender apenas da sua expertise. Por exemplo, se mudar lateralmente para o RH, não conseguirá virar um especialista no assunto da noite para o dia. Portanto, precisará de especialistas que o complementem. Em suma, sua dependência de sua equipe se torna maior.

Em segundo lugar, suas tarefas mais complexas quase sempre envolverão outras funções. Seus colegas têm que apoiar de forma ativa e implementar suas iniciativas. Nada surpreendente, Gabarro descobriu que falhas "de assumir o comando" também ocorriam quando o relacionamento dos comandantes com estes dois grupos de partes envolvidas era caracterizado por rivalidades, discordância sobre objetivos, conflitos no estilo e crenças diferentes sobre o que era desempenho eficaz.[7] O problema comum subjacente era a incapacidade do gestor de estabelecer expectativas comuns em que todas as partes envolvidas concordassem.

De forma similar, em sua pesquisa sobre transições de carreira bem-sucedidas, Watkins observou que liderança, em sua essência, diz respeito a apoio.[8] Para conseguir este apoio, é preciso mobilizar o comprometimento, a energia e as ações de sua equipe, superiores e colegas. Você até pode se apoiar neles, mas apenas se eles concordarem com isto. Novos líderes também comumente são malsucedidos toda vez que suas primeiras ações distanciarem os pares de que precisam para serem possíveis apoiadores de suas iniciativas. Compare isto com o caso de Joel Albarella, que supervisiona o portfólio de alianças em tecnologias inovadoras e investimentos de capital. Logo no início de sua nova função, ele aprendeu a dura lição a seguir:

> A maioria das sociedades de risco não acaba bem. Elas tendem a ficar desalinhadas com os incentivos da atividade principal ou são a menina dos olhos de um alto executivo que fatura em cima deste projeto. Consequência disso: as iniciativas delas não se encaixam dentro daquelas da organização.
>
> Nosso próprio desafio é explorar novos modelos de negócios. Tive que construir uma rede de contatos confiáveis dentro da empresa para testar estes modelos. Para ganhar aceitação, digo à minha equipe que tal iniciativa não diz respeito a nós, mas ao grupo que está testando e colocando recursos em um novo modelo. Se quisermos que o nosso grupo e a tecnologia sejam sustentáveis, não pode dizer a nosso respeito. Até podemos entrar com o conceito, mas a unidade detém o conhecimento do negócio. O segredo é ser deferente em relação aos créditos. Não podemos ordenar para que testem uma nova tecnologia. Não podemos ficar nos vangloriando por aquilo que fizemos para uma determinada unidade de negócios. Minha equipe original queria ficar com os louros pelo fornecimento de novas tecnologias. Expliquei que tínhamos que ser inteligentes em relação a quais são as necessidades do negócio para então garantir que o líder desta unidade de negócios seja bem-sucedido e fique com o crédito por isto. Todas as glórias devem ir para o líder da unidade de negócios.

Em suma, construa uma sólida rede de contatos cooperativos no início de cada tarefa. Pense nos seus colegas de mesmo escalão, nos chefes do seu chefe e nos subordinados de seus subordinados. Encontre maneiras de ajudá-los com informações, favores, recursos, apoio político e assim por diante. Tenha uma agenda flexível neste período inicial no cargo de modo a ter tempo para cultivar relações importantes.

Entenda cada uma das Diferentes Tarefas de Condução da Carreira

Ser eficaz na condução da carreira é entender como navegar de forma bem-sucedida em um novo mundo, a todo tempo. Os objetivos de aprendizagem (profundidade, amplitude e "estiramento") irão moldar os tipos de atribuições que você encontrará à frente.

As atribuições no início de carreira normalmente constroem profundidade. Elas aprofundam a sua expertise funcional de modo a se tornar profissionalmente competente em um dado ramo como finanças, marketing, tecnologia da informação ou recursos humanos. É preciso ter conhecimentos suficientemente profundos em uma dada área (certas vezes chamados de competência diferenciada), de modo a poder lançar mão destas competências toda vez que precisar delas.

Em algum momento, você passará a desempenhar funções de complementação e aperfeiçoamento seja dentro do próprio cargo como de modo interfuncional. Estas, obviamente, cultivam sua amplitude de perspectiva. Algumas organizações, independentemente em qual função tenha se desenvolvido, esperam que você tenha aprendido os fundamentos de todas as principais funções da empresa no momento que tiver chegado a cargos mais altos. A PepsiCo, por exemplo, como parte do processo de planejamento de pessoal, garante que os altos executivos tenham um sólido nível de proficiência em uma variedade de ramos, entre os quais avaliação de investimentos e mercado financeiro, conhecimento profundo sobre clientes e consumidores dentro do segmento de atuação da empresa e um entendimento do processo de inovação da empresa.

Em seguida, pode lhe ser atribuída uma função para realização de mudanças e inversão de tendência ou para novos empreendimentos que irá ensiná-lo sobre a importância da versatilidade em suas competências de liderança bem como irá ajudá-lo a adquirir uma nova base de conhecimentos. Estas atribuições que vão além do normalmente exigido fazem com que você aprenda coisas fora de suas experiências anteriores. Caso ainda não tenha ocupado um cargo com contato direto com o mercado, em breve o ocupará. O objetivo será aprofundar suas visões estratégica e de mercado. Mais uma vez o objetivo aqui é cultivar amplitude – externamente. Em algumas funções como a financeira, isto poderia assumir a forma de dedicar parte de seu tempo a relações ou comunicação com os investidores, ao passo que em vendas, poderia significar reorganizar sua vida e trabalhar na mesma cidade do seu cliente ou fornecedor mais importante.

OS ENCARGOS QUE VOCÊ ENCONTRARÁ NA QUALIDADE DE PROFISSIONAL DE GRANDE POTENCIAL

"**Mergulhos funcionais de grande profundidade**" tendem a aparecer logo no início de uma carreira. O objetivo deles é simples. Você tem uma oportunidade de cultivar a profundidade e a amplitude da sua expertise em finanças, marketing, vendas, área operacional e assim por diante. Neste ponto você demonstra sua competência profissional através de um desempenho de destaque em sua função inicial.

Experiências de complementação e aperfeiçoamento ou alargamento são oportunidades para cultivar a sua expertise, amplitude de perspectiva e rede de contatos. Estas normalmente começam no início de carreira com mudanças horizontais dentro da mesma função, digamos, em serviços de rede de suprimentos onde um profissional poderia navegar pelas áreas de contrato a acordos financeiros. A ideia é expô-lo de modo a entender como todos os elos na cadeia de suprimentos interagem entre si. Encargos futuros irão ampliar a sua experiência através de funções como, por exemplo, passar da área financeira para o setor de RH ou de uma função operacional interna para uma com contato direto com o cliente.

O teste aqui é ver se você é capaz de influenciar na construção de uma rede de contatos interdepartamental e de aprofundar sua perspectiva empreendedora e, ao mesmo tempo, gerando resultados de real valor. Pode ser que você seja avaliado quanto a sua capacidade de encontrar pontos em comum entre as necessidades das unidades de negócios e o centro administrativo.

A partir daqui você poderia avançar para se tornar diretor de uma divisão operacional. Agora você estará lidando com vários mercados, tipos de clientes e até mesmo vários países. Você está subordinado diretamente à matriz onde continuará a aprofundar seu conhecimento empresarial. Terá oportunidade de resolver quaisquer deficiências em termos de conhecimento e habilidades que você possa ter para ocupar um cargo executivo, por exemplo, compreender os fatores determinantes e principais pressupostos que estão por trás do conjunto de relatórios que dão a acionistas e interessados uma visão da empresa em diversos aspectos e não apenas o financeiro.

Funções que lidam com o público externo são funções que colocam um profissional em contato direto com clientes importantes, analistas da Wall Street, organizações profissionais, agências regulatórias ou organismos políticos, ativistas e até grandes consumidores – todas as forças externas que moldam, em última instância, o desempenho de uma organização. São funções de complementação e aperfeiçoamento que preenchem lacunas na perspectiva da empresa. Promoções para estas funções podem ser um sinal promissor de que você está sendo preparado para altos cargos dentro da empresa.

Funções para realização de mudanças e inversão de tendência testam suas competências de liderança operacional numa ampla gama de frontes. Nestas funções você terá que tomar decisões sobre mudanças estruturais e de cargos ou difíceis decisões sobre a redução de custos ou de pessoas e lidar com funcionários que estão com o moral baixo. Você poderá agregar habilidades de gestão de crises e a importância de estabelecer as prioridades corretas. Se a inversão de tendência envolver várias funções, ela será mais abrangente e muito mais desafiadora. Pelo fato de seu antecessor muito provavelmente ter sido malsucedido, as funções são altamente desafiadoras e de alto risco. Você mesmo pode falhar. A organização que você acaba de herdar está tensa e com medo. A boa notícia é que normalmente você terá maior liberdade de ação. Você também enfrentará menor antagonismo dos subordinados que não foram selecionados para o cargo.

Funções de grande transformação são aquelas em que você tem que demonstrar sólidas habilidades de agente catalisador e defensor de mudanças. Estes projetos internos de infraestrutura transpassam divisões e unidades de negócios. Elas quebram o *status quo* e, geralmente, enfrentam séria resistência. Você precisará envolver e fazer lobby com poderosas clientelas dentro da organização e trabalhar com a maioria, se não todos, os departamentos. Isto irá testar suas capacidades de comunicação, influência, estabelecimento de contatos e de agente catalisador e defensor de mudanças. Estas funções estão entre aquelas de maior grau de exigência, de maior risco para a sua carreira e, geralmente, são o teste definitivo para suas competências de condução da carreira.

Startups ou joint ventures são funções em que você constrói algo a partir do zero como, por exemplo, uma nova capacidade ou unidade organizacional. Estas funções cultivam suas habilidades para o mercado, de perspectiva estratégica e de empreendedorismo. Rapidamente terá noção se você se sente à vontade ou não com a ambiguidade. Ao mesmo tempo, estas funções poderão lhe proporcionar grande prazer, dada a sua falta de estrutura e de posicionamento em oportunidades de crescimento que possam surgir – o produto de diferentes segmentos que se cruzam de maneiras novas e interessantes ou com tecnologias que estão surgindo ou então novos mercados. Porém, em geral, elas se encontram fora da atividade principal da empresa. Consequentemente, seu departamento pode ser encarado como de baixa prioridade e a sua visibilidade pessoal poderá ser menor. Os departamentos diretamente ligados à atividade principal da empresa podem até ver você e seu departamento como uma futura ameaça. Mantenha os líderes de sua empresa constantemente engajados e apoiando o empreendimento. Você verá a importância de chefes dando "cobertura aérea". Para ser bem-sucedido precisará cultivar sua habilidade em patrocinar e vender o seu "peixe" bem como no estabelecimento de uma rede de contatos construtiva. Tais funções geram "estiramento" e amplitude.

As funções desempenhadas na matriz podem variar muito dependendo da estrutura e cargos da matriz. Em um modelo centralizado, a matriz pode abranger uma ampla gama de funções associadas a uma dada atividade (por exemplo, todas aquelas relacionadas a P&D, TI, operações, marketing, vendas e RH). Em um modelo mais achatado, o corporativo se reduz basicamente ao departamento financeiro ou tesouraria. Portanto, uma atribuição de grande potencial neste último caso seria basicamente a de diretor financeiro. Tais cargos dizem respeito, basicamente, ao nível de diretoria (vice-presidência). Abaixo deste as funções tendem a ser mais administrativas e distantes da ação de fato. Mas se você acabar sendo apontado para um cargo de vice-presidente corporativo, espera-se que você aprenda a pensar de forma sistêmica, tenha um modo de pensar global e um bom tráfego com altos executivos (política), habilidades cooperativas advindas do trabalho com várias unidades de negócios, funções corporativas, mercados globais, bem como capacidade de comunicação externa e habilidade política.

A partir daí, provavelmente você será alocado em um projeto de inversão de tendência ou transformacional que transpassa departamentos e, talvez, divisões. Isto testa sua capacidade de ver a empresa como funções complementares que devem ser alinhadas. Denominado "pensamento sistêmico", esta é uma importante capacidade para altos executivos cultivarem caso estejam administrando organizações grandes e complexas. Estas atribuições que constroem amplitude também são uma chance para avaliar se você pode ou não influenciar seus colegas de outros departamentos. Portanto, agora você está vivenciando, ao mesmo tempo, "estiramento" e amplitude internamente. Todos estes movimentos na carreira alargam o seu conhecimento, ampliam a extensão de suas habilidades de liderança e testam o seu potencial através de iniciativas complexas caracterizadas por crises ou oportunidades.

Muitas organizações classificam as designações de profissionais de grande potencial por tipo de mercado (por exemplo, doméstico ou global, nacional ou continental, maduro ou em fase inicial), categoria de produtos, unidades de negócios, departamental, interdepartamental ou matriz, situações de crescimento ou de inversão de tendência. Algumas destas atribuições são o que chamamos exigências mínimas para entrar no alto escalão.

Examine cuidadosamente o background de pessoas que acabaram de assumir um cargo de alto executivo. Por exemplo, você precisa passar um tempo em um cargo de chefia, um cargo de nível global ou de matriz que contarão a seu favor de modo a poder atender às exigências para ocupar um cargo no alto escalão? Mas seja cuidadoso ao usar como única referência para o seu foco pessoas que ocupam cargos no alto escalão no momento. Conforme já afirmamos, os caminhos trilhados pelos líderes de hoje podem ser bem diferentes daqueles que serão trilhados por você. Sobretudo as organizações se tornaram mais calejadas em relação à construção de amplitude através de experiências. É provável que você se depare com novas exigências que líderes anteriores jamais tiveram que lidar no passado. O quadro "Os Encargos que Você Encontrará na Qualidade de Profissional de Grande Potencial" destaca os diferentes tipos de tarefas e funções e os prováveis benefícios na aprendizagem associados a estas.

Quando se Deve Dizer Não a uma Proposta para Ocupar uma Nova Função?

Embora você possa vir a aprender algo de cada nova função que venha a ocupar, nem todas serão igualmente úteis para a sua carreira. Algumas delas certamente irão tirá-lo da trajetória de sucesso na carreira a menos que você tenha um compromisso assumido por parte de seus patrocinadores de que será capaz de avançar na carreira mesmo não sendo bem-sucedido nesta nova função. Talvez você queira declinar a oferta, caso possa. Estes tipos de oferta provavelmente o levarão para o insucesso a menos que você possua capacidades sobre-humanas. Tais funções caem em quatro categorias:

1. O negócio ou a função está em queda livre, com poucas chances de se recuperar.
2. O projeto está imerso em uma disputa política entre facções beligerantes em que apenas uma delas sairá vencedora (ou nenhuma delas até que toda a estrutura de poder do alto escalão mude).
3. O projeto está prestes a impactar o futuro de sua organização e ameaça profundamente a atividade principal da empresa.
4. O cargo envolve trabalhar com um chefe muito disfuncional.

Em todas estas quatro categorias o risco de insucesso é muito alto e, consequentemente, é provável que você venha a perder a sua condição de profissional de grande potencial. Como recusar estas oportunidades sem causar uma má impressão? É preciso elaborar um cuidadoso planejamento e modo de comunicação.

Primeiramente, certifique-se de ter reunido todas as informações pertinentes aos ocupantes anteriores do cargo ou o contexto que poderia levá-lo ao insucesso. Em seguida, discuta com pessoas que têm um bom entendimento da situação em que estará se metendo, segundo várias perspectivas. Veja se a sua lição de casa bate com suas conclusões. A última coisa que você iria querer fazer é descartar uma oportunidade por ter interpretado mal a situação.

Em segundo lugar, baseado nas discussões que teve com o seu chefe, RH e outras pessoas sobre os seus objetivos e aspirações, veja se os objetivos por você expressos se alinham com o cargo oferecido. O cargo em questão irá ajudá-lo a conseguir as experiências críticas de que precisa? Embora ele possa vir a oferecer experiências de aprendizado únicas, será que você não consegue adquiri-las em outro lugar ou em um momento mais oportuno de sua carreira?

Em terceiro lugar, caso esteja muito ocupado em trabalhos em andamento na sua função atual e não tem um sucessor pronto para assumir o seu lugar, sugira que talvez não seja este o melhor momento de deixar o seu cargo atual. Pode ser que os seus superiores interpretem isto como uma desculpa, mas vale a pena tentar.

Em seguida, use sua rede de contatos (o chefe do seu chefe, o chefe do departamento, ou um alto executivo do RH) para transmitir suas preocupações e verificar se há cargos alternativos. Algumas vezes apenas o seu chefe ou um dos altos executivos está recomendando o perigoso cargo para você. Se conseguir usar suas habilidades políticas nos bastidores, poderá conseguir que outros executivos intervenham a seu favor sem ter que recusar a nova função. Este jogo político exige relações bem estabelecidas bem como habilidade de comunicação, porém, é exatamente o que outro candidato de grande potencial faria.

Em quinto lugar, trate do assunto abertamente com o seu chefe e outras pessoas. Caso seja capaz de apresentar uma justificativa plausível para o cargo em questão ter tirado outras pessoas do caminho do sucesso na carreira, talvez você possa negociar um "tíquete de devolução" ou um "cartão gratuito de soltura da prisão". Se for realmente persuasivo, talvez o seu chefe possa concordar e encontrar uma nova função para você.

Por exemplo, Ken, um superstar em termos de desempenho, é um profissional de grande potencial conhecido em sua organização. Ele havia conseguido mudar a sorte de uma importante marca que vinha passando maus momentos em uma nova campanha de marketing. Desde então passou por vários cargos que estavam dando a ele oportunidade de capacitação. Ele estava ganhando maior profundidade de conhecimentos na área de marketing e, ao mesmo tempo, amplitude ao passar por várias unidades de negócios. Sua trajetória profissional estava claramente indo na direção de cargos para o alto escalão. Isto posto, ele precisava como próximo cargo um que aperfeiçoasse a sua visão funcional. Idealmente, precisava ganhar experiência em uma função totalmente diferente como área operacional, vendas ou até mesmo dirigir uma pequena unidade de negócios. Entretanto, durante o processo de análise retrospectiva de talentos, foi aberta uma vaga-chave como assessor de um executivo na área financeira. Teoricamente, tratava-se de uma excelente oportunidade de desenvolvimento para ele. Ken jamais tinha trabalhado na área financeira e isto, aparentemente, parecia ser uma boa função (mas não ideal) para sua sequência profissional. Ao mesmo tempo Ken tinha ouvido murmúrios sobre a baixa taxa de sucesso daqueles que tinham assumido o cargo antes. Três dos últimos ocupantes do cargo entraram como profissionais de grande potencial, porém, saíram como profissionais medianos. Corriam rumores que era extremamente difícil trabalhar com o diretor financeiro e de que qualquer período passado com ele, normalmente, resultava em uma carreira que saía do caminho da ascensão profissional.

Quando lhe foi oferecido o cargo, Ken avaliou a situação e procurou se aconselhar com seus mentores. Estes achavam que embora a experiência pudesse vir a ajudá-lo no longo prazo, esta se restringiria à área financeira. Outra função que não fosse um cargo de assessoria como este estaria mais de acordo com o que ele precisava para prosseguir em seu acelerado progresso, caso estivesse disposto a aguardar uma oportunidade diferente. Resultado de suas discussões e com um argumento convincente de precisar de experiência de campo (e não outro cargo de assessoria), ele se esquivou do cargo na área financeira sem ter que recusá-lo oficialmente. No final das contas, o tal cargo foi oferecido a outro profissional de grande potencial. Ken, em vez disso, prosseguiu sua trajetória assumindo um cargo "joint venture" que precisava ser preenchido. Contudo, o indivíduo que assumiu o cargo na área financeira não teve muita sorte. Nove meses depois, após ter conduzido mal seu relacionamento com o diretor financeiro, acabou saindo da empresa. Ken continuou com o status de líder de grande potencial.

. . .

A condução da carreira exige que você avalie cuidadosamente cada situação em que está prestes a se envolver, pensando de forma abrangente e profunda sobre o contexto, exigências pessoais e de sua equipe, partes interessadas e recursos. Para dominar esta habilidade você tem que aprender continuamente, buscar *feedback*, esclarecer quais são as prioridades críticas, medir o progresso, experimentar e demonstrar versatilidade em seu estilo de liderar.

A seguir veremos a competência que, como aquela da condução da carreira, se torna mais importante quanto mais alto você for subindo na organização. Trata-se do quarto fator X – tradução das complexidades.

Lições Importantes

- Tenha como expectativa ter uma trajetória profissional com um grau enorme de variedade.

- Cultive a tolerância a ambiguidades – sentir-se à vontade com oportunidades que estejam fora do seu controle e, geralmente, bem distantes de sua experiência e conhecimentos.

- A partir do momento em que você ingressa no caminho dos talentos de grande potencial, haverá holofotes cada vez mais fortes apontados em sua direção. O alto escalão estará prestando uma desmesurada atenção ao seu desempenho, particularmente às maneiras através das quais você o atinge.

- Devido à sua complexidade e à visibilidade que terá diante de altos executivos, as funções que vier a desempenhar têm muito mais chances de revelarem suas lacunas, deficiências e maus hábitos. Você terá que ter grande capacidade de reação a *feedback* sobre o seu desempenho e desenvolvimento e agir de forma rápida e bem-sucedida em relação a ele.

- Lembre-se que aquilo que funcionou tão bem em sua última função – no que tange a processos, conhecimentos e estilo – talvez não funcione tão bem nas próximas atribuições. Pergunte a si mesmo: "O que realmente preciso aprender neste caso (e de quem)? Como minha experiência e background funcional poderão provavelmente gerar um excesso de confiança a ponto de fazer com que eu não perceba certas coisas em relação a esta nova função? Em que aspectos poderei deixar de prestar atenção suficiente pelo fato de não ter a experiência e a perspectiva necessárias?"

- Embora quase todas as funções sejam concebidas para ajudá-lo a crescer, talvez você receba uma ou duas propostas de cargo que talvez devesse recusar. Reflita bem sobre a maneira como recusa tais oportunidades.

5

Tradução das Complexidades
Como Transformar Dados em Ideias Convincentes

Uma falsa ideia sobre os profissionais de grande potencial é que uma inteligência superior sempre sai ganhando. Neste aspecto, temos notícias particularmente boas para você. Ser o mais inteligente da classe não é uma vantagem. Na verdade, constatamos que isto pode se tornar uma barreira para candidatos ao status de profissional de grande potencial, que podem dar a impressão de serem arrogantes, imponentes ao extremo ou simplesmente pouco práticos.

Há, entretanto, uma aptidão que você precisa desenvolver – nosso quarto fator X, a tradução das complexidades ou a capacidade de sintetizar dados e informações aparentemente díspares em visões estratégicas e relevantes bem como comunicar estas visões de uma forma que faça a organização avançar. O seu status de profissional de grande potencial não depende apenas de ser aquele mais inteligente, mas sim, aquele que monta o quebra-cabeça e ajuda os outros a enxergarem como suas peças estão interligadas.

Esta habilidade se torna mais importante quanto mais alto o cargo ocupado. E a falta dela é o motivo para alguns empacarem e jamais conseguirem subir de cargo. À medida que for avançando, espera-se que você pegue informações de todos os tipos (problemas, metas, dados, tendências, ideias, alternativas, cenários, resultados) e as destile em seus componentes mais importantes.

O QUE SE ESPERA DE UM "TRADUTOR" DE COMPLEXIDADES EFICAZ

Quando dominar a questão da tradução das complexidades, você compreenderá o que as pessoas em cada nível da sua organização (subordinados diretos, superiores ou colegas do mesmo nível) precisam saber de modo a poder adequar o conteúdo de informações críticas a cada parte interessada de uma forma compreensível e prática.

Seus subordinados diretos buscam clareza dentre as diversas prioridades que você apresenta a eles. Querem saber claramente as prioridades absolutas às quais devem dar maior atenção. Querem saber quais são as suas "tarefas especiais" e como eles poderão contribuir para a sua realização. Além disso, desejam sentir sua energia positiva e motivação para ajudá-los a alcançar estes resultados.

Seus pares geralmente estão mais interessados nas metas e objetivos específicos de sua equipe que têm algo em comum com as deles e como isto irá beneficiá-los diretamente ao fazerem uma parceria com você e a sua equipe. Você precisará declarar claramente as "fronteiras de posse", chamando a atenção para as fronteiras entre os projetos, certificando-se de que todos entendam o próprio grau de responsabilidade (por exemplo, o que está dentro ou fora do escopo do seu trabalho e de seus pares? A quem pertence o que?). Nos pontos em que diferentes pares e suas respectivas equipes apresentam interdependências significativas você terá que explicar como irá trabalhar efetivamente em conjunto sem criar trabalho redundante.

Você será compensado por ideias claras e críticas que ajudem seus colegas a solucionar problemas espinhosos. Se for habilidoso, você será capaz de apresentar ideias importantes, que podem ser colocadas em prática nos mais diversos formatos: uma apresentação a seus pares que delineie um plano estratégico persuasivo, uma fala inicial em que você inspira a sua equipe a introduzir uma nova visão, uma discussão simples e focada com o seu CEO sobre uma determinada nova iniciativa que precisa de um investimento de capital significativo. Você será reconhecido por sua habilidade de efetuar a tradução correta para cada nível da organização que você está influenciando (veja o quadro "O que se Espera de um 'Tradutor' de Complexidades Eficaz"). No caso de um de nossos profissionais de grande potencial, uma apresentação para cem executivos de sua organização sobre uma complexa decisão estratégica acelerou

Tradução das Complexidades

Entretanto, eles estarão, sobretudo, procurando saber o que você pode oferecer a eles (e o que você quer deles em troca).

Por outro lado, os seus chefes estarão mais preocupados em saber se você tem as prioridades corretas e se identificou quais são suas necessidades em termos de recursos, etapas fundamentais a serem cumpridas e possíveis obstáculos, bem como planos para eliminá-los. Também vão querer saber se você avaliou completamente como os seus planos afetarão os interesses deles e de seus respectivos superiores. Você irá querer demonstrar sua habilidade em refletir bem sobre os problemas que pedem para serem resolvidos, sua capacidade de encontrar uma boa solução e de estudar detalhadamente as etapas de implementação.

Finalmente, os altos executivos esperarão que você examine de forma clara e abrangente o impacto do seu trabalho sobre os objetivos da empresa. Além disso, eles esperam que você demonstre um estilo e atitude que reflitam uma perspectiva de um alto executivo. Ao se apresentar a eles é preciso saber que o foco da atenção deles pode variar. Embora estejam avaliando a sua essência, estão, ao mesmo tempo, considerando outros elementos a seu respeito como sua presença como executivo, suas respostas a questões desafiadoras e a grandeza de seus pensamento e perspectiva empresarial. Eles irão testá-lo em relação a outros tipos de capacidades que não fazem parte explicitamente do modo que você se apresenta ou se comunica com eles, apenas para ver que tipo de líder você poderia vir a ser. Esteja pronto para qualquer um destes encontros para direcionar a conversa para outros tópicos de seu interesse, a despeito da pauta que tenha planejado.

---

substancialmente a percepção de seus talentos, levando-o a uma série de oportunidades de progresso profissional.

Alguns indivíduos brilhantes que são bem-sucedidos em funções de nível júnior avançam para cargos de nível sênior apenas para empacarem em seus percursos por não saberem comunicar de forma sucinta suas ideias. Algumas vezes eles se perdem nos próprios dados, uma cilada conhecida como "paralisia analítica". Outras vezes eles, de forma não intencional, sobrecarregam aqueles que os ouvem com uma análise rigorosa demais. Seja numa situação ou na outra, suas ideias são perdidas devido a uma tradução muito complexa delas.

Iniciamos este capítulo com um exemplo prático ilustrando a poderosa diferença que a tradução das complexidades fez em relação à designação de um profissional de grande potencial. A partir de agora iremos explorar as habilidades subjacentes a este fator X e como desenvolvê-las. Iremos orientá-lo na maneira como interpretar e responder aos seus públicos-alvo de forma imediata, especialmente ao ser interpelado de maneira inesperada ou como forma de testá-lo por um alto executivo que está colocando à prova sua capacidade de traduzir complexidades.

As Habilidades de Tradução das Complexidades Fazem a Diferença

Recentemente fizemos parte de um programa sobre liderança de uma grande organização voltado para o desenvolvimento da próxima geração de executivos juniores. Os participantes do programa demonstraram indícios precoces do potencial de virem a assumir cargos de alto escalão. Embora as tradicionais experiências em classe de aula visassem o aperfeiçoamento das habilidades e conhecimentos dos participantes, o verdadeiro teste do potencial destes foi a parte "aprendendo fazendo" do programa. Embora os participantes possam não ter percebido isto no momento, o projeto (um estudo de caso a ser resolvido) e a respectiva apresentação a executivos mais experientes foram críticos para designá-los como profissionais de grande potencial. Projetos como este, que são típicos em programas rápidos de desenvolvimento de líderes, devem ser alvo de sua atenção quando for convidado a participar de um deles. Nunca diminua o valor de uma apresentação à alta cúpula (mesmo numa configuração em equipe) ou de uma que se baseie em um cenário, seja este de um caso real ou fictício.

Para a parte "aprendendo fazendo", os participantes foram divididos em duas equipes. Os dois grupos tinham o mesmo estudo de caso a ser resolvido. Cada equipe tinha que elaborar um novo modelo de negócios para uma nova linha de automóveis elétricos. A tarefa envolvia coletar dados da concorrência, analisar as preferências dos consumidores e determinar as melhores estratégias de fabricação e de colocação do produto no mercado dadas certas restrições da organização. Ambos os grupos tinham um tempo de vinte minutos para apresentar o caso e suas recomendações. O público era formado por executivos de vários gerentes das principais unidades de negócios, alguns diretores de departamento e o diretor de RH.

Entretanto, cada equipe poderia escolher aquilo que quisesse. Embora não houvesse uma única resposta correta, apenas as ideias de uma equipe seriam endossadas para implementação. Portanto, havia um sentido de concorrência saudável. Cada um dos membros das equipes ficava com parte da apresentação. Estes eram avaliados segundo a clareza de pensamento, como inter-relacionavam as diferentes apresentações dos membros de suas equipes, bem como o ponto de vista persuasivo de cada um deles. Nosso fator X de tradução das complexidades estaria à vista de todos.

Ambos os grupos engajaram partes interessadas importantes, reuniram dados de forma extensiva e trabalharam de forma coletiva para construírem suas narrativas. Porém, ao apresentarem suas descobertas, as duas equipes adotaram perspectivas bem diversas. O grupo chamado Vyper foi o primeiro a se apresentar. Numa tentativa de demonstrar profundo conhecimento dos dados coletados, a equipe elaborou uma apresentação de cinquenta e seis páginas detalhando suas descobertas e soluções. Ela incluía uma seção de abertura sobre a história do automóvel e recentes tendências e insucessos na tecnologia de carros elétricos, seguida pelas preferências dos consumidores por diferentes opções, novos projetos para o futuro, legislação ainda por ser aprovada que poderia tanto levar a cabo quanto por a perder o empreendimento, soluções de projeto alternativas caso o principal modelo para produção falhasse e até mesmo exemplos de campanhas de marketing para o lançamento do modelo de carro elétrico Vyper.

A apresentação era completa. Se apresentada em uma sala de aula ou quem sabe como briefing para uma importante campanha interna do programa, teria funcionado bem. Infelizmente, quando Bennett (o primeiro apresentador) começou com a lição de história, vários executivos começaram a questionar as informações. A apresentação rapidamente se transformou em um debate sobre os fatos. Em vez de ajustar sua abordagem em cima da situação que se instalou, Mira, a próxima apresentadora, se aprofundou, conforme o planejado, nos dados sobre as preferências dos consumidores. A conversa com os executivos mais uma vez mudou de rumo. Desta vez eles questionaram se a equipe havia utilizado os métodos corretos para coleta de dados. Os dois membros restantes não tiveram sequer a chance de fazerem suas apresentações. No final, a equipe Vyper não foi capaz de transmitir o conceito do Vyper para o comitê executivo ali presente, o que dirá o plano de lançamento do produto no mercado.

Eles haviam desperdiçado todo o trabalho numa empreitada demasiadamente detalhada e rígida além do tempo mal calculado. Embora a coleta de dados e ideias fundamentais fossem esplêndidas, a sua tradução não se alinhou com as rigorosas exigências dos executivos presentes à apresentação. No final das contas os executivos não acharam que Bennett, Mira e o restante da equipe tivessem apresentado uma solução eficaz. A condição de todos eles, como profissionais de grande potencial, foi colocada em xeque.

Em seguida, a equipe chamada Renew apresentou o seu estudo de caso. Este grupo igualmente havia realizado detalhada coleta de dados, mas optou por uma abordagem diferente. Seus membros elaboraram uma apresentação otimizada de dez páginas com uma única e recorrente mensagem referente à solução deles de uma plataforma energética renovável com o emprego de energia solar. Cada apresentador tinha cinco minutos para cobrir alguns poucos slides. Elaboraram suas recomendações contemplando os mesmos elementos fundamentais dos Vypers (isto é, visão dos consumidores, desafios de produção, legislação ambiental e plano de marketing), porém usaram uma narrativa muito mais concisa, bem ajustada e muito convincente.

David, Amy e o resto da equipe Renew apresentaram de forma expedita e desenvolta os slides que lhes cabiam, transmitindo claramente os pontos-chave e finalizando a apresentação dentro do tempo previsto. O tema da equipe, renovação, foi reiterado ao longo de toda a apresentação. Usaram os dados coletados com parcimônia, mas de forma que demonstraram o domínio da equipe das principais visões dos consumidores, sem se perder. Mostraram gráficos simples para deixar bem claro os pontos fundamentais. Usaram texto de maneira incisiva e enxuta de modo a conseguirem o maior impacto possível. Tinham todas as informações de apoio por perto, caso precisassem delas.

Ao terminarem a apresentação, o comitê executivo de avaliação expressou impressões favoráveis e positivas em relação à apresentação da equipe Renew e recomendou que esta solução fosse levada adiante. Os membros da equipe foram confirmados na condição de indivíduos talentosos com potencial para líderes do alto escalão por demonstrarem sua capacidade de tradução das complexidades. Tal capacidade foi a diferença singular entre as duas equipes.

Você pode estar imaginando se este tipo de processo é justo. Afinal de contas, julgar toda uma condição de potencial de uma equipe baseada em uma única apresentação coletiva com poucos minutos destinados a cada um parece ser radical. O que aconteceria caso estivesse em uma equipe cujos membros fossem todos inúteis, exceto pelo seu caso? Caso pertencesse à equipe Vyper, teria sido você capaz de salvaguardar a sua parte da apresentação?

Infelizmente, da mesma forma que um único café da manhã ou almoço com um gerente que está contratando no momento pode, algumas vezes, determinar a sua seleção para uma função de liderança, uma única apresentação também pode significar um impulso ou estagnação na sua trajetória profissional. Equipes são um fato concreto em grandes organizações, particularmente quando se precisa resolver problemas complexos (por exemplo, forças-tarefa, atribuições de curto prazo, novas equipes de liderança em casos de reversão de situação). Com o sucesso da equipe, o mesmo acontece com seus membros.

Embora o seu árduo trabalho como contribuinte individual seja julgado logo cedo em sua carreira, os resultados da equipe começam a ter cada vez maior peso à medida que você progride na organização. Altos executivos assumem que se os membros de uma equipe são incapazes de trabalhar bem de forma colaborativa e produzir uma perspectiva estimulante, então eles não devem ter capacidade cognitiva coletiva. Seja você diretamente responsável ou não pela qualidade da apresentação de uma equipe, isto ainda refletirá no seu potencial.

Você poderia tentar se salvar de um resultado adverso jogando (na surdina) a culpa nos seus colegas de equipe. Vimos profissionais de grande potencial cometer este erro básico já em um estado avançado de suas trajetórias profissionais, tentando se distanciar de seus colegas de equipe quando o navio estava afundando. Isto faz transparecer a todos que o seu caráter é questionável e que faltam a você habilidades de liderança.

O que é Preciso para ser Eficaz na Tradução das Complexidades?

Como se aprende a traduzir complexidades, obter novos insights estratégicos e transmiti-los de forma eficaz a todas as suas partes interessadas? As habilidades caem em três simples etapas: (1) pesquisa de dados, (2) integração dos insights e (3) síntese para estabelecimento de uma narrativa. Você poderá usar estas etapas ao lidar com praticamente qualquer problema, projeto ou apresentação dentro do ambiente empresarial. Geralmente, elas são sequenciais embora, algumas vezes, possam ser iterativas (por exemplo, alguns insights podem levá-lo a fazer novas perguntas e à procura de novos dados para respondê-las). Considere o seu grau de eficiência e em que aspectos você precisa aperfeiçoar suas habilidades. Vamos explicar como desenvolvê-las bem como evitar as armadilhas em cada uma delas.

Pesquisa de Dados

Obter dados relevantes inclui identificar prontamente tanto informações disponíveis quanto informações novas. O gerente mediano, por exemplo, irá reunir aquilo de que dispõe no momento e se baseará em experiências até agora. Porém, na qualidade de líder de grande potencial você tem que ir além deste método de extrema eficiência para ver o problema segundo uma perspectiva mais ampla.

Por exemplo, se o seu chefe lhe pedir para explorar qual a melhor forma de se construir uma cultura de inovação dentro da empresa, você deveria tentar envolver os departamentos de P&D (em que estamos inovando hoje?), de RH (qual tem sido nosso treinamento para a inovação e como estamos recompensando as pessoas quando elas inovam?), de TI (que sistemas e tecnologia nós temos que suportam internamente o compartilhamento de inovações e o networking para ideias?) e o de Vendas (os clientes estão realmente comprando nossas inovações ou que tipos de inovação estariam eles dispostos a pagar?). Você deve buscar exemplos de organizações similares bem como examinar os casos de insucesso juntamente com os de sucesso. De forma contrastante, se você coletar dados e informações de forma muito restrita, digamos, apenas dentro do próprio departamento ou apenas aquilo que você tem em mãos, não será capaz de mostrar que tem visão estratégica.

Ser um profissional de grande potencial também implica uma paixão por aprender (falaremos mais a este respeito no capítulo seguinte). Significa demonstrar que está aberto a adquirir conhecimentos que vão além do próprio cargo, departamento ou até mesmo organização. Aí está a razão para o conceito de acumular conhecimento em outras disciplinas fora da sua principal função (particularmente à medida que for progredindo para cargos de liderança mais altos) ser algo tão importante. Por exemplo, comece a ler outros assuntos fora daqueles cobertos pelas revistas de comércio e negócios que costuma ler. Se fizer parte do departamento operacional, passe a assinar Advertising Age e Economist de modo a poder ver o que está acontecendo neste aspecto do mundo dos negócios e do setor como um todo. Se fizer parte do financeiro, se atualize em relação aos mais recentes avanços do setor em termos de tecnologia e P&D. Leia sobre as importantes tendências e fatores no ambiente regulatório do setor em que sua empresa atua. Pense como estas questões podem ter implicações em seu próprio trabalho e departamento.

Sam, um executivo que iniciou sua carreira no departamento operacional, possui mestrado em Engenharia, mas um apetite voraz por estar a par em outras áreas do negócio como finanças, tecnologia e sistemas de informação. Consequência disso, foi Sam se ver, de repente, em uma nova função orientando o desenvolvimento de uma plataforma de TI integrando sistemas de dados espalhados pelo departamento operacional. Pelo fato de o projeto ter um forte componente de economia de custos, os conhecimentos de finanças e de TI que adquiriu por conta própria, combinados a sua formação formal em engenharia, o tornaram ideal para a nova função. Três anos depois, após um bem-sucedido estágio na implementação desta nova plataforma Sam foi novamente colocado diante de uma experiência nova, desta vez em Recursos Humanos. Hoje em dia é um vice-presidente que comanda uma grande transformação dentro do empreendimento de otimização na área de sistemas de RH de alcance global. Ele já começou a explorar o uso de robótica (outra área sobre a qual tem procurado se inteirar) para melhorar o tempo de entrega de serviços referente ao trabalho altamente repetitivo de um call-center. Sam jamais teria imaginado que seus interesses abrangentes iriam moldar tão diretamente a sua carreira. Porém, ao ser capaz de integrar dados e ideias em diferentes disciplinas seu valor se tornou inestimável para a organização em que trabalha e se encontra no caminho para cargos maiores e mais estratégicos.

Práticas para desenvolver esta habilidade. Líderes de grande potencial sabem que perguntas fazer, onde buscar dados não disponíveis imediatamente e como alavancar suas redes de contatos para obter as informações necessárias. Portanto, da próxima vez que se vir diante de um novo problema ou situação (sejam eles grandes ou pequenos), considere a importância de se fazer uma busca mais ampla fazendo a si mesmo as seguintes perguntas:

- Além das informações e dados disponíveis no momento, o que estaria faltando e que eu preciso reunir em um nível básico? Caso estivesse analisando este problema segundo a perspectiva dos diferentes departamentos de minha organização, que informações gostaria de ter? Se estivesse analisando este problema segundo a perspectiva dos meus superiores e CEO, que informações gostaria de ter?

- Que outros fatores poderiam desempenhar um papel importante a ponto de afetar o projeto ou objetivo em que estou trabalhando? De que maneiras estes impactariam concretamente os processos, as pessoas e a organização ou o ambiente externo em que a situação está se desenrolando?

- Tenho informações em profundidade suficiente sobre cada área tópica? Em caso negativo, sei o que preciso e onde obter?

- Que mais não estou considerando, mas que deveria? Que pessoas eu deveria envolver para me ajudarem a entender a situação segundo perspectivas diversas? Qual é o maior especialista nestes tipos de questão? Quem teria novas maneiras de pensar sobre isto?

Armadilhas. Há várias armadilhas para as quais se deve atentar. Primeiramente, você ainda precisa cumprir sua agenda e produzir resultados convincentes. Você apenas é um profissional de grande potencial se estiver apresentando bons resultados. Perder muito tempo em busca de dados podem tirar seu foco na obtenção de resultados. Encontre o equilíbrio justo. Entre outras armadilhas, temos:

- **Imaginar que sabe mais do realmente sabe.** Quando se está no modo de pesquisa de dados, é perfeitamente aceitável pedir informações fora do seu campo de conhecimento. Aí está o problema. Se você imagina que sabe algo, mas, na verdade, está errado, isto irá te pegar mais cedo ou mais tarde. Portanto, faça sua lição de casa com rigor.

- **Depender muito de terceiros para que pensem por você.** Embora você não possa saber de tudo (isto é particularmente verdadeiro em ambientes com equipes como no exemplo anterior "aprendendo fazendo"), certifique-se de deixar claro para você e os demais quais elementos ou questões você está lidando e tocando. Se a iniciativa envolver uma equipe, certifique-se de influenciar o rumo da equipe o máximo possível de modo que todos vocês saiam no lucro, mas também não faça tudo sozinho.

- **Ficar muito preso ao que você já conhece.** Esteja atento ao pensar "Já vi este filme antes". Um fator importante no contexto, no ambiente de negócios ou na dinâmica das pessoas pode ser diferente e, consequentemente, os resultados talvez não sejam os mesmos desta vez. Use sua experiência sabiamente, mas não a use como desculpa para não realizar o trabalho com a devida diligência.

- **Aprofundar-se em demasia ou de modo abrangente em áreas que no final das contas talvez sejam irrelevantes.** É preciso haver um equilíbrio entre a abrangência e a profundidade da coleta de dados e a agilidade e a relevância. Aqueles que se aprofundam demais são vistos como restritos e limitados devido a uma dependência extrema em sua área de especialização e aqueles com muita abrangência são vistos como superficiais em suas análises. Pense no conceito de "amostragem". Obtenha informações suficientes para ajudá-lo a entender o problema e se aprofunde nos pontos que poderão influenciar o seu pensamento ou em que você sabe que as partes interessadas do alto escalão estão interessadas. Contudo, em geral, examine cuidadosamente o trabalho e os esforços em busca de dados de modo sensato adequando-os à escala apropriada para o seu projeto. Pergunte a colegas e superiores bem informados caso esteja em dúvida sobre como mensurar o alcance ideal.

Integração dos *Insights*

Uma vez de posse de todos os dados necessários, avance para a segunda etapa do processo – a integração. Entre as habilidades de um tradutor de complexidades eficaz temos reunir dados em uma planilha, analisando-os através de métodos apropriados (por exemplo, técnicas estatísticas, análises temáticas, modelagem financeira, analítica Big Data, etc.) para depois converter este conjunto de dados em algo holístico e integrado. Em suma, você precisará converter dados em insights que, em última instância, irão influenciar suas ações.

Mais do que simplesmente sintetizar as informações em tabelas e gráficos ou usar estatística descritiva ou criar narrativas, é preciso dar um sentido a informações díspares ou "juntar as peças". Esta habilidade criticamente importante não pode ser menosprezada. O simples fato de ter todos os dados corretos não significa que você saiba o que fazer com eles ou como as peças se encaixam.

Neste estágio, você está criando novas hipóteses ou então testando hipóteses existentes (ou fazendo as duas coisas ao mesmo tempo). Você está buscando mais do que fatos e relações que simplesmente resultem deste processo. Você quer gerar ideias que irão levá-lo a decisões que possam ser colocadas em prática para benefício da empresa. Isto é mais difícil do que parece. Diferenças nas fontes, qualidade e o timing das informações têm um papel fundamental na forma como você deve tratar, analisar e atribuir pesos aos dados visando transformá-los em ideias para tomada de decisão.

Suponha, por exemplo, que esteja interessado em aumentar as vendas de um produto-chave. A questão que se tem sob uma perspectiva empresarial é quais expedientes causarão o maior impacto. Embora se tenha muitas opções disponíveis, elas não são iguais em termos de custo ou complexidade na sua implementação. Ao fazer perguntas a vários departamentos, você percebe que o marketing possui dados referentes a visões do consumidor indicando que o engajamento de uma nova porta-voz (por exemplo, o ídolo adolescente mais recente) provocará maior consciência da marca e, consequentemente, irá gerar mais vendas. A equipe operacional, entretanto, tem dados indicando que as plantas industriais já atingiram sua capacidade máxima, dada a atual configuração. Adicionando-se mais uma linha de produção a cada uma das quatro plantas (provenientes de uma estrutura de operações), é possível aumentar a capacidade em 25% atendendo, portanto, a necessidade de um volume de vendas maior. Já o setor de P&D tem uma resposta completamente diferente. A pesquisa de mercado feita por eles indica que o sabor avelã em breve será o ingrediente do momento e é preciso ter uma extensão do produto que inclua extrato de avelã para incrementar as vendas (lembre-se que a estrutura é voltada para a inovação). Ao considerar tais opções e juntar as peças, você decide investir em mais linhas de produção no curto prazo e atender os interesses do setor de P&D no longo prazo e, ao mesmo tempo, solicitar ao departamento de marketing que associe a imagem do novo ídolo juvenil à inovação quando esta estiver pronta. Caso resolvido, não é mesmo? Não exatamente.

Dois anos mais tarde, após um investimento de milhões de dólares em equipamentos, marketing e P&D, as vendas não decolaram. Na realidade, até caíram ainda mais. O que estaria acontecendo? Infelizmente, apesar de todos os dados fornecidos por cada departamento serem acurados e importantes, mostraram não ser a raiz do problema.

O problema de declínio nas vendas estava bem diante dos seus olhos, ou seja, os seus vendedores e o sistema de incentivo para vender mais produtos. A empresa havia modificado a estrutura de salários de modo a limitar bônus como forma de recompensa por superar as metas de vendas. Embora isto possa ter parecido na época uma forma de diminuir os custos, os dados de vendas em declínio jamais foram associados a esta mudança pois se encontrava no grupo de remuneração do RH e não com os gerentes de linha. Embora os dados (e o instrumento para alavancagem) estivessem bem a sua frente, todo mundo tinha seus próprios dados e visões. Isto tornou difícil a identificação do caminho correto a ser seguido, muito embora você tenha juntado as peças na oportunidade. Descobrir a verdadeira raiz do problema teria exigido uma perspectiva ainda mais ampla e a geração de insights adicionais que, tardiamente percebido, importava.

A última coisa que queremos são visões baseadas em dados que fazem com que se perca inteiramente uma oportunidade ou achados estatisticamente significativos criados a partir de dados que não têm um verdadeiro significado para o negócio ou que resultem numa decisão errada que leve a um declínio nos lucros ou no desempenho. É preciso garantir que se estabeleçam todas as conexões corretas de uma forma altamente integrada antes de se concentrar em uma solução.

Um teste para a sua capacidade de traduzir complexidades. Sua habilidade como "cão de caça de dados" garante que sua equipe e outras partes interessadas compreendam e estabeleçam as conexões corretas com as informações que você reuniu. Sua capacidade de ser um tradutor de complexidades determina quais dados devem ser analisados e como, esteja você trabalhando em uma pequena equipe ou dirigindo uma grande empresa. Os dados estão lá. Você é o principal agente para garantir que eles sejam avaliados da maneira correta. Os líderes do alto escalão buscam este sinal precoce de profissional de grande potencial quando estão trabalhando com um talento júnior. Por exemplo, quando seus superiores fazem as perguntas abaixo, eles estão testando a sua capacidade de traduzir complexidades:

- Gostei de suas descobertas. Conte-me mais sobre como chegou lá e a quais fontes recorreu? O que o surpreendeu (caso isto realmente tenha acontecido)? Você adotou uma nova perspectiva em relação a quaisquer dos problemas por você identificados?

- Você apresentou os seguintes fatos... Estes particularmente não têm dados para sustentá-los. Você teria dados ou eles não se encontram disponíveis?

- Que outras relações você testou ou considerou? Por que optou por não informá-las?

- Com quais hipóteses (ou suposições/ideias) ou questões-chave você começou? Em que deu isto? O que o levou a abandonar algumas delas?

- Você seria capaz de me mostrar o caminho percorrido no seu pensamento sobre isto? Que suposições está fazendo? Em que fontes se baseou para fazer tais suposições? Há alguma de suas suposições que se baseie simplesmente em sua intuição?

- Como você chegou de A até B? Em que estava pensando? O que te levou a fazer estas perguntas? Quais são os agentes catalisadores que o demoveram de sua perspectiva ou solução original?
- Alguma vez considerou ABC? Por que ou por que não?
- O que aconteceria se eu lhe dissesse que tenho dados próprios que contradizem suas descobertas?

Em níveis mais altos, sua capacidade de responder estes tipos de pergunta de uma maneira sofisticada irá formar percepções de sua capacidade de pensar estrategicamente. No final das contas, realizar esta etapa de modo certo exige uma combinação de capacidade técnica (no gerenciamento e análise de dados), poder intelectual (na integração temática e análise) e jogo de cintura (na determinação de uma ideia que possa ser colocada em prática para o negócio). Também recomendamos que você exercite perguntas semelhantes a estas com um colega de confiança antes de qualquer apresentação importante. Apresentamos mais sugestões nestas áreas no quadro "Habilidades que Aumentam o seu Valor como Integrador de Ideias".

Armadilhas. Algumas armadilhas para as quais se deve atentar são:

- **Estabelecer relações espúrias entre dados.** Alterar dados para dizer aquilo que pretendia dizer ou criar uma história mais atraente não é ético e pode levar a empresa a tomar decisões que irão prejudicá-la, com chances de você ser despedido ou pior.
- **Escolher as pessoas erradas (ou deixar de contatar algumas importantes) para obtenção de informações.** Isto pode gerar indícios não pretendidos e criar resistência a seus projetos antes mesmo de eles terem começado.
- **Compartilhar informações em demasia.** Em algumas situações, compartilhar informações em excesso com outras pessoas pode ser perigoso como, por exemplo, por razões de vantagem competitiva (externamente) ou por razões políticas (internamente). Não conte fortuitamente o que está se passando na empresa (por exemplo, uma fusão em andamento) quando as informações forem confidenciais. Não surpreenda o seu chefe com informações que ele supostamente não deveria saber (por exemplo, uma pessoa com cargo acima dele lhe pediu para considerar um novo emprego para comandar um projeto que o seu che-

fe possivelmente gostaria). Esteja atento ao que o seu chefe poderia pensar caso certas informações, dados ou decisões retornassem a ele da maneira errada ou num momento inoportuno. Em alguns casos você poderia confidenciar a eles o que ouviu falar sobre uma mudança organizacional pendente ou o lançamento de um novo produto, porém, reconheça os possíveis riscos.

- **Perder-se em buscas contínuas por informação.** Num certo ponto, o próximo nível de detalhamento ou dados novos não irá acrescentar muito. Isto não irá apenas retardá-lo como também irá criar percepções de que você é um sujeito indeciso ou incapaz de cumprir prazos.

- **Estabelecer contatos em demasia com outras pessoas para continuar obtendo informações ou novas perspectivas.** Similar à paralisia analítica, a "paralisia com partes interessadas" é um problema. Em algum momento você precisará finalizar o processo iterativo e seguir adiante. Pessoas que levam muito tempo para "juntar as peças" são tomadas como indecisas.

Síntese para Estabelecimento de uma Narrativa

O passo final para se tornar um tradutor de complexidades é transformar suas ideias em uma história simples, mas altamente eficaz para estimular o comprometimento e a ação. A comunicação é o teste final para um tradutor de complexidades – sua capacidade de juntar todo o seu trabalho em uma narrativa consistente.

A narrativa requer diferentes versões, dependendo do público-alvo. Por exemplo, você é capaz de pegar uma complexa pesquisa e insights gerados (digamos uma nova estratégia de negócios para corrigir toda uma linha de calçados da empresa) e apresentar versões diferentes para o CEO, para o conselho de administração, para os seus subordinados diretos e para seus colegas? Adequar o conteúdo e o modo de comunicar sua história para cada grupo de pessoas interessadas é primordial para ser visto como um profissional de grande potencial.

Desenvolvendo suas habilidades narrativas. Fazer uma síntese para contar uma história é mais do que simplesmente ter qualidades como orador (habilidades na escrita são igualmente importantes) e dar alguns exemplos. Baseados em extensa pesquisa sobre o tema, sabemos que as narrativas mais eficazes fazem uso de uma estrutura de três partes colocando em destaque um desafio ou di-

HABILIDADES QUE AUMENTAM O SEU VALOR COMO INTEGRADOR DE IDEIAS

Habilidades na análise de dados. Aprenda o máximo possível sobre estatística. Mesmo que não se considere uma pessoa com tino matemático, é preciso ter um conhecimento prático sobre as propriedades de características de dados diversas.

Aprenda algum tipo de linguagem de programação (não importa muito qual delas, a menos que você queira se aprofundar em programação). Manter uma disciplina para aprender Java, C++, Python ou SQL irá ajudá-lo a alinhar outros tipos de fontes de dados.

Pratique suas habilidades fazendo perguntas e avaliando as diversas pesquisas e resultados de estudos na mídia. Perguntas como: "Qual a margem de erro deste estudo?" ou "Estes resultados são estatisticamente significativos e, em caso positivo, qual o ponto forte da relação que encontraram?" ou ainda "O que eles fizeram para garantir que esta fosse uma relação causal/preditiva e não simplesmente corretiva/circunstancial?"

Não é preciso ser um ás da estatística, porém, é preciso realmente entender o suficiente para saber quando alguém está usando os métodos incorretos para tirar conclusões. Tudo isto pode ajudar a aperfeiçoar suas habilidades, mesmo que você jamais venha a ser o cara dos dados.

Habilidades temáticas. A capacidade de criar sumários temáticos ou de conteúdo é algo relativamente simples de se desenvolver. Pegue algum tópico popular na mídia e reúna diversos artigos diferentes sobre o assunto de fontes diversas.

---

lema fundamental que sua empresa esteja enfrentando e como a sua iniciativa o resolveria.[1]

As diretrizes a seguir irão ajudá-lo a criar narrativas mais convincentes para transmitir suas interpretações de como resolver estes desafios e entender porque a sua solução factível é a opção mais interessante:

1. Descreva o problema ou a oportunidade que a sua iniciativa soluciona. Use aquilo que, em jornalismo, é chamado de "lide"*. Estas uma ou

---

* O lide jornalístico (*lede*, em inglês) é a parte introdutória de uma notícia que passa as principais informações para o leitor. Seu objetivo é gerar interesse para que a matéria seja acompanhada até o final. (N. T.)

Enquanto os lê, faça uma tabela simples onde você criará listas de cinco a sete temas, perguntas que os colunistas estão fazendo, questões filosóficas levantadas e suas implicações legais. Depois, à medida que for lendo cada artigo (e relendo, caso necessário), assinale cada vez que o tópico for mencionado. Você terá um método de classificação simples bem como uma forma de assinalar o número de vezes que um determinado tema foi citado. Faça a soma para obter o total (seja número total de assinalações ou número total de fontes, aquilo que for gerar os insights mais significativos; estes podem ser números completamente diferentes dependendo do processo) e você terá um conjunto de dados estatísticos simples.

Outro método é ler textos, artigos científicos e casos ou então clipes na Web de pontos e contrapontos sobre tópicos fundamentais. Faça um pequeno resumo, adotando uma posição baseada em duas ou mais fontes. Compartilhe suas visões com outras pessoas e veja quais são as reações delas e como reagem aos argumentos, tomando como base o seu resumo. Você foi capaz de captar as diversas perspectivas ou deixou escapar algumas ideias e temas importantes? O seu resumo é cativante e compreensível para os demais?

Habilidades na área financeira. É preciso também desenvolver suas habilidades na área financeira. Você terá que ter conhecimentos razoáveis ou bons, de modo a poder interpretar relatórios financeiros e saber como analisar detalhes de demonstrativos de lucros e perdas, capitalização, modelos Forex e Capex e assim por diante. Faça também alguns cursos on-line na área financeira e encontre alguém em sua organização que possa ser o seu mentor nesta área.

duas afirmações que chamam a atenção sintetizam o desafio que seu público-alvo está enfrentando e estabelece claramente a razão para o seu problema também ser o problema de seu público. Por que eles próprios teriam que se preocupar ou ficar entusiasmado com o desafio? Defina em termos simples, mas críveis, as principais forças que estão impulsionando a mudança que, por sua vez, são a base para sua iniciativa ser necessária. Ilustre estas forças impulsionadoras com exemplos concretos e relevantes com os quais seu público esteja familiarizado.

2. Explique o conflito de grande impacto ou o desafio fundamental que a sua unidade ou organização irá enfrentar caso nada seja feito. O que irá acontecer caso sua iniciativa não seja adotada? Que oportunidades

serão perdidas? Construa o seu caso com exemplos expressivos e verossímeis que o seu público irá compreender e facilmente irá estabelecer uma relação.

3. Descreva como sua solução ou iniciativa resolve o problema descrito no início de sua narrativa. Aqui é preciso explicar sua solução em termos concretos e demonstrar como ela consegue resolver, de forma efetiva e elegante, o problema ou desafio. Você também pode apresentar uma solução alternativa que o seu público poderia estar ciente enquanto explica seus pontos fracos em contraste com a sua proposta. Elenque, de forma sintética, os resultados mensuráveis que a sua solução irá produzir, caso adotada, juntamente com uma convocação para a ação na forma de passos iniciais e formas de comprometimento de seu público.

Habilidades de se adequar ao seu público. Esteja você fazendo uma apresentação individual, para um grande número de funcionários ou fazendo uma síntese para executivos do alto escalão, é preciso saber o que causará impacto em cada tipo de público. Esteja preparado para adaptar o conteúdo, a velocidade de apresentação, o tipo de linguagem, simbologia e modelos bem como o estilo utilizado para transmitir mensagens-chave. Gerentes promissores muitas vezes se atrapalham por ficarem presos a um script preparado, não dando a eles nenhuma alternativa para reagir a perguntas inesperadas de seus ouvintes.

Veja abaixo algumas maneiras de se dar melhor na interpretação e adaptação do seu discurso ao público-alvo:

- Ao fazer uma apresentação em PowerPoint, atraia a atenção da audiência para os pontos-chave, reforçando-os. Nunca leia cada um dos itens dos slides. Não force os presentes a ler cada uma das informações em sequência. Ficar preso a cada uma das linhas da apresentação é um sinal claro que você não domina o seu conteúdo e não tem condições de travar um verdadeiro debate. Na verdade, as pessoas interpretam isto como sinal de que você ainda não está pronto para se comunicar com um público formado por altos executivos.

- Antes de cada apresentação, reflita cuidadosamente sobre como um público específico encara tipicamente o seu problema. Por exemplo, o seu chefe pensa sobretudo sobre como o seu problema irá afetar os custos ou o crescimento das receitas ou a mitigação de riscos? Os membros de sua equipe enfatizam o impacto na própria carga de trabalho em relação a outros e quem é responsável pelos resultados? Alguns colegas veem a questão de um ponto de vista operacional, preocupando-se muito sobre como atender de forma mais eficiente os clientes? Na parte inicial de cada apresentação para um público específico, discuta a questão usando os pontos dominantes como, por exemplo, as implicações de custos com o seu chefe, as implicações de serviço para a sua equipe e problemas de eficiência com os colegas.

- Inicie com uma descrição do problema ou oportunidade com a qual está lidando em vez de apresentar sua solução logo de cara, a menos que o seu chefe peça isto. Se tiver feito a sua lição de casa antes da apresentação (e, idealmente, teve reuniões prévias com as principais partes interessadas), terá constatado que existem percepções comuns a respeito do problema. Começar com este senso comum terá um primeiro efeito no sentido de as pessoas comprarem a sua ideia. Por outro lado, começar pela sua solução em geral irá gerar um debate inicial se as alternativas apresentadas funcionariam tão bem ou não.

- Faça reuniões, isoladamente, com cada um daqueles que tomam as decisões antes da reunião oficial decisória. Não devemos enfatizar muito esta "pré-ligação". A pré-ligação deixa as partes envolvidas à vontade com a forma como você irá delinear o problema e o ajuda a antever as perguntas mais difíceis que provavelmente lhe farão. Alguns dos interessados precisam de tempo para refletir. Eles não gostam de serem surpreendidos com novas informações em uma reunião para tomada de decisão. Um de nós tinha dois clientes antigos que reagiam negativamente a qualquer ideia nova apresentada pela primeira vez. Eles precisavam conhecer de antemão as ideias antes de qualquer reunião formal para poder refletir a seu respeito. Caso contrário, eles iriam derrubar qualquer decisão a favor da nova ideia.

- Pergunte a colegas que conheçam bem um determinado público quais provavelmente seriam as reações às recomendações e perspectiva de sua apresentação. Que tipos de perguntas eles fariam que poderiam aniquilar as suas recomendações? Uma vez identificadas estas perguntas mortais, elabore respostas persuasivas. Um admirável profissional de grande potencial nos confidenciou que se reúne, isoladamente, com cada um dos principais membros de seu público antes de cada apresentação importante. Usando perguntas abertas, ele solicita a eles suas perspectivas e soluções sobre o problema que tem em mãos. Ele trabalha de modo a conseguir um consenso naquilo que eles veem no problema a ser resolvido e a forma mais efetiva de resolução. Em sua apresentação, ele verbaliza as mesmas opiniões que eles compartilham, fazendo referência aos comentários que eles fizeram com ele. Em outras palavras, ele estrutura o problema na forma como eles expressaram, sendo transparente em relação a incluir a opinião deles, tornando sua posição difícil de ser contestada. As recomendações sempre são uma combinação de suas ideias com as sugestões das demais partes interessadas. Ele jamais é surpreendido com uma pergunta capciosa.

- Ao fazer uma apresentação, sempre observe os ouvintes. Dê particular atenção à linguagem corporal deles: eles estão atentos, distraídos ou folheando as notas que você distribuiu ao público? Inicie cada slide dizendo em alto e bom som: "Não citarei todos os pontos deste slide, mas sim, farei um resumo apresentando os seus principais pontos". Isto pode fazer com que você se concentre mais na mensagem que quer transmitir e na reação do público e não naquilo que está sendo mostrado na tela ou nas notas distribuídas.

- Procure identificar sinais para acelerar a apresentação. Observe se as pessoas estão folheando páginas à frente nas notas distribuídas ou olhando para seus relógios ou então, pior ainda, para seus celulares. Uma técnica que funciona com este tipo de público é saber quais são os cinco pontos principais que deseja transmitir oralmente para o público na reunião como um todo. Se as pessoas estiverem em um ponto adiante do que você se encontra, se possível pule para o ponto seguinte ou refira-se a uma síntese dos temas mais importantes. Jamais leia as suas referências de slide ou cubra cada item daquela página ou slide. Não há nada mais chato do que ver alguém falar sobre pontos que já foram lidos e/ou pulados, enquanto os altos executivos estão esperando pelo verdadeiro cerne da discussão.

- Procure identificar sinais para reduzir a velocidade da apresentação. Outros tipos de público, por outro lado, precisam se deter por mais tempo em um único conceito até terem assimilado aquilo que você quis dizer. Se você avançar muito rapidamente, não terá condições de moldar o seu caso. Eles imaginarão que você está tentando cobrir um ponto em que não quer se aprofundar muito (suposição esta nada boa) ou que está sendo desrespeitoso.

Concentre-se em criar flexibilidade no seu próprio estilo de comunicação e saber interpretar bem os sinais emitidos pelo seu público (algo similar ao conceito de inteligência emocional, mas com ênfase em comunicação).

Armadilhas. Assim como nas duas outras etapas do processo, o processo de "contar uma história" apresenta alguns riscos:

- **Focar apenas no curto ou longo prazo.** Embora o problema dite o período de tempo do seu foco, um indicador de estar na condição de profissional de grande potencial é a sua capacidade de mudar do nível atual de conteúdo e visualizar um horizonte mais largo e de longo prazo. Da mesma forma, se sua narrativa e ações recomendadas forem muito à frente no futuro e não puderem ser aplicadas agora, você pode ser visto como muito acadêmico ou desconectado da realidade.

- **Aprofundar-se em áreas fora do escopo do problema atual.** Embora demonstrar seu cabedal de conhecimentos e visão estratégica a longo prazo seja algo fundamental, se incluir muitas áreas fora do escopo, muito provavelmente dará indícios de falta de foco ou incapacidade de seguir os parâmetros do projeto. Você pode ser encarado como muito criativo (a cultura da organização importa bastante neste caso), porém, normalmente você não deveria se afastar tanto do escopo assim.

- **Obter os dados errados ou analisá-los incorretamente.** Embora esta seja uma armadilha que talvez devesse ter sido apresentada antes (e, certamente, se aplica aqui também), existe uma razão para ser apresentada justamente aqui: é preciso conhecer o seu domínio primeiro para então obter os dados corretos. Se números ou método de análise tiverem uma grande falha, todo o seu propósito e narrativa se tornam suspeitos e, provavelmente, não irão adiante. Se a reunião decisória for com um alto executivo, talvez você prejudique sua credibilidade para sempre. Este tipo de erro em finanças pode fazer com que uma organização tenha que publicamente reafirmar os seus números. Portanto, você certamente estará fora da lista para uma possível promoção. Sempre seja extremamente cauteloso em garantir que os dados que você coleta, analisa e apresenta para terceiros sejam consistentes.

- **Criar uma narrativa sem dados que a sustentem.** Se quiser pular as etapas de coleta de dados e insights e ir direto para as recomendações na abordagem narrativa, certamente poderá fazê-lo. Entretanto, se for pego fazendo isto, é bem provável que este seja o fim da linha na sua trajetória de profissional de grande potencial.

- **Comprometer-se mais com a narrativa do que com os dados e insights.** Se você reunir dados, criar uma narrativa inicial e então começar, gradativamente, a modificá-la, transformando-a em uma versão muito exagerada com alegações fantásticas, você estará no caminho para a destruição da própria credibilidade.

...

Um tradutor de complexidades é um comunicador bem informado e contumaz. A capacidade de trabalhar com uma ampla gama de dados, discernir insights críticos para depois moldá-las em uma narrativa, exige comprometimento e ação. Esteja preparado para desarmar perguntas e ser capaz de mudar suas ideias em tempo real em vez de simplesmente ficar dizendo: "Permita-me retornar a este ponto mais à frente."

Agora passaremos para o último fator X, pedra fundamental para todos os demais fatores: a aprendizagem catalisadora. Este aprimora todas as demais habilidades. O próximo capítulo mostrará como.

Lições Importantes

- Você precisa se tornar um mestre em traduzir para as partes interessadas o complexo mundo em torno de sua organização.

- Habilidosamente formando insights a partir de informações de todos os tipos, você tem que ser capaz de reunir e depois expressar as principais ideias e prioridades e a melhor decisão a ser tomada.

- Para dominar a tradução das complexidades é preciso desenvolver suas habilidades em buscar os dados certos, procurar por padrões e, ao mesmo tempo, integrar suas ideias em um mapa mental coerente para então sintetizar as informações críticas dentro de uma narrativa consistente e convincente.

- É crítico saber interpretar bem o seu público, mesmo antes de adentrar a sala onde será tomada uma decisão. Tente entender os pontos de referência das pessoas e os dados e argumentos que repercutirão nelas. Antecipe-se em relação a perguntas que poderiam "matar" sua argumentação.
- Os profissionais de grande potencial sabem que mesmo as narrativas que constroem devem ser adaptadas às visões de mundo dos diferentes constituintes que eles estão influenciando.

6

Aprendizagem Catalisadora
Como Transformar *Insights* em Desempenho

Quatro dos cinco fatores X – percepção da situação, aceleração de talentos, condução da carreira e tradução das complexidades – diferenciam os profissionais de grande potencial de seus pares e demais. O quinto fator X que suporta todos os demais é um modo de pensar que chamamos "aprendizagem catalisadora".

Aprendizagem catalisadora significa aprendizagem com um propósito. É o que você faz com o que está aprendendo, como você pega insights e lições e as converte em desempenho. Ela é catalisadora porque este tipo de aprendizagem transforma lições em ações. Os profissionais de grande potencial aprendem rapidamente e compreendem como aplicar este aprendizado em prol da organização.

No Capítulo 1, mencionamos que o empreendedor Elon Musk possui um dos fatores X em abundância. Trata-se da aprendizagem catalisadora. Musk é graduado em Física e Economia, mas se encontrava muito distante de possuir o conhecimento para formar uma empresa de espaçonaves quando abriu a SpaceX. Musk literalmente ensinou a si mesmo a ciência dos foguetes lendo muitos livros-texto aplicados e entrevistando "pesos-pesados" do setor. Sua paixão por aprendizado aplicado também valeu a pena em outro empreendimento, a Tesla. Este mesmo traço é encontrado entre os atletas de alto rendimento cuja busca incessante por superar cada vez mais os próprios resultados é abastecida pela capacidade deles aprenderem de forma catalisadora.

A marca distintiva dos profissionais de grande potencial em nosso estudo é que eles sempre encontram uma maneira de obter algo de todas as tarefas. Os líderes de grande potencial até encaram as tarefas mais assustadoras como uma oportunidade de ir além dos próprios limites e para o desenvolvimento de novos conhecimentos e habilidades. Eles se deleitam com a possibilidade de tentar ideias diferentes, explorar áreas funcionais em que talvez não tenham nenhum conhecimento, de testar e ir além do *status quo* e assumir desafios realmente difíceis em que possam crescer como indivíduo e líder. Ao revelar ser um aprendiz "catalisador", você dá um sinal para os seus chefes, subordinados diretos e colegas do mesmo nível de que está desejoso, capacitado e entusiasmado de assumir qualquer novo encargo. Você poderá aprender o máximo de cada experiência e gerar bons resultados.

Portanto, aprendizagem catalisadora diz respeito ao que você faz com cada desafio. Se for um profissional de grande potencial, estará numa constante busca para compreender e moldar de forma proativa os seus ambientes. Tem um desejo de se aprimorar mais, ou melhor ainda, de transformar o *status quo* e a si mesmo, mesmo que a atribuição ou função não seja exatamente aquela que tinha em mente.

Transformando uma Função Nova Desapontadora em um Trampolim para Conseguir uma Promoção

Após sua última campanha de marketing de sucesso, Michael, um jovem gerente de marketing nos Estados Unidos, foi considerado como um profissional de grande potencial e identificado para novas oportunidades desafiadoras. Michael realmente queria uma promoção e se sentia pronto para tal. Contudo, pelo fato de estar na companhia há apenas dois anos, não era aconselhável promovê-lo a diretor tão rapidamente, apesar do seu sucesso. Em vez disso, seus superiores gostariam de ver se ele seria capaz de apresentar os mesmos resultados com novos clientes e em um ambiente cultural diferente. Por isso, a companhia queria enviá-lo para a Espanha para experimentá-lo lá. Ele ainda continuaria no departamento de marketing, mas a empresa lhe disse que ele teria que fazer um deslocamento horizontal na carreira para ganhar experiência internacional. O recado para Michael era claro – realize um bom trabalho e trataremos de sua promoção após os resultados que você apresentar.

Naturalmente, Michael ficou inicialmente desapontado com a oferta. Ele sabia que a pessoa anterior no cargo tinha sido um diretor e, mesmo assim, o cargo que lhe estava sendo oferecido era para um nível inferior. Em vez de reagir emocionalmente, declinar a proposta ou até mesmo ameaçar se demitir, Michael adotou uma tática mais comedida e com visão mais aberta. Indagou seus colegas e um mentor sobre a oportunidade. Tomando como base suas opiniões, rapidamente concluiu que, mesmo que se no final das contas as coisas não dessem totalmente certo, no mínimo teria aprendido novas habilidades extraordinárias ao passar alguns anos na Espanha. Além disso, alargaria sua perspectiva ao imergir em um cenário geopolítico e cultural mais amplo.

Decidiu então aceitar o cargo. Obviamente, deixou seu gerente ciente sobre quais seriam os seus objetivos em termos de carreira, porém, foi cuidadoso para não dar uma importância exagerada à necessidade de ser promovido ao cargo de diretor. Michael não gostaria de ser visto como alguém que sempre estava "em busca de uma promoção" mas, pelo contrário, como alguém focado em aprender e a desenvolver suas capacidades de uma forma mais abrangente. Conforme discutido no Capítulo 2, ele mostrou um planejamento inteligente, fazendo uso de suas habilidades no campo da percepção da situação.

Além da política de dizer as coisas certas a seus supervisores, ele demonstrava uma atitude positiva, estava entusiasmado em relação à nova função e demonstrou isto. Ao chegar à Espanha, Michael encarou o cargo com uma mente aberta e, imediatamente, mergulhou nas nuances do negócio. Estabeleceu os contatos corretos com o pessoal de campo logo de início. Rapidamente pode deduzir o que poderia ser aproveitado ou não de seu trabalho nos Estados Unidos. Também demonstrou sagacidade cultural observando as pessoas e modificando o seu estilo americano de comunicação mais direto de modo a se adequar às maneiras de se trabalhar na Espanha. Construiu relações e concentrou-se naquilo que era mais importante para as pessoas que o cercavam. Tornou-se até mesmo um fã do futebol, indo assistir a jogos com os colegas. Logicamente, concentrou-se em terminar o trabalho. No final das contas, Michael elevou os padrões nas atividades de marketing nos mercados locais, aplicando seus conhecimentos adaptados de sua época nos Estados Unidos. Nove meses depois foi promovido a diretor de marketing.

Michael demonstrou habilidades de aprendizagem catalisadora, mostrando a seus chefes que era capaz de gerar bons resultados em um ambiente de negócios totalmente novo, com clientes diferentes e em um ambiente cultural novo. Ele aceitou um cargo com mobilidade horizontal, transformou todo o seu novo aprendizado em desempenho e acabou conseguindo a tão almejada promoção. Caso não tivesse aceitado a proposta, teria dado o sinal errado sobre o que era importante para ele. Talvez nunca mais dessem a ele uma chance para evolução.

Aplicação do Aprendizado a uma Função Maior

Angélica era uma superstar na divisão da América Latina de uma companhia de transportes marítimos. Assim como Michael, ela precisava de experiência adicional, mas neste caso, o cargo era com mobilidade horizontal na matriz de sua organização no Texas. Por recomendação de seu gerente, ela assumiu o cargo de gerente operacional sênior na matriz. Embora gostasse de estabelecer políticas e diretrizes de segurança e protocolos de qualidade e aprender mais sobre a cultura da empresa, ela tinha grandes dificuldades no campo político. Era menos flexível em termos de adaptar o seu estilo à cultura da matriz e num prazo de dezoito meses estava pronta para voltar para a América Latina. Embora o seu desempenho tivesse sido consistente, não conseguiu exceder as expectativas. Sua imagem era também um tanto manchada pela sua inabilidade de realmente agarrar de corpo e alma a função. Muitos de seus apoiadores haviam depositado nela grande esperança como uma futura líder dentro da área operacional.

Após retornar à área operacional, mais uma vez num cargo com mobilidade horizontal, começou a fazer as coisas de forma diferente. Seus recém-descobertos conhecimentos sobre o funcionamento da corporação ajudaram-na a percorrer melhor os caminhos e posicionar o trabalho que estava realizando localmente. Agora ela possuía um conhecimento muito maior da pauta de qualidade da área operacional da matriz. Ela conseguia encaixar as peças de maneira que seus colegas não visualizavam e foi fundamental em influenciar os líderes de sua região a colaborarem com as equipes espalhadas por toda a empresa. Agora ela também sabia a quem recorrer em caso de necessidade. Já tinha um relacionamento com pessoas de níveis mais altos que davam ideias a ela bem como "cobertura aérea". Os líderes de departamento mais experientes reconheceram o impacto causado por ela quase que imediatamente. Em suma, ela aplicou suas habilidades de aprendizagem catalisadora e passou a jogar em um nível mais alto quando retornou à área operacional. Seis meses depois foi promovida a um cargo regional maior e sua condição de profissional de grande potencial foi reafirmada. Se for perguntada hoje, ela diria que embora tivesse tido percalços e sucesso limitado em sua atribuição na matriz, pôde aprender muito com esta experiência, fazendo dela uma líder com muito maior poder de influência.

Ao refletirmos sobre as experiências de Angélica e Michael, que tipo de conselho lhe daríamos para se tornar um profissional de grande potencial? Você mesmo terá que encontrar uma maneira de aprender a partir de cada experiência e continuar aprendendo ao longo de toda a carreira. Sempre tenha uma postura em cada atribuição, independentemente de qual possa ser ela, de que tem algo novo a aprender: uma habilidade a ser dominada, novos conhecimentos a serem adquiridos, uma lição a aprender ou um desafio a superar ou, quem sabe, uma capacidade de liderança que pode ser ainda mais refinada e melhorada. Pratique, de forma deliberada, as habilidades que ainda não consegue dominar bem e que são exigidas a cada nova situação, mantendo suas principais habilidades afiadas e prontas para sem usadas. Saia de sua rotina, adquirindo conhecimentos hoje para os futuros cargos que aspira. Como observa Debra Reed, CEO da Sempra Energy, comece a aprender cedo os conhecimentos essenciais para levá-lo a posições hierárquicas mais altas dentro de sua organização:

> Minha formação é como engenheiro, mas desde o início soube que era importante compreender como fazer dinheiro neste mercado. No início da carreira, trabalhava no RH desenvolvendo sistemas de remuneração e benefícios que eu tinha que apresentar para nosso CEO. Portanto, tinha que trabalhar de perto com o *controller* e o diretor financeiro. Eu realmente queria entender como a métrica final era calculada. Investi uma boa dose de tempo com o *controller*, aprendendo os procedimentos internos para geração de formulários 10-K e 10-Q.[*] Ambos eram críticos no entendimento do que impulsionava os resultados financeiros da empresa. Levantaria uma série de questões em reuniões com o *controller*. Eu queria entender os principais elementos impulsionadores, os riscos. Investia horas e horas por anos. Repassaria pelo sistema 10-Q toda vez que me deparasse com ele. Também fiz cursos fora da empresa. Você poderia dizer que sou extremamente persistente em querer entender essas coisas. Sempre valorizei mais o aprendizado do que o conhecimento pois o aprendizado lhe oferece um escopo ilimitado. Hoje em dia procuro pessoas que estão levando adiante este tipo de esforço para se aperfeiçoarem. Busco pessoas que demonstrem iniciativa antes que esta lhes seja oferecida!

---

[*] Informes anuais e trimestrais, respectivamente 10-K e 10-Q, que as empresas de capital aberto precisam enviar à SEC (*Securities and Exchange Commission*, ou seja, a Comissão de Valores Mobiliários americana), dando um resumo completo de seu desempenho financeiro. (N. T.)

Tudo Começa com a Versatilidade no Aprendizado

A aprendizagem catalisadora é o tipo de aprendizado que pode e deve continuar todos os dias e em cada experiência que se tem ao longo das vidas pessoal e profissional. Conhecimentos obtidos através de livros são importantes. O mesmo se aplica à capacidade de enxergar o que está acontecendo ao seu redor, de adquirir e sintetizar novas informações (de uma forma muito mais ampla do que aquela discutida no Capítulo 5) e de adequar o comportamento de acordo com o líder. Pense nisso em termos de versatilidade no aprendizado. Quanto maior for a versatilidade na forma de abordar a aprendizagem, mais bem-sucedido você será na carreira e na vida. Se não for aberto a aprender e incapaz de aplicar as lições aprendidas, acabará se deparando com muitos obstáculos em sua trajetória.

Os Sucessos Obtidos Podem Impedir o Aprendizado

Em nosso trabalho somos repetidamente surpreendidos em ver indivíduos que, na verdade, não aprendem ou que pararam de aprender. A incapacidade de se manter na condição de profissional de grande potencial no longo prazo normalmente se deve a deixar de aprender coisas novas que se tornam imperativas. À medida que se avança na carreira, os sucessos levam a promoção atrás de promoção e seu histórico profissional o encoraja a acreditar que descobriu a fórmula para o sucesso. Esta forma de pensar o leva a subestimar novas demandas que está enfrentando ou, pior ainda, a capacidade de reconhecê-las. Como resultado você para de aprender e, finalmente, fica estagnado no mesmo nível.

Em seu livro *High Flyers*, Morgan McCall Jr. indica: "Infelizmente as pessoas normalmente gostam das coisas que trabalham contra o próprio crescimento. Elas gostam de usar seus pontos fortes, de atingir resultados impressionantes e rápidos, mesmo que para isso não estejam desenvolvendo novas habilidades que precisarão mais à frente. As pessoas gostam de acreditar que são tão competentes quanto os outros dizem e não levam em conta seus pontos fracos como deveriam. Elas não gostam de ouvir notícias ruins ou serem criticadas. Há um enorme risco em deixar algo que se faz bem para tentar dominar algo novo".[1]

Ao fazer uma pesquisa com executivos que fracassaram, Michael Lombardo e Robert Eichinger descrevem como os ex-pontos fortes destes não líderes se tornaram sérias desvantagens: "Uma vez que [nós] mergulhamos neste padrão de não aprendizado, [os executivos que saíram da rota para o sucesso profissional] pontos fortes acabaram se transformando em uso excessivo e, consequentemente, em pontos fracos, na medida em que faziam mais vezes aquilo que anteriormente havia dado certo. O cara brilhante tratava os outros com prepotência e perdeu a oportunidade de ter ideias novas; o organizado se tornou um escravo dos detalhes, deixando de enxergar o todo; o criativo metia o bedelho em tudo e era incapaz de inovar; o agressivo era muito controlador na gestão das pessoas e não era capaz de empoderá-las ou formar uma equipe".[2]

Um de nossos líderes de grande potencial que galgava posições com grande velocidade estagnou justamente devido ao seu melhor ponto forte ter se transformado em uma desvantagem à medida que progredia na carreira. Com pouco mais de trinta anos ele já podia se gabar de três grandes reviravoltas. Cada uma delas o catapultou mais para o alto da lista de profissionais de grande potencial. Estava prestes a se tornar o executivo mais jovem da empresa. Depois de sua terceira reviravolta, assumiu o seu primeiro cargo importante como gerente geral. Entretanto, o estilo que ele havia aperfeiçoado para rapidamente "combater incêndios" falhou completamente nesta função. Em vez de delegar de forma ampla e se concentrar nas oportunidades de crescimento, Cole continuou com seu estilo habitual de dar atenção a problemas aparentemente táticos, urgentes e de curto prazo, problemas estes que deveriam ser delegados aos seus subordinados. Desacostumado a adotar uma perspectiva estratégica de longo prazo, deixou de investir em novos produtos e, em vez disso, trabalha em promover ajustes finos àqueles produtos consolidados. Num prazo de oito meses no novo cargo, seus subordinados diretos começaram a se queixar com os superiores de Cole que este adotava uma supervisão excessiva querendo controlar tudo que estavam fazendo, faltando a ele uma verdadeira visão estratégica. Na revisão de desempenho no final do ano, ficou sabendo que ele não fazia mais parte da lista de profissionais de grande potencial. O estilo e foco que haviam funcionado tão bem nas suas três últimas grandes atuações fizeram com que ele saísse da trajetória de ascensão profissional.

Mas Cole também era um aprendiz "catalisador". Depois deste grande fracasso, ele se reinventou passando a focar bastante em aprender como delegar apropriadamente e cultivar uma perspectiva estratégica. Dois anos mais tarde, ele voltou a fazer parte da lista de profissionais de grande potencial rumo a um posto no alto escalão, mas somente após refletir muito consigo mesmo, concentrar esforços no sentido prático e se abrir para enfrentar pessoalmente eventuais *feedback*s negativos.

VOCÊ É UM APRENDIZ "CATALISADOR"?

À medida que for lendo as perguntas abaixo, pergunte a si mesmo quantas delas caracterizam a maneira através da qual você gosta de aprender. Quanto mais estas corresponderem a uma descrição sua, maior a probabilidade de você ser um verdadeiro aprendiz "catalisador".

- Quais são suas preferências para aprender coisas novas? Você prefere métodos formais (leitura, sala de aula, cursos on-line), métodos informais (mentores, *coaching*, experiências) ou ambos igualmente? Devemos gostar igualmente dos dois. Você é capaz de mudar facilmente de uma situação ou ambiente de aprendizagem para outro?

- Você realiza revisões pós-experimentais para identificar o que aprendeu de uma tarefa, projeto ou até mesmo de uma reunião? Que tipo de conexão você faria com o que já conhece e onde isto poderia se aplicar no futuro?

- Você procura *feedback* de outras pessoas regularmente sobre o que está fazendo bem e em que pontos poderia melhorar? Você realmente dá ouvidos a e absorve este *feedback* e faz algo de concreto a respeito?

- Você recebeu *feedback* sobre seus pontos fortes e pontos fracos inerentes e criou maneiras de contornar o problema de modo a evitar que você saia da rota de ascensão no futuro? Você sabe quando e como compensar seus pontos fracos?

- Você se concentra tanto em refinar seus pontos fortes quanto em explorar suas áreas de oportunidade? Você estabelece objetivos de aprendizagem regulares para si mesmo – em termos de habilidades comportamentais a serem dominadas e novos conhecimentos a serem adquiridos?

Quando Lombardo e Eichinger viram o outro lado da moeda – executivos que mantiveram sua condição como profissional de grande potencial – descobriram que tais executivos tinham diferenças profundas em relação àqueles que haviam saído do caminho da ascensão. Por exemplo, aqueles mais bem-sucedidos buscaram mais *feedback* sobre como se aproximar dos outros e o que eles precisariam fazer para apresentarem um melhor desempenho. Em relação a seus pares, eles tinham praticamente o dobro da variedade de desafios de liderança dentro de suas atribuições (voltamos para a nossa postura de adotar uma trajetória "irregular e imprevisível" dentro da carreira). Em suma,

- Você tem um plano de desenvolvimento formal que atualiza frequentemente à medida que atinge com sucesso suas metas?

- Você sempre aborda uma situação nova com outro modo de ver ou simplesmente já vai direto para uma solução e perspectiva que tentou no passado? A primeira situação descreve, obviamente, um aprendiz "catalisador".

- Você considera o contexto cultural e a forma como as pessoas trabalham e interagem em cada nova função e adapta o seu estilo de acordo? Você busca senso comum para construir relações?

- Você está constantemente fazendo uma "varredura" dos ambientes empresarial e social ao seu redor em busca de pistas sobre o que aprender e como melhor se adaptar?

- As outras pessoas o descreveriam como um indivíduo com baixa, média ou elevada inteligência emocional? Você gosta de tentar descobrir o que motiva outras pessoas? Você observa com cuidado os comportamentos não verbais de seus colegas e usa suas interpretações para melhorar as suas interações?

- Você é capaz de identificar os principais agentes em uma dada situação? Você vai além do nível hierárquico e expertise para observar quem está falando com quem, quem realmente parece estar à frente e quem possui, informalmente, o maior grau de influência? Você efetivamente constrói relacionamentos com estes indivíduos de modo a poder aprender a real dinâmica de cada situação?

eles tinham um número maior de experiências de aprendizagem que deram a eles maiores oportunidades para construir um repertório de habilidades e perspectivas mais amplo. Em resposta a estas várias situações não familiares, eles dominaram novas habilidades e expandiram suas formas de pensar. Como consequência, apresentaram um desempenho melhor do que seus pares pois eles consistentemente incorporavam novas capacidades em seus repertórios de liderança. Os principais diferenciadores foram a disposição e a capacidade de aprender novas competências de modo a serem bem-sucedidos em circunstâncias difíceis e adversas totalmente novas.

Autoavaliação

Uma boa forma de aprender de cada atribuição (como nos casos de Angélica e Michael), e evitar ficar muito preso a seus sucessos do passado (como Cole), é fazer a si mesmo algumas perguntas à medida que desenvolve cada nova tarefa: Em que pontos e como preciso me adaptar a esta nova situação? Qual habilidade não bem desenvolvida devo cultivar? Quais conhecimentos novos preciso adquirir? Quem poderia me ajudar a entender o que preciso especificamente para dominar e fazer de modo diferente da minha atribuição anterior? Como posso aplicar estes aprendizados em outras áreas da minha organização? Assim que passar a aplicar tais aprendizados a novas situações, você estará praticando a aprendizagem catalisadora.

Use as perguntas do quadro "Você é um Aprendiz 'Catalisador'?" como ponto de partida. O restante deste capítulo se concentra em conselhos específicos para cultivar as suas habilidades de aprendizagem catalisadora.

Como Cultivar suas Habilidades de Aprendizagem Catalisadora

A aprendizagem catalisadora é uma qualidade que se pode cultivar com a prática. Ela começa com o seu modo de pensar. Por exemplo, a maioria dos profissionais de grande potencial que conhecemos acredita seriamente no poder da melhoria contínua, seja na reinvenção de produtos e processos ou deles próprios. Conforme observado, eles parecem ter uma sensibilidade maior aos pontos fracos no *status quo* e procuram oportunidades que estão surgindo a sua volta. Por exemplo, quando pedimos aos sócios de uma empresa prestadora de serviços profissionais que identificassem os profissionais de grande potencial jovens e promissores dentro de seus quadros, todos os indivíduos citados eram conhecidos por levar à frente iniciativas únicas que fizeram com que a empresa progredisse significativamente. Para estes executivos, potencial era sinônimo de pensar de modo abrangente sobre o que é possível, não simplesmente o que é factível.

O que torna os profissionais de grande potencial mais sensíveis a oportunidades é a sua curiosidade, um desejo de ser inovador e uma força de vontade de ser um grande influenciador. Entretanto, não se trata da curiosidade e força de vontade de um profundo conhecedor de uma área que quer entender todas as nuances da contabilidade fiscal ou de campanhas na mídia social, mas sim de um generalista que quer impulsionar os objetivos e interesses de toda a empresa. Os líderes de grande potencial são muito curiosos, o que poderia explicar o fato de muitos deles saírem de suas funções originais ao longo do tempo. Este amplo espectro de curiosidade os ajuda muito no mundo das carreiras "irregulares e imprevisíveis" de hoje (conforme discutido no Capítulo 4). Como eles literalmente "pulam" de uma área para outra, fazem um rápido estudo do novo terreno. Eles têm que demonstrar versatilidade de aprendizagem para observar sob todos os aspectos, identificando os momentos oportunos no ambiente e rapidamente aplicar isto para o modo como eles estão atuando e trabalhando com os outros. Sua preferência por uma amplitude na aprendizagem explica a capacidade deles de se destacarem no fator X tradução das complexidades. O grande leque de interesses facilita a capacidade de estabelecer mais facilmente a relação entre dados díspares.

Mas além da curiosidade e um desconforto essencial com o *status quo*, você pode e deve cultivar outra dimensão da aprendizagem catalisadora. Trata-se do modo de pensar que você demonstra para os demais: um modo de pensar fixo ou então voltado para o crescimento.

Pratique um Modo de Pensar Voltado para o Crescimento

Carol Dweck, professora de psicologia da Universidade de Stanford, estava tendo grande dificuldade em entender por que alguns alunos se complicavam com a questão de provar suas habilidades para os outros ao passo que outros simplesmente aprendiam e sentiam prazer nisso. A partir de suas observações ela discerniu que as pessoas poderiam ser classificadas por dois tipos de modo de pensar sobre as próprias habilidades. A visão escolhida determina profundamente a forma como você aborda suas metas e como você reage a riscos e insucessos, ambos fatores críticos das habilidades para condução da carreira.[3]

Se você acredita que suas qualidades pessoais são mais ou menos imutáveis, o modo de pensar fixo, é mais provável que você seja levado a querer provar para si mesmo repetidamente: "Sim, sou suficientemente inteligente para superar isto". Porém, com um modo de pensar fixo você também receia mudanças profundas que poderiam revelar aquilo que você percebe como sendo deficiências. Ao contrário, caso adote um modo de pensar voltado para o crescimento, você irá encarar grandes desafios como excelentes oportunidades para aprendizagem e crescimento. Suas capacidades pessoais não são dons mas, pelo contrário, podem ser cultivadas através dos seus esforços. Você acredita que é capaz de realizar praticamente qualquer coisa caso tente de forma deliberada e refletida.

Dweck percebeu a real vantagem do modo de pensar voltado para o crescimento em relação àquele fixo (itálico nosso): "Não se trata apenas do fato de algumas pessoas por acaso reconhecerem o valor de se desafiarem e da importância do esforço. Nossa pesquisa revelou que isto provém diretamente do modo de pensar voltado para o crescimento. Ao ensinarmos o modo de pensar voltado para o crescimento para as pessoas, com o foco no desenvolvimento, estas ideias sobre *[o valor do] desafio e esforço vêm naturalmente...* Quando colocamos as pessoas em *um modo de pensar fixo, com o foco nos traços permanentes,* elas rapidamente sentem receio de desafios e desvalorizam o esforço".[4]

O modo de pensar voltado para o crescimento de profissionais de grande potencial não é simplesmente um foco no crescimento pessoal mas, conforme observamos, é um desejo de inovar e avançar em relação ao *status quo,* juntamente com uma crença de que qualquer desafio ou tarefa pode, em última instância, ser realizado. Por exemplo, em nossas entrevistas com profissionais de grande potencial, frequentemente ouvimos os seguintes tipos de comentários: "Sinto-me bem com mudanças", "Sempre me pergunto o que é preciso mudar", "Procuro ao redor e vejo tantas oportunidades para transformar nosso trabalho", "Adoro ver minha equipe animada com a possibilidade de fazer as coisas de modo diferente", "Adoro criar e construir coisas novas", "Minhas tarefas preferidas são aquelas que envolvem liderar esforços no sentido da inovação".

Quando o pensador da área de gestão, Jim Collins, examinou por que certas empresas prosperavam mais do que outras em seu livro *Good to Great,* observou que um atributo que as distinguia eram os tipos de líder que, em todos os casos, sempre conduziam sua empresa no sentido de ser excepcional.[5] Eram indivíduos discretos com um forte modo de pensar voltado para o crescimento. No nosso entender, o que torna estes líderes com modo de pensar voltado para o crescimento tão efetivos é o impacto que eles têm sobre suas equipes e organizações. Pesquisas demonstram que membros de grupos com um modo de pensar voltado para o crescimento têm muito mais chances de dividirem suas opiniões sinceras e discordar do outro de maneira construtiva. A vantagem é, obviamente, eles explorarem os problemas com maior profundidade e amplitude. Eles aprendem com os erros e insucessos e mudam suas táticas e estratégias com agilidade. Mantêm um nível de confiança sensato e acabam sendo mais produtivos do que aqueles com um modo de pensar fixo. Em grupos com um modo de pensar fixo, discussões produtivas e abertas são mais raras pois são vistas com potencial para revelar deficiências individuais.

Em nosso estudo, estudantes de administração de empresas trabalhando em grupos com modo de pensar voltado para o crescimento e fixo em uma simulação de uma organização complexa demonstraram estas diferenças extremas em termos de resultado.[6] Foram dadas propositalmente a cada grupo metas extremamente ambiciosas a serem atingidas, tão ambiciosas que ambos os grupos não as alcançaram em suas primeiras tentativas. Entretanto, aqueles com tendência para um modo de pensar voltado para o crescimento, continuaram aprendendo. Avaliaram os próprios fracassos, deram atenção a *feedback* e, em seguida, mudaram suas estratégias. Apesar da extenuante experiência, mantiveram um saudável senso de otimismo e confiança. Por fim, acabaram sendo bem mais produtivos do que aqueles de equipes modo de pensar fixo. Estes últimos acharam difícil aprender lições críticas a partir de seus insucessos e, em contrapartida, perseverar.

Alguns pesquisadores argumentaram que a abordagem de Dweck para um modo de pensar voltado para o crescimento e fixo se aplicaria àqueles em início de carreira, mas que estaria fora da realidade para líderes em estágio médio ou avançado de suas trajetórias profissionais. Graças a sua experiência os líderes seniores possuem um sólido e muitas vezes bem fundamentado entendimento de seus pontos fortes e das áreas de oportunidade. Também é difícil argumentar que o modo de pensar e o esforço importem mais do que os resultados tangíveis efetivamente alcançados. Tentar de maneira intensa impulsionar as vendas em uma região difícil e repleta de concorrentes é admirável. Mas se você não obtiver resultados com o seu plano, ainda sofrerá as consequências no seu relatório de desempenho (que, por definição, é um método com modo de pensar fixo). Esta é a realidade do mundo do trabalho em que o esforço só vale caso se atinja resultados. Portanto, os conceitos mais simples de modo de pensar voltado para o crescimento (continuar tentando com insistência e ser inovador) têm seus limites à medida que se sobe na carreira. Isto posto, se você não encarar o trabalho com uma postura positiva, sem preconceitos e aberto a opiniões, é pouco provável que consiga atingir os melhores resultados ou receba qualquer benefício. Fica claro que possuir um modo de pensar voltado para o crescimento é reflexo da sua origem (sua personalidade e habilidades inerentes) e de que forma você opta por participar ativamente visando o progresso.

Um modo de pensar voltado para o crescimento em relação à aprendizagem catalisadora diz respeito a adotar uma perspectiva expansiva: abertura e amplitude no modo de pensar tanto em relação à empresa quanto às pessoas. Trata-se de ser um aprendiz versátil e tirar proveito de todas as oportunidades para aprender e crescer. Trata-se de usar habilidades e conhecimentos recém-adquiridos para impulsionar avanços no negócio em que outros talvez não o fizessem ou simplesmente deixassem de fazer. Cultivar um modo de pensar voltado para o crescimento é um componente crítico da aprendizagem catalisadora.

Encare os Fracassos com Otimismo

Relacionada com o modo de pensar voltado para o crescimento de Dweck está a ideia de que o otimismo conduz ao aprendizado. Lembre-se do caso de Michael. Sua postura positiva o ajudou a ser bem-sucedido em sua nova função na Espanha e, por sua vez, isto (juntamente com outros fatores X) resultou em sua promoção. O otimismo leva a muitos resultados positivos, entre os quais uma grande vontade de aprender. Se a sua visão de mundo é uma que enxerga possibilidades, é mais provável visualizar o seu sucesso e, consequentemente, consegui-lo. Caso adote uma postura negativa, simplesmente vai parecer que tudo dá errado para você. É fácil ficar deprimido e frustrado e perder a motivação no sentido de ser bem-sucedido, o que dirá atingir resultados mínimos.

Em nossas discussões com líderes experientes, eles sempre falavam da energia positiva emanando dos profissionais de grande potencial dos quais mais se recordavam. Profissionais de grande potencial possuem uma disposição basilar que é, essencialmente, otimista. Tal disposição dá vantagens críticas aos profissionais de grande potencial. Seu otimismo abranda e refreia o medo em relação a um possível fracasso, encoraja a perseverança e a experimentação e também evita a ansiedade e a ruminação. Por exemplo, ao se deparar com opções sobre onde investir, em novos produtos ou serviços, você acha esta desafiadora decisão cativante e então espera o seu resultado? Ou em primeiro lugar você, obsessivamente, quer tentar encontrar a decisão correta e, depois, fica temeroso pensando: "Será que tomei a decisão correta?"

Ao contrário, aqueles que não são profissionais de grande potencial talvez se concentrem mais no lado negativo de possíveis riscos, especialmente aqueles que poderiam se traduzir em fracassos nas suas carreiras. Eles são mais propensos a encontrar justificativas para não enfrentar o *status quo*. Ou, na opinião deles, trata-se de um problema insolúvel e, então, em que (ou em quem) jogar a culpa por eles não terem tomado nenhuma providência em relação a isto. Eles podem se tornar ainda mais pessimistas em situações difíceis ou, no mínimo, extremamente realistas. Portanto, a missão deles é simplesmente se esquivar de uma situação difícil, aguardar a próxima oportunidade ou jogar a culpa nos outros ou em eventos externos pela sua incapacidade de lograr algum resultado.

Martin Seligman, professor de psicologia da Universidade da Pensilvânia, descobriu que o pessimismo leva as pessoas a desistirem muito rapidamente.[7] Raramente os pessimistas persistem diante das dificuldades e, consequentemente, fracassam com maior frequência, mesmo quando o sucesso é alcançável. Por outro lado, o otimismo gera perseverança e experimentação. Embora Seligman tenha estudado o poder do otimismo em uma série de contextos, sua pesquisa sobre uma atividade particularmente difícil, a venda de seguros de vida, apresenta paralelos com o nosso trabalho com profissionais de grande potencial. Vender seguros é uma das atividades mais complicadas atualmente. Passa-se a maior parte do dia telefonando sem aviso prévio para várias pessoas que, de forma consistente, rejeitam o vendedor. A profissão é tão desmoralizante que mais de 50% dos novos corretores desiste ainda no final do primeiro ano. Foi curiosa a abordagem de Seligman em verificar que papel o otimismo desempenhava para explicar o sucesso de um corretor ao longo do tempo. Poderia o otimismo determinar o potencial de desempenho de um corretor?

Em um projeto de pesquisa ele mediu os níveis de otimismo de duzentos corretores experientes. Escolheu metade de corretores bem produtivos e outra metade que não era nem de perto tão produtiva assim. Ele descobriu que nos seus dois primeiros anos, os corretores mais otimistas vendiam, em média, 37% a mais de seguros do que aqueles classificados como mais pessimistas. O mais admirável foi que os 10% classificados no topo da lista dos mais otimistas venderam 88% a mais do que seus pares na faixa dos 10% mais pessimistas. O otimismo provou ser um fator crítico no desempenho ao longo do tempo.

A descoberta mais surpreendente veio de um estudo de uma força de vendas especial realizado por Seligman na Metropolitan Life. Ele selecionou um grupo de cem corretores que havia sido reprovado (note a palavra reprovado) no teste padrão do setor mas que tinham pontuado na metade superior em suas avaliações em termos de otimismo. Ninguém mais iria contratar estes corretores; não eram capazes nem mesmo de passar no exame mais básico. Os corretores não estavam cientes, contudo, de que haviam sido identificados como os indivíduos mais otimistas ou que eles faziam parte de um estudo especial. Portanto, como estes "perdedores" apresentavam bons resultados? No primeiro ano eles ultrapassaram seus colegas mais pessimistas da força de vendas regular em 21% e em 57% no segundo ano. Eles também ultrapassaram o corretor mediano da força de vendas em 27% no segundo ano. Eles até venderam mais do que os otimistas que faziam parte da força de vendas regular. A partir destes resultados, Seligman concluiu que o otimismo importava. Embora talento e motivação devessem ser pelo menos tão importantes quanto a persistência, acabou se revelando, com o passar do tempo, que as rejeições aumentavam e a persistência gerada por uma pessoa otimista se tornava fundamental. Imagine-se como um líder de grande potencial provocando mudanças em uma grande e complexa organização. Quantos fracassos você provavelmente teria que encarar? O otimismo se torna a sua melhor defesa para aprender e persistir.

Mas o otimismo apresenta uma segunda vantagem. Ele promove uma energia positiva e empoderadora que contagia sua equipe. A organização de profissionais de grande potencial é energizada para lidar com situações difíceis com maior convicção e segurança. Uma série de estudos tem mostrado que a disposição de uma pessoa é particularmente contagiante caso se tenha um cargo formal de liderança. Se você demonstrar uma postura otimista nas reuniões com a sua equipe, a energia positiva afetará o humor dos participantes. Estarão mais abertos à experimentação, aprendizagem, implementação e inovação diante de fracassos. Da mesma forma, caso você tenha um estado de espírito pessimista, a dinâmica da equipe se transformará em uma espécie de defesa, jogando na retaguarda ou, ainda pior, em ceticismo.[8]

Profissionais de grande potencial não são, entretanto, sonhadores. O otimismo deles é atenuado por um modo de pensar pragmático. Como indivíduos cultivaram uma forte faceta tática, pensando cuidadosamente nas medidas práticas no curto e longo prazo, bem como nas contingências. Quando os observamos à frente de difíceis empreendimentos de mudanças, eles sempre descrevem realisticamente o quão desafiador para suas equipes será o caminho para o sucesso. Ao mesmo tempo, expressam otimismo e confiança nas recompensas geradas pelos objetivos mais à frente e na capacidade de suas equipes os alcançarem.

Aumente o seu Nível de Reflexão e Consciência de Si Mesmo

Uma tática muito importante para formar suas habilidades neste fator X de aprendizagem catalisadora é aumentar o seu nível de consciência de si mesmo refletindo sobre a situação ao seu redor e o que acaba de aprender. Muitas pessoas raramente recuam e consideram o que acaba de acontecer. Seja após uma rápida reunião com o chefe do seu chefe ou com um cliente, um projeto de seis meses de duração ou um encargo de dois anos em Xangai, é preciso construir sua habilidade de reflexão. Pergunte a si mesmo: "O que vi acontecer naquela reunião e por quê – o que a fez ser produtiva, o que a fez menos produtiva, o que eu deveria ter feito de diferente a posteriori?", "O que aprendi com este projeto e o que eu poderia ter feito melhor ou pior?", "Quais são os pontos fortes e fracos que me vejo repetidamente mostrando e em que áreas parece que estou indo melhor?", "Por que estou agindo dessa forma hoje em dia e como isto está afetando a qualidade e a produtividade dos meus resultados em termos de trabalho e de relacionamento?"

Estas perguntas irão ajudá-lo a criar sua própria consciência de si mesmo e a aperfeiçoar suas habilidades de aprendizado a partir das próprias experiências. Se pretende ser um aprendiz "catalisador" e profissional de grande potencial, é preciso ser capaz de refletir rapidamente sobre tudo e cristalizar tais informações para si. Algumas pessoas usam uma agenda, os com perfil mais tecnológico usam um tablet, para anotar suas observações e reflexões (quase como um diário) ao passo que outros mantêm tudo na memória. Outros encontram parceiros para reflexão para tarefas ou competências específicas. Um dos nossos exemplos de profissional de grande potencial que podemos citar, Jim, explica como usar seus três intervalos diários reservados para reflexão:

> Reservo três horas diárias de minha agenda em que não podem ser marcadas reuniões e em que não posso ser interrompido (9-10h, 12-13h e 16-17h). Minha assistente e o meu pessoal sabem que ninguém pode agendar comigo nestes períodos. A única exceção seriam os meus superiores. Utilizo o intervalo das nove para realizar trabalhos que exijam grande concentração e reflexão. Também o utilizo para pensar com antecedência o que preciso fazer. Mantenho uma agenda simples das tarefas diárias, trimestrais e anuais que reviso para ter certeza de que minhas ações estão alinhadas. Uso o intervalo das 12-13h para estabelecimento de contatos. Tenho uma lista dos relacionamentos que devo cultivar. Portanto, tenho quatro almoços para networking por semana. Minha última hora reservada é para refletir sobre o que passou – o que eu pretendia realizar e o que realmente aconteceu. Semana sim, semana não, uso parte destes horários reservados para fazer uma retrospectiva sobre minha equipe, o desempenho deles e suas metas. Pergunto a mim mesmo o que gostaria que eles estivessem fazendo melhor, o que os ajudaria a ter um melhor desempenho e como é o meu relacionamento com cada um deles. Ao melhorar minhas relações, o desempenho deles aumentou visivelmente. Estão até mais abertos às minhas opiniões a respeito deles. Tem sido um círculo virtuoso.

O processo de refletir e codificar o que se está aprendendo é o que mais ajuda. Isto também irá ajudá-lo a desenvolver aqueles que trabalham com você. Se for capaz de articular facilmente a importância dos resultados de suas várias atividades e experiências, certamente será capaz de explicar porque as diferentes funções são importantes para os membros de sua equipe. Trata-se de um papel vital que os líderes desempenham para suas organizações.

Construa uma Rede Estratégica

Você pode se transformar em um aprendiz "catalisador" mais forte se cultivar uma rede estratégica de pessoas a sua volta. Robert Thomas (da Accenture) e o professor Rob Cross estavam curiosos por descobrir se líderes de grande potencial estabeleciam contatos de forma diversa de seus pares.[9] Teriam eles redes de contatos maiores? Ou quem sabe eles concentrassem todos os seus esforços em estabelecer laços mais estreitos com os mais poderosos? No final das contas, revelou-se que nenhuma destas questões se constituía no verdadeiro fator diferenciador.

Eles descobriram que podem fazer com que você acabe empacando. Pode-se acabar perdendo muito tempo com colegas e contatos externos e o trabalho em si deixa de ser feito. Se você concentrar muito tempo nas pessoas poderosas, acabará ficando com muito poucas fontes de informações críticas vindas da base da estrutura organizacional. Ao implementar iniciativas não terá contatos suficientes na base para ajudá-lo. Além disso, seus colegas não confiarão mais em você após observarem quanto tempo e energia você gasta para administrar percepções e ficar adulando chefes (lembre-se de nossos conselhos e alertas no Capítulo 2 referentes à percepção da situação).

Em vez disso, Cross e Thomas descobriram que os profissionais de grande potencial tinham redes de contatos diversas embora seletivas. Além de ajudá-los a serem mais influenciadores, eles dependiam destas redes para alargarem a expertise, aprenderem novas habilidades e a encontrarem significado e propósito no trabalho exercido. Por exemplo, eles tinham laços mais estreitos com indivíduos que davam a eles novas informações ou expertise. Como consequência disso, adquiriam novas visões sobre o mercado, os problemas enfrentados por outros departamentos ou divisões, além da política. Portanto, tornavam-se melhores na tradução das complexidades e na condução da carreira. Também realizavam um trabalho muito melhor no compartilhamento das melhores práticas e contatos de outros setores de atividade que, por sua vez, os inspiravam a realizar inovações em suas próprias organizações. Entretanto, eles cultivavam de fato ligações com pessoas influentes que davam a eles mentoria, apoio político e recursos; ajudavam na coordenação de projetos e na obtenção de apoio dos subalternos, bem como, ajudando-os a entender eventos mais complexos dentro e fora da organização. Mas jamais fizeram isto deixando de lado a construção de relações com colegas do mesmo nível hierárquico ou abaixo deles. Resultado: não perdiam a credibilidade dos colegas, em contraste com gerentes que gastavam a maior parte do tempo estabelecendo contatos com superiores. Igualmente importante o fato de os profissionais de grande potencial terem indivíduos que davam a eles *feedback* sobre o seu desempenho e desenvolvimento, forçando-os a serem melhores e confrontando suas perspectivas e decisões. Em outras palavras, as redes destes profissionais serviam como fontes de aprendizagem catalisadora. É exatamente isto que suas redes devem fazer por você. Maritta, uma experiente profissional de grande potencial participante de nossa pesquisa, percebeu a importância deste tipo de rede ou o que ela chamou de "conselho de desenvolvimento":

> Em todos os lugares em que trabalhei, sempre tive dois tipos de relacionamento: pessoas que davam a mim mentoria e apoio diariamente e pessoas em cargos mais elevados com os quais podia conversar para darem a mim uma visão mais ampla. Em minha função atual, tenho cinco pessoas para me darem *feedback* sobre o meu desempenho e desenvolvimento. Por exemplo, Ru realmente sabe como navegar no campo das questões de relacionamento com outras pessoas. Portanto, quando alguém de minha equipe está apresentando um desempenho abaixo do esperado, procuro a Ru para uma sessão de *brainstorming* sobre o que aconselhar a esta pessoa e de que forma abordar a questão. Joyce, por outro lado, completa grande parte de minhas falhas na área de comunicação. Por exemplo, nosso CEO pediu a mim para fazer um relatório sintético das "lições aprendidas" em um importante projeto para ser posteriormente apresentado em público. Joyce era a pessoa mais indicada para discutir minhas ideias enquanto preparava o tal relatório. Ela também é hábil politicamente falando, e me ajuda a escapar de certas armadilhas que poderiam vir a aparecer durante a apresentação. Em contrapartida, Joyce e Ru me procuravam para orientá-las em áreas que domino ou em casos que precisassem simplesmente confidenciar suas ideias.

Encontre Entre os Seus Contatos Pessoas Otimistas e Aquelas que Dizem a Verdade

Uma conclusão um tanto surpreendente da pesquisa de Cross e Thomas foi a importância de ter pessoas que transmitam uma energia positiva em sua rede de contatos. Estas pessoas sempre enxergam oportunidades, mesmo em situações difíceis (retornamos à nossa discussão sobre otimismo). Elas o ajudam a concretizar seus sonhos. Há alguns anos, um de nós entrevistou o fundador da Priceline, Jay Walker. Este atribuía parte do seu sucesso ao fato de ter encontrado verdadeiros parceiros para *brainstorming*. Ele levava suas "loucas" ideias a estes sujeitos que o ajudavam a formar conceitos e a refinar suas ideias, convertendo-as em negócios viáveis. Eles iriam salvaguardar o entusiasmo dele em relação a uma ideia e, ao mesmo tempo, iriam ajudá-lo a encontrar maneiras de colocar em prática uma versão mais realista de sua ideia "absurda". Ele nos disse que este tipo de parceiro é difícil de ser encontrado. Tipicamente as pessoas indicarão todos os motivos para a sua ideia não ter chance de dar certo.

É preciso ter também os que dizem a verdade em sua rede de contatos. Greg Veith, diretor da Microsoft e profissional de grande potencial, garante ter os "contadores de segredo do Greg" para ajudá-lo a refletir sobre suas ideias e estilo de liderança, dando a ele *feedback* sincero. Eles contrabalanceiam a sua tendência natural de ser muito entusiasta em relação ao que é possível num cenário mais amplo. Eles o ajudam a testar suas iniciativas antes de elas virem realmente a serem aplicadas em todos os níveis de sua organização. Explica Veith:

> Gosto de buscar grandes oportunidades. Portanto, preciso de "contadores de segredo" para me ajudar a ver como seria esta oportunidade sob um ponto de vista prático. Sempre peço a opinião de meus colaboradores: "O que estou deixando de ver, quais são meus 'pontos cegos'?", "Que consequências e riscos estão em jogo caso façamos isto e não aquilo?", "Somos capazes de absorver o custo de trabalho novo com o pessoal que temos no momento?" Um de meus subordinados eleva o nível de exigência em termos de execução. Ele me ajuda a ver os prós e os contras em relação a recursos e implementação, quaisquer impedimentos, eleva nossos padrões de exigência e me deixa a par de detalhes críticos. Tenho um "contador de segredo" que me dá o diapasão entre meu lado empreendedor e metodológico. Estas pessoas me ajudarão a responder as seguintes perguntas: "Qual é o nosso plano de ação num prazo de seis meses?", "Estamos dentro do orçamento previsto?", "Como estão nossas finanças como um todo?", "O nosso quadro de pessoal está inchado ou faltam colaboradores?". Outro punhado de pessoas da equipe me ajuda a compreender o que "estão dizendo por aí". Por exemplo, fiquei sabendo que eu deveria dedicar mais tempo com cada um de nossos colaboradores. Daí, passei a marcar almoços semanais com grupos com cerca de seis pessoas para simplesmente jogarmos conversa fora, conhecê-los pessoalmente e responder eventuais perguntas da parte deles. Dependo de um dos meus "contadores de segredo" que observa muito bem a linguagem não verbal das pessoas. Ele me ajuda a interpretar os participantes da reunião e identificar aqueles com os quais devo conversar depois da reunião.

Contrastando com estas pessoas que transmitem uma energia positiva e os "contadores de segredo" temos os "desenergizadores" ou *Debbie Downers* (desmancha-prazeres), popularizados pelo programa Saturday Night Live.* Estes sujeitos estão sempre prontos para apontar os obstáculos que surgirão em qualquer iniciativa e encontrar todas as razões para explicar porque a sua ideia não irá dar certo. Também gostam de criticar as pessoas e, algumas vezes, não têm a mínima consideração por elas. Cross e Thomas sugerem que você reformule o seu papel para evitar tais pessoas, trabalhe no sentido de mudar o comportamento delas ou simplesmente se torne insensível a elas de modo a não se concentrar muito no impacto negativo por elas causado.

Pratique Deliberadamente

Pesquisas feitas no campo das competências revelam que você deve continuamente estender o alcance e a abrangência de seus conhecimentos.[10] Especialistas que atingem altos níveis de desempenho, pelo contrário, muitas vezes caem na armadilha de reagirem automaticamente a situações. Afinal de contas, eles são especialistas e, portanto, devem depender e confiar em sua intuição baseada em experiências anteriores. Mas confiar demais no seu taco ao se deparar com uma situação que não lhe é familiar, dificilmente irá agir a seu favor. Pelo contrário, é preciso praticar para obter novas perspectivas, competências e conhecimentos; refletir sobre suas experiências; procurar opinião alheia e analisar os seus resultados. É aí que a prática deliberada entra em ação.

A prática deliberada requer que você identifique uma competência pouco desenvolvida, mas que será muito exigida em sua nova função ou transição importante. Então pratique esta habilidade – deliberadamente. Conforme apontam K. Anders Ericsson e seus colegas, uma ampla gama de experts dedica várias horas diariamente à prática deliberada.[11] O violinista de fama internacional, Jascha Heifetz, disse: "A disciplina de praticar todos os dias é essencial. Quando deixo de praticar um dia, percebo a diferença ao tocar, se forem dois dias os críticos perceberão e três dias sem exercitação, será a vez de o público notar".[12] Mencionamos em nosso capítulo introdutório um gerente sênior que estava na linha de

---

* *Debbie Downer* era o nome de um personagem fictício do programa de TV *Saturday Night Live* da NBC. O nome do personagem deriva de uma gíria que se refere a alguém que normalmente traz notícias ruins e expressa sentimentos ruins em um grupo, "azedando o humor" dos presentes. Fonte: http://en.wikipedia.org/Debbie/Downer. (N. T.)

sucessão para se tornar o CEO da empresa. Além de seu desempenho extraordinário, a prática deliberada foi o que o diferenciou diante dos demais.

Contudo, a grande maioria dos gerentes e executivos investe pouquíssimo tempo no aperfeiçoamento de suas habilidades, em vista de reuniões e outras demandas do dia a dia que consomem seu tempo. Exatamente devido a estas demandas que se deve focar no desenvolvimento de uma ou duas habilidades por vez. Quando tiver total domínio desta habilidade, poderá então trabalhar na próxima. É preciso também encontrar dias, horários e locais específicos para a sua exercitação, caso contrário, reuniões, e-mails e outras exigências do dia a dia irão detê-lo, atrapalhando os seus esforços. Determine precisamente quais habilidades subdesenvolvidas, mas necessárias, exigem atenção de sua parte agora. Faça saber e confirme sua escolha com colegas que estejam totalmente cientes da dinâmica de sua nova atribuição e dos pontos fortes e deficiências no conjunto de suas habilidades.

A história de Juan Ramón Alaix, CEO da indústria farmacêutica Zoetis, ilustra até que ponto um líder de grande potencial irá chegar para se tornar brilhante.[13] Quando estava se preparando para assumir o cargo de CEO, estava ciente de que lhes faltavam habilidades comunicativas sofisticadas que o cargo viria a exigir. Para se preparar, participou de um exaustivo programa de treinamento de dezoito meses. Começou com uma série de avaliações para determinar suas lacunas em termos de competências e que seriam mais relevantes para o cargo de CEO que estava para assumir. Encontrou um experiente CEO que o orientou em aspectos específicos da função e nos quais lhe faltava experiência. Juntos, em um retiro de dois dias, exploraram em que pontos o cargo de CEO era diferente de suas posições de gerência geral anteriores. Falaram sobre os interessados específicos que iriam influenciar o futuro sucesso da Zoetis e como melhor se comunicar com cada um deles. Prosseguiram nestas conversas por mais um mês. Refletindo sobre estes encontros, Alaix comentou:

> No período entre assumir a direção da empresa e o planejamento da IPO [oferta pública inicial] da Zoetis feita pela Pfizer*, eu poderia facilmente ter evitado o trabalho de preparação para o cargo de CEO, plenamente justificável pelo fato de eu estar extremamente ocupado. As reuniões regulares com o meu mentor evitaram que eu fizesse isto. Também era valioso ter uma pessoa de fora ouvindo minhas preocupações e que me instigasse a pensar de forma diferente. Quando se é um líder, a maior parte do seu tempo é gasta com colegas e subordinados, o que

---

* *Zoetis* era, na época, uma divisão de medicina veterinária da indústria farmacêutica *Pfizer*. (N. T.)

o leva a perder a oportunidade de confrontação com uma opinião diferente. Meu mentor levantava questões que eu não havia aventado. Ele fazia perguntas e me instigava a examinar minhas escolhas. Estas conversações estruturadas me forçaram a fazer uma análise disciplinada para poder responder às perguntas dele.[14]

Mas Alaix não parou por aí. Contratou um especialista em comunicação com o qual aprendeu as diferentes formas de comunicação que um CEO precisa aplicar. Aprendeu como se comportar em entrevistas com a mídia televisiva e impressa, fazer discursos de abertura em conferências, fazer apresentações para pequenos grupos, manter uma conversação exclusiva com um investidor-chave e tratar as partes já preparadas (script) e de abertura para perguntas de uma convocação para anúncio de ganhos. Mais tarde veio a contratar um segundo treinador que se juntou a sua equipe para observá-lo em reuniões, órgãos governamentais e fóruns com investidores, dando a ele *feedback* contínuo.

Embora o investimento tenha sido alto e exigido dedicação de tempo, Alaix pode observar o papel crítico deste em seu sucesso posterior como CEO. Ao refletir sobre o seu investimento em treinamento, ele observa:

> Muita gente, quando atinge certa idade, reluta em aceitar treinamento. Isto não é verdade para mim, sou bem aberto a esta situação. Eu deveria ter tido treinamento na área de comunicação ao longo da minha carreira, mas a preparação para nossa IPO foi muito mais intensiva. Antes de eu dar minha primeira entrevista na TV, por exemplo, provavelmente gastei mais de oito horas fazendo entrevistas simuladas. Acredito que o segredo para o sucesso está na preparação. Na época em que fiz minha primeira apresentação para investidores, eu a ensaiei pelo menos quarenta vezes. Cada líder tem sua receita para o sucesso. Para mim, a preparação é o fator mais importante. Acredito na preparação exaustiva, muito embora ela consuma muito tempo. Parte da preparação é ser humilde o bastante para aceitar opiniões. O tempo que gastei me preparando para uma situação difícil e a abertura de minha parte ao *coaching* são investimentos que sempre me dão retorno.[15]

. . .

Acabamos então de examinar todos os cinco fatores X que diferenciam um profissional de grande potencial: percepção da situação, aceleração de talentos, condução da carreira, tradução das complexidades e aprendizagem catalisadora. Todas as cinco competências são fundamentais para ser reconhecido como um profissional de grande potencial em sua organização. Entretanto, isto não basta.

Cada organização tem processos particulares que usa para determinar quem é (ou não é) um profissional de grande potencial. Porém, conforme explicado no Capítulo 1, normalmente estes processos organizacionais são envoltos por uma névoa de mistério, para não dizer segredo deliberado. Passamos agora para o tópico do que acontece exatamente dentro desta caixa preta. Nos três capítulos a seguir, lhe mostraremos como entender e se portar diante dos processos voltados para profissionais de grande potencial de sua organização. Começamos com uma análise profunda sobre como a sua organização avalia se alguém é ou não um profissional de grande potencial.

Lições Importantes

- Quanto maior for a versatilidade no aprendizado que puder demonstrar, ajustando seu comportamento e formas de pensar a novas situações, mais bem-sucedido na carreira e vida profissional você será. Os profissionais de grande potencial aprendem a partir de diferentes tipos de eventos ou experiências e aplicam estes insights em situações futuras. Eles têm a habilidade de rapidamente sintetizar e usar informações e insights de novas maneiras, mudando seus comportamentos no sentido do correto exigido por cada circunstância.

- Exercite o aperfeiçoamento da consciência de si mesmo refletindo sobre a situação que tem diante de si e o que acaba de aprender. Encontre colegas que possam ser seus parceiros para reflexão.

- Construa redes de contatos para alargar os seus conhecimentos, aprender novas habilidades e encontrar significado e propósito no trabalho exercido. Compartilhe as melhores práticas e contatos de outros setores de atividade. Cultive ligações com líderes seniores capazes de lhe dar mentoria, apoio político e recursos, bem como ajudar na coordenação de projetos.

- Dadas as exigências de seu trabalho, concentre-se no desenvolvimento de apenas uma, ou no máximo duas habilidades por vez. Quando tiver total domínio desta habilidade, poderá então trabalhar na próxima.

- Aloque tempo exclusivo em dias, horários e locais específicos para a sua exercitação, caso contrário, reuniões, e-mails e outras exigências do dia a dia irão minar os seus esforços.
- Solicite orientação de colegas que estejam totalmente cientes da dinâmica de sua nova atribuição. Peça a eles para recomendarem em quais pontos deveria fazer esforços de aperfeiçoamento, bem como darem a você *feedback* contínuo.

PARTE DOIS

Como se Portar diante dos Processos Voltados para Profissionais de Grande Potencial de sua Organização

7

Avaliação

Como sua Organização Faz uma Avaliação a seu Respeito

Passaremos agora para uma daquelas caixas pretas organizacionais que poucos funcionários compreendem: o processo de avaliação formal. Toda organização utiliza algum tipo de processo de avaliação estruturado para identificar profissionais de grande potencial e escolher dentre estes aqueles que preencherão as posições mais altas dentro da empresa. Examinaremos como funciona na verdade este misterioso processo e como você pode influenciá-lo. Voltamos nossa atenção para as vantagens das diferentes ferramentas para avaliação, como elas são empregadas e como você pode influenciar nos seus resultados.

Por que as Organizações Usam Avaliações Baseadas em Dados

Muitas firmas recorrem a consultores e psicólogos organizacionais/industriais para ajudá-las a tomar decisões fundamentadas e para incrementar os seus processos internos de avaliação de talentos. Elas coletam dados através de ferramentas formais, avaliações, simulações, entrevistas estruturadas e testes psicológicos para influenciar nas decisões sobre quem seriam os verdadeiros profissionais de grande potencial dentro da empresa.

Embora usem estas ferramentas para fins de desenvolvimento pessoal (e o benchmark realizado por Allan Church e Cristopher Rotolo indica que este seja, de longe, o uso mais comum), as organizações também as empregam para análises retrospectivas de talentos, elevando os padrões exigidos.[1] As ferramentas de avaliação equiparam o campo de jogo para todos aqueles que estão sendo avaliados, partindo-se do pressuposto que elas sejam válidas e implementadas corretamente.

Por exemplo, se você tem tendência a ser menos extrovertido do que os outros e tem que trabalhar mais intensamente o fator X de percepção da situação com o chefe, o *feedback* da avaliação pode revelar o quão efetivo você está sendo na formação de relações com seus colegas e subordinados diretos. Uma ferramenta de avaliação poderia indicar que uma pessoa tem enorme potencial para liderar em níveis mais estratégicos, mesmo que executivos de nível mais alto não tenham observado ainda ela demonstrar esta capacidade. Ela poderá simplesmente fornecer os dados corretos que eles precisam para colocar a pessoa numa função superior. Mas existem outras vantagens nestas ferramentas.

Correção de Impressões Negativas ou Desatualizadas a seu Respeito

As avaliações ajudam a corrigir percepções negativas mostrando que você na verdade não tem uma determinada característica percebida como deficiência ou que você melhorou significativamente em relação a uma deficiência. Portanto, os dados podem ajudar a reverter ou zerar estas percepções negativas e reforçar as positivas. Em outras palavras, as avaliações podem lhe dar um recomeço.

Lacey era uma jovem gerente de vendas, superesperta e com perfil de profissional de grande potencial. Individualmente, ela tinha sido uma estrela como vendedora, mas a sua ambição não a deixava enxergar que precisava melhorar suas competências de relacionamento com as pessoas agora nesta posição gerencial. Seus colegas a viam como agressiva demais e não colaboradora. Ela não conseguia se conter em competir com quem mantivesse contato. Lacey envenenou a si própria ao querer levar a fama por cada resultado positivo nas vendas, como se todo o sucesso derivasse pura e simplesmente de suas ações.

Depois de ser avaliada por colegas em uma avaliação de desempenho 360° e ter recebido *feedback* negativo deles como sendo uma pessoa hipercompetitiva, decidiu que era importante mudar o seu comportamento. Ela sabia que precisava melhorar caso quisesse permanecer na condição de profissional de grande potencial. Em suma, ela ensinou a si mesma a parar de reagir a tudo com uma mentalidade instintiva "preciso vencer". Concentrou-se em ver a situação como um todo e em entender a necessidade de trazer seus colegas para junto de si. Quando a equipe atingia uma meta de vendas, fazia questão de reconhecer o trabalho de todos.

Após cerca de seis meses de aprendizado para se comportar de forma mais colaborativa, se viu em uma relação muito melhor com os seus colegas e subordinados (já que haviam vivenciado as implicações negativas das ações competitivas dela juntamente com os demais). Apesar do progresso, circulava que ela ainda não jogava para a equipe. Muitos de seus ex-colegas haviam se transferido para novas funções e não haviam vivenciado diretamente o progresso que ela conseguiu em seu estilo de trabalho.

Quem sabe, com o passar do tempo, estas percepções a seu respeito mudassem para melhor, porém, no curto prazo, elas continuariam a ser um problema nas discussões sobre análises retrospectivas de talentos caso ela não tivesse participado de uma avaliação de desempenho 360°. Esta segunda pesquisa foi realizada especificamente para a reunião seguinte de análise retrospectiva de talentos (e para determinar a sua posição na lista de candidatos a um novo cargo). Os resultados enfatizaram o progresso significativo dela no que diz respeito à demonstração de espírito colaborativo. Esta mudança documentada a capacitou para ser promovida muito mais rapidamente do que seria caso os líderes da empresa tivessem se baseado exclusivamente nas impressões existentes.

Identificação de Indicadores de Tendência do seu Potencial Futuro

As empresas também podem usar ferramentas de avaliação para identificar indicadores de tendência do seu potencial futuro. Por exemplo, através de métodos de pesquisa aplicada, as organizações podem determinar um perfil de competências fundamentais para prever o potencial futuro de talentos mais jovens. A PepsiCo tem um programa destes em operação que é parte integrante de seu conjunto mais amplo de programas, o LeAD (Leadership Assessment and Development). A versão para início de carreira, chamada PLDC (Potential Leader Development Center) consiste em ferramentas padrão ou customizadas que incluem perguntas cognitivas, sobre personalidade, avaliação situacional e dados biográficos que preveem estatisticamente o potencial de sucesso.[2] Anualmente, a PepsiCo aplica o programa em milhares de funcionários em início de carreira. Com um espírito de transparência, ela compartilha com os participantes, seus gerentes e com o RH os resultados referentes a quão longe eles poderão ir em suas carreiras.

O *feedback* é apresentado na forma de dois pontos fortes de liderança e duas oportunidades para liderança bem como um indicador de potencial futuro denominado pontuação LIFT (que se baseia em quatro níveis de pontuação). O termo LIFT* foi escolhido com base no "potencial" de a palavra transmitir aos funcionários que todo mundo pode desenvolver maior capacidade de liderança. Apenas 17% dos funcionários durante cada ciclo (algo entre 2.000 a 3.000 funcionários por ano) atingiram "Very Great LIFT", indicando que eles possuem o maior potencial para ser bem-sucedido em cargos mais elevados. Outros obtiveram "Great", "Moderate" ou "Some" LIFT baseado em seus resultados.

Embora estes dados sejam muito úteis para a PepsiCo, provavelmente o que é mais surpreendente e encorajador é que mais de 70% dos funcionários participantes do PLDC ficam satisfeitos com o programa de *feedback* como um todo. O nível de satisfação deles não varia significativamente em termos do desempenho alcançado por cada um. Em outras palavras, os funcionários (pelo menos aqueles em início de carreira) querem saber em que nível se encontram e o quão longe eles podem ir dentro da empresa, tomando como base uma avaliação objetiva de importantes capacidades. Se a sua empresa tivesse um programa desses, você optaria por não participar do programa ou iria querer saber o seu próprio nível de potencial para o sucesso? Caso tenha ido pior do que outros (por exemplo, caiu no grupo de potencial baixo ou moderado), o que você faria a respeito?

Na PepsiCo, mesmo aqueles classificados nas categorias mais baixas do LIFT são promovidos todos os anos. Mas aqueles com os níveis mais altos tomando-se como base a avaliação são promovidos com uma frequência superior ao dobro em relação à média.[3] Portanto, os profissionais de grande potencial veem benefícios diretos da participação no programa.

Em suma, as organizações podem usar dados de avaliação de várias formas e em diferentes pontos de uma carreira. Nos estágios iniciais, os dados poderão servir como um indicador de tendência do potencial de um profissional, ajudando-o a concentrar-se em certas áreas para aperfeiçoamento. Em níveis hierárquicos mais altos, os dados podem dar subsídios a decisões, fornecer informações faltantes, avaliar mudanças ou melhorias nas necessidades de

---

* A palavra possui várias acepções (como elevador, ação de levantar, melhora de estado de ânimo), todas elas remetendo à ideia de ascensão. (N. T.)

desenvolvimento ou simplesmente comparar candidatos em termos de algumas competências ou capacidades fundamentais. Não obstante, estes tipos de dados, seja na forma de pesquisa, teste, simulação on-line, entrevista ao vivo, exercício em grupo ou uma avaliação que leve um dia todo, são capazes de lhe conferir ou retirar o status de profissional de grande potencial.

Eu Poderia Influenciar nos Resultados de Avaliações?

Há muitos diferentes tipos de ferramentas e processos e cada um deles é mais adequado para medir diferentes tipos de traços, habilidades e características. Sabemos do benchmark realizado por Church e Rotolo com mais de oitenta empresas de renome conhecidas por suas sólidas práticas de gestão de talentos que avaliações de desempenho 360° com *feedback*, avaliações de personalidade e entrevistas são de longe as ferramentas mais utilizadas.[4] Porém, outras ferramentas como testes de habilidades cognitivas, avaliação situacional e simulações também são usadas como parte de uma bateria de medições mais amplas para avaliar o potencial profissional em muitas organizações. Na verdade as simulações, particularmente aquelas feitas on-line, estão aumentando sua popularidade de modo estável, em parte por sua capacidade de serem personalizadas para refletirem situações únicas em cada empresa. Examinaremos a razão para um número maior de empresas estarem usando agora simulações para avaliar as competências das pessoas para depois passar para as ferramentas mais comumente usadas. Examinaremos o que cada uma destas ferramentas mede e as maneiras através das quais você pode ou não facilmente influenciar os dados obtidos.

Simulações

Se sua organização está considerando você para ganhar o status de profissional de grande potencial, é bem provável que ela irá lhe pedir para participar de uma simulação. A simulação pode ser um simples teste on-line, bem parecido com um jogo, em que você assume a persona de alguém com um alto cargo (por exemplo, um líder comercial de campo, um novo CEO, um governador recém-eleito, o novo vice-presidente de marketing) e que se depara com algumas situações desafiadoras. Ou a simulação poderia ser uma tarefa que tomasse o dia todo em que você fizesse o papel de alguém – seja isoladamente com um facilitador treinado (isto pode ser feito pessoalmente ou através de meios eletrônicos) ou em grupos maiores – e é observado para ver como se comporta em várias situações. Alguns simuladores mais recentes são jogos disfarçados, que testam suas habilidades e capacidades de liderança. Por exemplo, um jogo de exploração no espaço sideral em que você determina postos avançados para colonização, forma recursos e lança diferentes tipos de missões científicas poderia testar seu pensamento estratégico e habilidades operacionais. Ou em um jogo de guerra simulada em que você escolhe jogadores para se aliar e entrar em combate poderia avaliar a capacidade de comunicação entre você e seus colegas para determinar como você encara o trabalho em equipe e a colaboração. Ou então um jogo de futebol em que você participa da contratação, esquema de jogo e escalação dos jogadores, poderia medir suas competências no gerenciamento de talentos.

Seja qual for o método, a premissa básica é a mesma: situações inéditas (apresentadas da mesma forma a cada participante do processo) com tipos específicos de resultados que podem ser avaliados. Pelo fato de as simulações avaliarem sua habilidade de enfrentar desafios com os quais não se deparou antes, os avaliadores podem considerar sua capacidade de pensar e processar informações. Os resultados, teoricamente, podem ajudar a responder a pergunta se você é ou não capaz de adotar certos comportamentos ou seu modo de pensar ao reagir ou se engajar com outras pessoas.

Como se sobressair em um teste simulado. Caso nunca tenha tido a oportunidade de demonstrar suas excelentes habilidades na condução da carreira, uma simulação poderia ser uma chance perfeita para você brilhar. Dado que as simulações são geralmente conduzidas em tempo real (mesmo que feitas remotamente via computador ou tablet), é difícil influenciar o resultado diretamente, a não ser simplesmente indo bem em termos gerais. A menos que de alguma forma você trapaceie e descubra de antemão o que a simulação está testando (ato não recomendado por razões éticas), de que outra forma você poderia garantir que tem grandes chances de se dar bem?

Primeiramente, dedique a energia e foco apropriados. Seja ela uma simulação on-line realizada isoladamente ou uma avaliação que tome o dia inteiro, deixe de lado tudo o que possa lhe tirar a atenção. Quanto mais distraído e perturbado você estiver, menos foco terá que, por sua vez, poderá minar o seu desempenho.

Reveja os fatores X e as competências de liderança e/ou funcionais que a sua organização valoriza. Estas podem, algumas vezes, estar embutidas na simulação. Além disso, saiba de antemão o que a equipe de executivos vê como os principais fatores determinantes para a empresa. Tipicamente, estes estão fazendo pressão para problemas difíceis que os líderes da organização terão que resolver de modo a garantir a execução bem-sucedida de prioridades estratégicas e culturais. Por exemplo, eles poderiam estar expandindo o foco estratégico no sentido de um crescimento orgânico maior ou de instilar uma cultura mais sólida para atrair e reter talentos. Conforme discutido no Capítulo 2 sobre percepção da situação, quanto mais você souber sobre o que é importante para a sua organização e seus imperativos culturais (Capítulo 9), melhor você se dará na simulação. Se por acaso você souber que certo nível básico de conhecimentos financeiros é importante para níveis hierárquicos mais elevados, independentemente da função em que se encontre, seria inteligente de sua parte ler *Finance for Dummies* com antecedência e dar uma recapitulada em como interpretar uma demonstração de lucros e perdas e o Formulário 10-K de sua organização. Quanto mais você conseguir demonstrar os seus conhecimentos financeiros em tempo real (ou em uma simulação), mais provavelmente você será visto como um profissional de grande potencial. Se a simulação envolver outras pessoas (como em uma sessão em grupo), tente demonstrar tranquilidade, mesmo que esteja estressado. O estresse talvez seja exatamente aquilo que os avaliadores estejam querendo testar. Após tomar decisões e se preparar para apresentá-las, como você se comporta quando toda a situação se modificar num instante? Você fica perturbado, ansioso, exasperado, inarticulado, incapaz de reajustar o rumo das coisas em tempo real? São estes tipos de comportamento e habilidades que a simulação mede.

Embora as organizações usem simulações para ter uma ideia de como você reagirá em situações inéditas, elas também querem mais informações sobre qual é o seu comportamento típico nas atividades rotineiras e como os outros dentro da empresa percebem estas ações. É aí que entra em cena as avaliações de desempenho 360° com *feedback*.

Avaliações de Desempenho 360° com *Feedback*

As sempre populares avaliações de desempenho 360° com *feedback* fornecem dados sobre como os outros o veem no ambiente de trabalho. Elas medem percepções do seu comportamento atual e tratam menos do seu potencial por si só. Usualmente, as perguntas da avaliação se baseiam em um modelo de competências para a liderança, em um conjunto de valores da empresa e/ou aspectos considerados importantes para uma liderança efetiva (semelhante ao que será visto no Capítulo 9, Cultura Organizacional). Pelo fato destas sondagens serem tão prevalentes, os dados são usados para completar as informações de análises retrospectivas de talentos, de habilidades para ser um influenciador, capacidades de liderança em termos de relacionamento, competência no estabelecimento de uma missão, visão ou estratégia, habilidade de motivar e engajar subordinados, habilidades colaborativas e assim por diante.

Assim que os conceitos de seus colegas forem coletados, você recebe o *feedback* em termos de como os outros o veem no agregado de um aspecto ou competência específica. Estes são subdivididos pelos comportamentos associados àquela dada competência em cada grupo de colegas avaliadores. Estes últimos são o seu gerente juntamente com os seus colegas de mesmo nível hierárquico, subordinados e, por vezes, outros grupos como aquele formado por clientes. Isto dá aos chefes a oportunidade de serem honestos caso queiram. Portanto, se você se comportar de maneira diferente com o seu chefe, subordinados e pares, provavelmente a avaliação de desempenho 360º revelará estas diferenças.

Há também autoavaliações em que você pode dar notas ao seu próprio comportamento conforme você mesmo percebe no dia a dia. O grau de congruência ou similaridade entre as suas próprias notas e aquelas dadas pelos seus colegas é denominado "autoconsciência gerencial".[5] No campo da psicologia, pesquisas indicam que líderes altamente conscientes a seu próprio respeito apresentam melhor desempenho e possuem potencial futuro maior. Portanto, idealmente suas notas devem ser próximas daquelas dadas pelos seus colegas em relação aos diversos aspectos avaliados (tanto nos pontos fortes quanto nas áreas de oportunidade). Quanto menos alinhadas suas notas estiverem com as percepções de seus avaliadores, menor será a sua autoconsciência e, em última instância, menos eficaz você é como líder.

Como selecionar aqueles que o avaliarão. Pelo fato de outras pessoas estarem dando notas a você, influenciar diretamente a ferramenta para melhorar suas notas é algo difícil de se fazer. Embora algumas pessoas tentem escolher apenas os seus amigos e aliados como avaliadores, na esperança de obter notas mais altas, esta estratégia facilmente pode ser um tiro pela culatra. Muitos processos de avaliação de desempenho 360º incluem a revisão de seus chefes (ou até mesmo requerem a sua aprovação) em relação às pessoas que você escolheu como avaliadores, de modo que você pode facilmente ser pego tentando trapacear. E você pode pensar que os seus amigos lhe darão boas notas, mas pode ser que isto não aconteça. Algumas vezes eles sentem que precisam dar opiniões honestas pois estariam tentando ajudá-lo a se tornar um líder melhor. O melhor conselho para se obter dados úteis e confiáveis de avaliações de desempenho 360º é garantir que você tenha escolhido uma ampla gama de indivíduos que trabalham regularmente próximo de você e que representem uma perspectiva ampla.

Uma parte padrão do processo em alguns sistemas 360º é discutir a escolha de seus avaliadores com o seu chefe. Se você não estiver alinhado com o seu chefe nesta questão, na reunião para análise retrospectiva de talentos, ele e outros poderiam rejeitar os seus resultados por perceberem uma tendência de sua parte. Ficará patente para eles a diferença nos resultados (em aspectos como sua coragem, caráter e liderança) das avaliações feitas apenas por amigos por você escolhidos e aquelas feitas por pessoas severas, mas imparciais em suas opiniões. De forma contrastante, indivíduos que evitam *feedback* sobre o seu desempenho e desenvolvimento raramente são vistos como profissionais de grande potencial.

Ao ser proativo e consciencioso sobre seus avaliadores, você demonstrará sua abertura a *feedback* e disposição de aprender a partir do processo. Estes sinais de ser um líder de grande potencial serão notados. Supõe-se que profissionais de grande potencial procurem opinião de terceiros e aprendam a partir disso, e não o contrário, ou seja, tentam se esconder.

Como as empresas usam os resultados de avaliações de desempenho 360º. Roger, Joy e Victoria são três candidatos que estão sendo considerados para uma nova função na região do Pacífico asiático. O cargo exige estabelecer uma estratégia e impulsionar o crescimento em um novo empreendimento com uma cultura diferente e funcionários disponíveis de sua matriz. Todos os três candidatos passaram recentemente por uma avaliação de desempenho 360° com *feedback*. Uma síntese dos seus resultados divididos pelas oito principais competências de liderança segundo a empresa é apresentada na Tabela 7-1. Os resultados representam as notas médias que receberam de seus subordinados diretos combinados com aquelas dadas por colegas do mesmo escalão. Normalmente, estas seriam separadas, porém, para facilidade de interpretação as combinamos em uma só e usamos uma gradação de tonalidades para ilustrar a classificação deles. Uma tonalidade escura é um ponto forte claro (isto é, em que obtiveram uma pontuação acima da média). A tonalidade branca é uma clara oportunidade para se aperfeiçoarem no quesito (isto é, em que obtiveram uma pontuação abaixo da média) e uma tonalidade cinza indica um posicionamento próximo da média.

Ao observar os dados sem mais nada além, você poderia classificar os candidatos por pontos fortes e, consequentemente, colocar Victoria (com cinco pontos fortes) em primeiro lugar, seguido por Roger (com quatro) e, finalmente Roy (com apenas dois), em último lugar. Mas ao pensar nas exigências do cargo, a decisão merece maior reflexão. O candidato de grande potencial ideal para o cargo na região do Pacífico asiático requer uma mistura de competências estratégica e de execução.

TABELA 7-1

Resultados da avaliação de desempenho 360° de três candidatos a líder

Aspecto de liderança	Roger	Joy	Victoria
Pensamento estratégico	Ponto Fraco	Dentro da média	Ponto forte
Estabelecimento de diretrizes	Ponto forte	Dentro da média	Ponto Fraco
Habilidade operacional	Ponto forte	Ponto forte	Ponto Fraco
Inspira os demais	Ponto Fraco	Ponto Fraco	Ponto forte
Pensamento global	Ponto Fraco	Dentro da média	Ponto forte
Espírito colaborativo	Ponto forte	Dentro da média	Ponto forte
Age com integridade	Dentro da média	Dentro da média	Ponto forte
Predisposição para o aprendizado	Ponto Fraco	Ponto forte	Ponto forte

☐ Ponto Fraco ■ Dentro da média ■ Ponto forte

O candidato também precisa ter habilidade no trato com as pessoas para possibilitar uma transição suave nos estilos de liderança e gerenciamento de acordo com as respectivas culturas organizacionais.

Portanto, que perfil de candidato é o mais indicado? Não é o do Roger. Embora Roger seja bom em termos operacionais (um dos melhores na sua posição), ele não demonstrou sua capacidade de operar em um nível mais estratégico (pelo menos segundo as pontuações recebidas de terceiros na avaliação de desempenho 360º). Embora isto não seja suficiente para eliminá-lo, o fato de ele também apresentar deficiência no quesito "modo de pensar global" o coloca em desvantagem para o cargo fora dos Estados Unidos. Se sua predisposição para o aprendizado fosse maior (também abaixo da média e sua terceira área de oportunidade no todo), talvez ele fosse capaz de formar novas habilidades e superar estes obstáculos. Porém, dado este perfil, a empresa não escolheria Roger para um cargo internacional estratégico como este.

Victoria, por outro lado, se destaca exatamente nestas mesmas áreas em que Roger apresenta lacunas. Tem como pontos fortes o pensamento estratégico e o modo de pensar global. Também é uma líder que inspira os outros e que colabora muito bem. Será que a empresa a escolheria para o cargo? Talvez, mas muito provavelmente não. Apesar de seus cinco pontos fortes, suas deficiências em duas áreas (estabelecimento de diretrizes e habilidade operacional) seriam suficientes para barrá-la para a indicação. A preocupação da empresa em relação a Victoria seria que, embora fosse capaz de transmitir energia às pessoas e pensar grande, talvez não fosse capaz de executar.

No final das contas, Joy, que teve o menor número de pontos fortes como um todo (habilidade operacional e predisposição para o aprendizado), provavelmente seja a melhor escolha. Ela possui uma gama de capacidades em todas as áreas necessárias e é excepcional tanto na execução quanto no aprendizado. Provavelmente irá aprender o que for necessário para atingir as suas metas. Seu único defeito flagrante é a incapacidade de inspirar os outros e isto, provavelmente, esteja mais relacionado com o seu próprio estilo (já que seu modo de pensar global e espírito colaborador em uma organização com estrutura matricial são sólidos) do que com um comportamento ruim. Joy poderia até mesmo ser alguém visto, às vezes, como uma profissional categoria B e não como uma superstar, mas sua consistência nas diversas competências e pontos fortes necessários são a combinação justa para o cargo. Se o cargo estivesse mais voltado para o estabelecimento de estratégias (com a execução sendo dada para outra equipe ou líder), então certamente a escolha recairia sobre Victoria.

Testes de Personalidade

Testes de personalidade são outra forma de sondagem, mas provavelmente isto será feito de forma individualizada. Provavelmente você já passou pelo menos por um, se não vários, testes de personalidade na escola como parte de um exercício de formação de equipe ou em um processo de seleção. Talvez você tenha preenchido um daqueles questionários simples de vinte perguntas em sua revista favorita sobre o tipo de pessoa que você é ou o que você espera de um futuro parceiro. Os testes de personalidade são muitas vezes usados em avaliações de potencial. Embora possam se basear em muitas teorias e modelos diversos, o campo da psicologia está alinhado em torno de um conjunto de cinco "grandes fatores" de personalidade, chamados de "Os Cinco Grandes" Traços de Personalidade que abarcam todos os tipos de modelos e medidas: extroversão, agradabilidade, consciência, abertura a novas experiências e instabilidade emocional.

Embora o campo da psicologia tenha se fundamentado nos "Cinco Grandes", os testes que as empresas usam na avaliação de talentos variam. Muitos no mercado, como o Hogan Personality Assessment Suite, se baseiam num número maior de fatores do que apenas estes cinco. Porém, independentemente de qual ferramenta seja usada, o processo de medição é o mesmo – todos se baseiam em autodeclaração. Você preenche suas próprias respostas.

Conselhos antes de realizar um teste de personalidade. O objetivo do teste é ajudá-lo a entender suas tendências fundamentais gerais e aquilo que o impulsiona. A empresa também está avaliando se você desenvolveu ou não maneiras de se adaptar a quaisquer possíveis desafios, baseado na sua personalidade. Por exemplo, se for uma pessoa introvertida, mas quer trabalhar em uma empresa grande onde as relações são vitais, você saberia como superar esta introversão e já fez isto no passado? Da mesma forma, se for instável emocionalmente e se irritar facilmente, você sempre parecerá ansioso no trabalho? Ou encontrará uma maneira de conter esta energia e demonstrar uma atitude de tranquilidade, como um líder experiente provavelmente deveria?

Você deve estar pensando por que razão eu admitiria que, entre outras coisas, sou emocionalmente instável e nervoso? Bem, você não está respondendo diretamente as perguntas sobre estes estados internos (ao menos, não nas medidas mais sofisticadas usadas em programas de avaliação). Pelo contrário, uma série de itens tipicamente tem um peso maior dentro de uma escala de importância. Não há nenhuma maneira fácil de fraudar ou enganar um teste de personalidade. Algumas ferramentas possuem índices disfarçados que revelam aos que estão interpretando os testes que você tentou manipular o resultado. Portanto, geralmente é preciso aceitar as perguntas feitas como elas são. Faça o máximo possível para seguir as instruções ao preencher a avaliação, passando de uma questão a outra o mais rápido possível e com um olhar dirigido à vida profissional (e não pessoal), a menos que a ferramenta esteja lhe dizendo para fazer o contrário.

Não faça o teste aos picados, por exemplo, durante as diversas etapas de um voo com escalas. Isto pode distorcer seu julgamento e produzir alguns resultados surpreendentes e estranhos no relatório, tornando quase que impossível interpretá-los em uma reunião para análise retrospectiva de talentos.

Avaliação

Um executivo tentou completar seu teste de personalidade ao longo de uma semana inteira em que estava viajando muito. Completou um trecho do texto na sala de espera de um aeroporto, o trecho seguinte em um quarto de hotel duas noites depois de um dia cheio de reuniões e o terceiro segmento no ônibus no caminho de volta para casa saindo do aeroporto. O resultado foi um padrão de resultados em que ele parecia ser muito nervoso, propenso a tomar decisões precipitadas e que facilmente perdia a calma e, ao mesmo tempo, não apresentando sinais de ansiedade, com grande autocontrole e julgamento sólido e sempre calmo e até mesmo moderado.

Fazer e refazer testes de personalidade dificilmente ajuda. Primeiramente, muitas das ferramentas foram desenhadas para detectar estes tipos de comportamento com "índices falsos" ou testes para respostas socialmente desejáveis. O resultado será que suas respostas serão consideradas inválidas e todo mundo vai ficar sabendo que você tentou manipular os resultados. Em segundo lugar, independentemente de quanto tempo passe entre os testes, as avaliações de sua personalidade básica permanecem estáveis ao longo do tempo. Embora possam ocorrer mudanças (sendo mais provável que isto aconteça à medida que vai ficando mais velho e eventos importantes aconteçam em sua vida), os resultados normalmente são bem consistentes.

Um de nós estava trabalhando com um líder bastante experiente que acabara de receber o *feedback* de um teste de personalidade. Embora os resultados indicassem que ele tinha um perfil de liderança carismática e firme, ele não estava contente com as pontuações obtidas na metade de sua trajetória profissional no que tangia o aspecto curiosidade intelectual. Ele acreditava ser mais criativo e intelectualmente curioso do que o teste indicara. Ele deixou entender que havia tido um dia "ruim" na primeira vez que foi avaliado e pediu para refazer o teste de personalidade. Sua pontuação foi apenas ligeiramente maior do que na primeira vez no aspecto "inquisitivo", apesar do seu claro interesse de aumentá-la significativamente no segundo teste. As demais pontuações obtidas por ele no teste foram praticamente idênticas. Não era tão fácil assim influenciar nos resultados, apesar de sua evidente ciência do que ele pretendia mudar.

Entrevistas

As entrevistas são semelhantes às avaliações de desempenho 360º já que se concentram em experiências e comportamentos por você demonstrados no ambiente de trabalho, só que desta vez um entrevistador está lhe fazendo as perguntas diretamente. Embora algumas organizações usem entrevistadores internos, em muitos programas de avaliação são usados entrevistadores terceirizados para coletar os dados, aumentando o grau de confidencialidade. O lado negativo, obviamente, é que a cultura da empresa e o contexto do ambiente de trabalho são perdidos. Entrevistadores externos não sabem nada a respeito daquele seu cliente exigente ou das dificuldades do seu trabalho com a firma de auditoria e, portanto, os exemplos comportamentais não serão tão incisivos quanto poderiam ser aos olhos de um entrevistador interno.

Os dados de uma entrevista são, por sua própria natureza, menos quantitativos e, portanto, exigem uma análise de tema ou conteúdo (refira-se ao Capítulo 5 para saber mais como isto é feito) para transformá-los em informações que possam ser colocadas em prática. Quando ela realiza uma entrevista para um processo de gestão de talentos, sua empresa se concentra em medir as capacidades individuais nas competências mais críticas segundo a visão do alto escalão. Por exemplo, se a sua empresa estiver avaliando pensamento estratégico, entre as possíveis perguntas que o entrevistador faria, temos: "Fale-me a respeito de uma oportunidade em que você se viu diante de um problema importante que exigiu que você elaborasse uma nova solução estratégica para resolvê-lo. Qual era o contexto do problema? Quais foram os elementos de sua estratégia? Como você desenvolveu sua estratégia? O que aconteceu em consequência da introdução desta estratégia? O que você aprendeu como resultado de ter trabalhado neste problema difícil?" O entrevistador teria um gabarito ou tabela de pontuação com os tipos de exemplos para pesquisar e determinar qual foi o seu desempenho na entrevista.

Como se preparar para uma entrevista. É possível influenciar positivamente o resultado de entrevistas prestando-se muita atenção ao que o entrevistador está perguntando e, então, ser claro e conciso nas respostas tomando-se como base aprendizado e experiência própria. Tente não se apresentar com um tom de voz monótono, sem demonstrar paixão pelo que faz, pelas pessoas que trabalham com você, pela sua empresa e sua carreira. A comunicação não verbal é um fator importante neste caso.

Pode-se fazer um pouco mais caso já se conheça de antemão o processo de entrevista. Algumas empresas usam a entrevista para determinar competências demonstradas em seus comportamentos passados (denominados eventos críticos). Nestes casos, antes de se apresentar para a entrevista, reveja o modelo para análise do potencial para liderança de sua empresa, o histórico de seus

EXEMPLOS DE TÓPICOS ABORDADOS EM ENTREVISTAS COMPORTAMENTAIS

- Fale-me a respeito de uma oportunidade em que você teve que liderar um grande projeto de mudança organizacional com problemas complexos e partes interessadas diversas. Como você lidou com as diferentes necessidades destes grupos? Como você se deu em relação a engajar as partes interessadas de modo a conseguir apoio e garantir a implementação das mudanças?

- Descreva uma situação em que teve grandes dificuldades para estabelecer um relacionamento efetivo com alguém importante. Como você finalmente superou esta dificuldade (ou você realmente conseguiu)?

- Conte-me um exemplo de quando você não atendeu às expectativas de um cliente. O que aconteceu e como você tentou resolver a situação?

- Descreva uma oportunidade em que teve que trabalhar de perto com alguém cuja personalidade ou estilo de liderança era muito diferente da sua. Como você resolveu estas diferenças?

- Dê-me um exemplo em que foi capaz de influenciar alguém para ver as coisas a sua maneira – alguém que inicialmente sustentava um ponto de vista diferente do seu ou que até fosse contrário a sua visão.

- Conte-me sobre uma oportunidade em que foi capaz de ser criativo no seu trabalho. O que foi estimulante ou difícil a este respeito? O que fez sua abordagem ser criativa em contraste com outras formas de resolver o problema?

---

trabalhos realizados bem como o seu currículo. Relembre exemplos incisivos em que você fez o seu melhor (ou em que você tenha aprendido o máximo da situação). Certifique-se de estar preparado para descrever estes exemplos de modo articulado e com detalhes suficientes sobre os sucessos atingidos na carreira, desafios e adversidade enfrentados, relacionamentos difíceis, as maiores lições aprendidas, insucessos e assim por diante.

Provavelmente uma equipe para contagem de pontuação irá subdividir suas histórias em trechos de conteúdo e os codificarão através de pontuações para ter dados analisáveis para discussão na reunião de análise retrospectiva de talentos. Por exemplo, um revisor poderia analisar como você falou a respeito do seu pessoal e o que você fez por eles durante um exemplo de caso de um esforço importante de mudança. Você demonstrou empatia e preocupação pelo bem-estar deles ou preocupou-se exclusivamente com os negócios ao introduzir a iniciativa de produtividade mais recente (isto é, demonstrando "cabeça" e não "coração")? Organizações mais sofisticadas possuem uma equipe de entrevista para calibrar as pontuações de modo a garantir que o nível de detalhes das histórias fosse igual entre os entrevistados.

Os entrevistadores tentarão sondar detalhes, mas provavelmente eles não lhe dirão diretamente o que querem ouvir ou sobre que tipos de comportamentos eles estão perguntando. Portanto, você precisa associar grandes experiências na carreira a dinâmicas muito complexas e discuti-las como ponto de partida. Quanto mais perspicaz e sensata for a história, melhor será a pontuação obtida. O quadro "Exemplos de Tópicos Abordados em Entrevistas Comportamentais" contém exemplos de perguntas muitas vezes usadas na prática.

Testes de Habilidades Cognitivas

Os testes de habilidades cognitivas são concebidos para medir vários aspectos referentes a habilidades de comunicação, numéricas, espaciais, de resolução de problemas e pensamento crítico. Em suma, elas medem a aptidão para aprender e processar informações. Se você já passou por algum exame padronizado na escola (como o SAT, GRE, GMATs, etc.), é bem provável que esteja familiarizado com algumas variantes destas ferramentas. Entretanto, pelo fato de os testes de habilidades cognitivas também estarem associados com medições gerais de inteligência (QI), talvez eles sejam um dos tipos de avaliação mais intimidadores.

Os testes de habilidades cognitivas são usados com muito mais frequência na seleção de candidatos externos do que em atividades internas de desenvolvimento de liderança. É muito difícil (para não dizer impossível) modificar o seu nível de habilidades cognitivas. Pode ser que você consiga criar subterfúgios ou estratégias alternativas para solucionar problemas complexos, mas, em geral, pensa-se que os índices de inteligência sejam fixos. Consequentemente é melhor usar estes tipos de ferramentas para pessoas que estão ingressando na empresa em vez de tentar desenvolvê-las depois que já estiverem dentro dela. Isto dito, as empresas realmente empregam certos tipos de testes cognitivos voltados para as habilidades de pensamento crítico e resolução de problemas para ajudar a incrementar a identificação de profissionais de grande potencial entre os celeiros de talentos que elas possuem internamente. O *benchmark* de Church e Rotolo constatou que quase 40% da amostra de oitenta destacadas empresas fazem uso deles tanto com profissionais de grande potencial como executivos experientes. Entre algumas das ferramentas mais usadas temos o Watson Glaiser Critical Thinking Appraisal, Wonderlic e Ravena Advanced Progressive Matrices.

Como se preparar para um teste de habilidades cognitivas. No que diz respeito ao preparo para testes de habilidades cognitivas, não há muito o que fazer a não ser concentrar-se na tarefa em mãos. Como acontece com muitas outras avaliações, certifique-se de ter uma boa noite de sono antes de fazer o teste e seguir as instruções dadas (em geral estes testes serão cronometrados ou até mesmo contarão com a presença de vigias para minimizar a burla). A melhor orientação que podemos dar é fazer simulados com antecedência. Caso saiba qual o tipo de teste cognitivo está sendo usado, isto poderia ajudá-lo a rever antes perguntas parecidas (muitas delas podem ser encontradas na Internet). Por exemplo, o Ravens é um teste on-line não verbal formado por quebra-cabeças (algumas pessoas adoram este tipo de teste), ao passo que o Watson Glaser é uma avaliação que se concentra na compreensão de texto, muito parecido com os GREs.

Realizando Testes para encontrar a Elusiva "Pinta de Executivo"

Um recente estudo voltado para aquilo que as empresas usam para identificar profissionais de grande potencial observou que 35% delas mede, de alguma maneira, a "pinta de executivo".[6] Embora "pinta de executivo" não seja nem um fator X nem um traço de personalidade ou competência de liderança reconhecido, muitas empresas a adotam em análises retrospectivas de talentos ao descrever pessoas. Contudo, ninguém consegue explicar exatamente o que seja isto. Se você indagar executivos experientes em praticamente todas as empresas, eles dirão "eu sabia disso logo que vi aquela pessoa". É próximo do conceito de "potencial", embora não sejam mutuamente exclusivos.

Na realidade, a "pinta de executivo" é uma combinação de vários elementos diversos que podem diferir enormemente de uma organização para a outra. Algumas vezes é simplesmente a somatória das qualidades que muitos executivos prezam dentro da empresa. Embora difícil de definir, a "pinta de executivo" é real para a maioria dos altos executivos ao discutirem o talento de um indivíduo. É preciso entender o que isto significa concretamente em sua organização e então considerar como você poderia ser percebido nesta área.

Considere, por exemplo, um brilhante programador que tem as qualidades para liderar uma organização, mas que não tem o preparo necessário para influenciar em níveis hierárquicos elevados. Pode ser que falte a ele a habilidade de ser conciso, muitas vezes se aprofundando demais em suas apresentações naquilo que os executivos acabam considerando uma demonstração de querer sair pela tangente (isto é, ele é limitado em sua capacidade de tradução das complexidades). Ou considere então o executivo reservado que parece ser o cara certo para o cargo, mas muitos passarão a considerá-lo um sujeito ineficiente e incapaz tão logo passem a discutir uma estratégia comercial com ele. Talvez ele chegue até certo ponto por ser agradável e refinado na apresentação, mas no final das contas sua falta de capacidade o acabará denunciando. Isto normalmente resulta em um pedido de demissão ou na demissão do funcionário por parte da empresa devido à hierarquia atingida e ao grau de impacto que poderia ser causado. Uma das razões para as empresas usarem ferramentas de avaliação é o fato de os dados resultantes poderem acelerar o processo de identificação de ambos os casos acima. As ferramentas de avaliação podem ajudar a companhia a preparar o programador para que este possa progredir e, ao mesmo tempo, botar o sujeito incapaz no olho da rua.

Mesmo que você não consiga descobrir exatamente como os seus chefes e os chefes destes definem "pinta de executivo", concentrar-se nos cinco fatores X irá ajudá-lo a ser percebido como possuidor desta característica.

Como Influenciar o Processo de Avaliação

O processo de avaliação pode ser intimidador, porém, você pode influenciá-lo de maneira positiva.

Primeiramente, tente descobrir quais ferramentas são as mais importantes em termos de influência nas análises retrospectivas de talentos. Sua empresa e os líderes envolvidos nas tomadas de decisão referentes a talentos irão determinar quais têm o peso maior. A cultura da empresa, a perspectiva dos gerentes sobre o seu futuro (e potencial), o tipo de cargos sendo preenchidos e qualquer tendência por certos tipos de medições influenciarão o processo. Por exemplo, as percepções de seus subordinados diretos obtidas de análises de desempenho 360º podem ser mais importantes do que aquelas de seus colegas de mesmo nível hierárquico e chefes. Neste caso, isto significa que os executivos responsáveis pela escolha estão focados nas habilidades fundamentais de gestão e liderança e como você trabalha com a sua equipe. Outras empresas poderiam dar maior ênfase ao perfil de personalidade (você pensa em termos da situação como um todo e é suficientemente criativo para levar a empresa adiante?) ou, quem sabe, baseadas nos resultados do centro de avaliação (você é, naturalmente, um colaborador e lida bem com conflitos com seus pares em situações de estresse?).

Em geral, uma boa forma de determinar quais são os valores da empresa é onde ela investe bastante dinheiro. Todos os processos de avaliação demandam tempo e dinheiro. Portanto, caso esteja sendo considerado para ocupar um cargo e tiver uma avaliação (ou mesmo se houver um processo de avaliação geral que você indique a si próprio), considere o tamanho e a escala envolvidos. Isto poderá muito bem indicar sua importância e que peso terá na avaliação. Por exemplo, se a empresa está disposta a investir para que funcionários passem um dia todo fora em um centro de avaliação com psicólogos organizacionais/industriais terceirizados envolvidos no processo, provavelmente isto tem um grande peso.

Em segundo lugar, concentre-se nas coisas que irão ajudá-lo a ter o melhor desempenho possível:

- Apresente uma visão honesta e precisa de si mesmo.
- Esteja preparado caso seja fornecido treinamento prévio.
- Saiba o que é importante para a empresa e dê uma reforçada nos seus conhecimentos com antecedência se for passar por algum teste.
- Apresente-se bem-disposto e esteja pronto para participar ativamente caso ocorram entrevistas, testes em centros de avaliação ou simulações.
- Encare o processo seriamente; dedique tempo e reserve espaço na sua agenda caso necessário.
- Tenha sempre seus fatores X como prioridade.

O que Fazer Depois do Processo de Avaliação

Uma visão consistente advinda de nossa experiência é a influência positiva ou aura que algumas pessoas recebem por formalmente reconhecerem oportunidades para a sua própria evolução e por já ter pronto um plano de desenvolvimento pessoal detalhado e bem meditado. Em geral, as organizações exigem que você elabore um plano desses após ter participado de um programa de avaliação. Da mesma forma, quase certamente após um processo de análise retrospectiva de talentos ou de um programa para formação de liderança, os indivíduos vistos com potencial para cargos maiores terão planos que a empresa disponibiliza para ajudá-los.

Entretanto, temos observado que aqueles indivíduos que de forma proativa elaboram um plano de desenvolvimento pessoal e fazem saber quais são suas ideias e planos antes de a organização exigir isto deles, têm mais chances de serem vistos como estrelas. Eles reconhecem suas limitações (ou pelo menos parte delas) e trabalham no sentido de encontrar uma solução através de aprendizagem e crescimento. Conforme discutido anteriormente, a aprendizagem é um indicador de tendência de que a pessoa tem potencial. Mesmo que você se concentre nas áreas erradas segundo o ponto de vista da empresa (por exemplo, você está se aprofundando no tema visão do cliente para se tornar um melhor vendedor quando a empresa deseja que você desenvolva seu modo de pensar global), o simples fato de se concentrar no seu aprendizado e crescimento como líder já conta pontos.

Ao contrário, aqueles indivíduos indiferentes ao próprio aperfeiçoamento, no final das contas, perderão sua condição de profissional de grande potencial. Muitas ferramentas de avaliação como o Hogan Personality Assessment Suite, entrevistas e até mesmo avaliações de desempenho 360° com *feedback* captarão estas tendências. Uma deficiência não reconhecida, ignorada ou simplesmente disfarçada por arrogância não pegará bem em nenhum processo de avaliação de talentos. Embora possa ter convencido o seu gerente de suas capacidades, outros detectarão suas deficiências. Isto pode se traduzir em sua ruína no curto (ou longo) prazo.

Reúna o *feedback* dado por seus colegas a seu respeito ou, pelo menos, invista algum tempo refletindo sobre seus pontos fortes e oportunidades e elabore um plano sério visando o seu próprio aperfeiçoamento. Pense no longo prazo em termos de tipos de função que gostaria de desempenhar na atual empresa e o que seria preciso fazer para consegui-los. Será que você deveria se planejar para uma função em um setor diferente ou, quem sabe, em outro país? Precisaria tentar uma nova função para completar suas competências ou, quem sabe, trabalhar na matriz para melhor entender a política corporativa ou a estratégia da empresa? Talvez você precise vivenciar fortes emoções (e os riscos a elas associados) de trabalhar em um novo empreendimento. Se, ao contrário, seu plano for focado em desenvolver ou incrementar um conjunto específico de competências como, por exemplo, exercer uma liderança que inspire os demais, pense que medidas você precisaria tomar na atual função para formar esta capacidade. Precisaria elaborar um manifesto com uma clara visão para que sua equipe o siga? Envolver um *coach* ou parceiro externo com alguém dentro da empresa que possam lhe observar em ação e lhe dar *feedback* imediato? Ou quem sabe, investir tempo na construção de laços mais estreitos com cada um de seus subordinados diretos, procurando saber quais são os interesses deles em relação às suas carreiras e solicitando ideias concretas para melhorar o funcionamento de sua equipe?

No final, não existe uma resposta simples. O melhor caminho para o desenvolvimento é um que se coadune com as suas necessidades e situação e um que você irá se comprometer pessoalmente a seguir. Se for capaz de criar uma versão própria de um esboço de plano de desenvolvimento pessoal que traduza parte deste conteúdo, você estará demonstrando que pensa de maneira ampla em relação às suas aspirações em termos de carreira e competências em geral.

O que Não se Deve Fazer em Processos de Análise de Talentos de Grande Potencial

Uma questão final é o que não fazer ao se preparar para análises retrospectivas de talentos, e para o processo final para tentar descobrir quais são os profissionais de grande potencial. Primeiramente, assegure-se que as informações por você fornecidas sejam precisas e honestas. Jamais falsifique alguma coisa em sua experiência acumulada. Além disso, não ameace que irá sair da empresa como forma de acelerar um parecer de que você pode ser chamado de profissional de grande potencial. Em ambos os casos o tiro sairá pela culatra. (Falaremos mais a respeito das consequências no Capítulo 8.)

Da mesma forma, não se exima ou adie uma avaliação. Participe mesmo que tenha receio de ir mal. As avaliações têm um custo de milhões anualmente, portanto, quando uma empresa identifica alguém para passar pelo processo de avaliação, em geral ela está interessada em investir nos participantes por alguma razão. Se você recusar o convite ou tentar adiá-lo, estará dando um sinal de que, intencionalmente ou não, você não quer ser um sério concorrente para o celeiro de profissionais de grande potencial da empresa. Algumas empresas, por razões profissionais, até podem deixar passar batido e darem a você uma segunda chance de participar. Outras provavelmente irão considerá-lo carta fora do baralho neste ponto. Em ambos os casos elas colocarão em dúvida sua capacidade de assumir maiores responsabilidades. Afinal de contas, se você mesmo não confia em sua capacidade de se sair bem, quem mais deveria?

Não espere (ou solicite) adiamento para participação de processos de avaliação (ou ser liberado de certas obrigações para poder participar). Espera-se, de profissionais de grande potencial, que encontrem tempo para passar pelos processos de avaliação além de suas tarefas rotineiras, mais uma vez um indicador de sua capacidade de assumir responsabilidades maiores e mais complexas.

. . .

Os dados gerados a partir de ferramentas de avaliação formais são apenas um dos elementos utilizados por uma empresa para decidir a respeito do potencial de alguém. A decisão final acontece em uma reunião formal onde as pessoas discutem sobre os talentos e tomam decisões sobre colocação ou promoção. Portanto, o processo organizacional mais importante que influenciará na decisão final para você ser considerado ou não um profissional de grande potencial é denominado análise retrospectiva de talentos. A menos que você tenha participado de uma reunião para análise retrospectiva de talentos, provavelmente você não tem a mínima ideia sobre o seu funcionamento. Para muitos ela representa mais uma caixa preta do RH.

No próximo capítulo analisaremos com maior profundidade esta análise, inclusive sobre outro componente-chave que você precisa ter pronto e certo com antecedência: o seu perfil de funcionário, aquele documento que contém todas as informações críticas a seu respeito. Aqueles que irão tomar decisões farão uso desta fonte de informação ao discutirem o futuro de um colaborador. Garantir que a organização tenha as informações mais precisas e atualizadas a seu respeito é vital.

Lições Importantes

- Se sua empresa solicitar a sua participação em uma simulação, dedique a energia e foco apropriados. Quanto mais você souber sobre o que é importante para a sua organização e seus imperativos culturais (Capítulo 9), melhor você se dará na simulação.

- Se uma simulação envolver outras pessoas, tente demonstrar tranquilidade, mesmo que esteja estressado. O estresse talvez seja exatamente aquilo que os avaliadores estejam querendo testar.

- Influenciar diretamente avaliações de desempenho 360º com o intuito de melhorar suas notas é algo difícil de fazer. Embora algumas pessoas tentem escolher apenas os seus amigos e aliados como avaliadores na esperança de obter notas mais altas, esta estratégia facilmente pode ser um tiro pela culatra. Muitos processos de avaliação de desempenho 360º incluem uma revisão de superiores para compensar qualquer tendência. Algumas vezes seus amigos sentem que devem ser o mais sincero possível em suas avaliações a seu respeito. Garanta que você tenha escolhido uma ampla gama de indivíduos que trabalham regularmente próximo de você.

- Não existe maneira fácil de fraudar ou enganar um teste de personalidade. Algumas ferramentas possuem índices disfarçados que revelam aos que estão interpretando os testes que você tentou manipular o resultado. Aceite as perguntas feitas como elas são, sem questioná-las. Faça o máximo possível para seguir as instruções ao preencher a avaliação, passando de uma questão a outra o mais rápido possível e com um olhar dirigido à vida profissional. Não tente fazer o teste aos picados.

- Caso seja avaliado em uma entrevista comportamental esteja pronto para relembrar exemplos em que você fez o seu melhor, certificando-se de ser capaz de descrevê-los de modo articulado e com detalhes suficientes. Associe grandes experiências na carreira a dinâmicas muito complexas, discutindo-as como ponto de partida. Tente antever os tópicos mais prováveis a serem abordados na entrevista; de antemão associe suas histórias a elas e pense nos detalhes críticos que deseja transmitir.

8

Análise Retrospectiva de Talentos
Certificando-se de que sua Organização Tem Clareza de Quem Você É e o Que Você Quer

O próximo grande problema a ser enfrentado é o processo de gestão de talentos da organização. O seu chefe e outros líderes irão se reunir para discutir sobre os funcionários e determinar quais dentre eles são profissionais de grande potencial. Mesmo que você tenha um desempenho fantástico e o seu chefe o adore, pode muito bem acontecer que você seja classificado como um ótimo "profissional categoria B" e não receba a designação de profissional de grande potencial que tanto deseja. Em suma, embora sabendo o que é preciso para ser designado profissional de grande potencial e demonstrar os comportamentos corretos todos os dias, você ainda precisa encontrar uma maneira de se deslocar no meio daquilo que muitos chamaram de a "caixa-preta" do processo de análise retrospectiva de talentos.

Neste capítulo, vamos levá-lo para dentro desta "caixa-preta" para ajudá-lo a vencer este obstáculo. Vamos descrever o que acontece nestas análises retrospectivas, bem como os componentes que normalmente fazem parte do sistema de gestão de talentos mais amplo que sustenta este processo de análise, incluindo desde o fundamental perfil do funcionário que é, essencialmente, o seu currículo on-line para uso dentro da empresa até os planos de carreira individuais. Embora todos aqueles formulários, ferramentas, avaliações e processos usados pelo RH possam ser intimidadores, eles fornecem uma visão objetiva dos pontos fortes e das lacunas das pessoas, dando a elas e à empresa uma ideia se ela seria uma boa escolha para um dado cargo ou até mesmo para fazer parte da empresa.

O que Realmente Acontece nas Análises Retrospectivas de Talentos?

Quando as pessoas falam da "caixa-preta" que está por trás das decisões referentes a talentos, elas querem dizer, basicamente, a reunião para análise retrospectiva de talentos. Esta reunião formal em que líderes se reúnem e analisam seu pessoal acontece de uma a várias vezes por ano. A General Electric identifica este processo de "Sessão C". Outras empresas, como a PepsiCo, a chamam de "Planejamento de Pessoal".

Independentemente do nome dado, você deve encarar estas reuniões de forma positiva. As empresas precisam de uma forma para fazer uma retrospectiva de seus talentos, identificar aqueles com grande potencial, para então decidir sobre uma lista de candidatos que melhor se adéquam a oportunidades e cargos a serem oferecidos no futuro. As empresas também precisam de uma forma de identificar e discutir sobre quais são os melhores e mais brilhantes talentos. Quem, no escalão mais baixo, tem o potencial de um dia dirigir a empresa? O que é preciso fazer para ajudá-los a evoluírem de forma rápida e eficiente? A maior parte dos processos de análise de talentos não são mais complexos do que isto.

É verdade, muitas vezes uma aura de mistério envolve este processo, particularmente se você não sabe como ele funciona ou o que foi dito a seu respeito. Afinal de contas, seus superiores entram naquela sala para uma reunião secreta. Quando a reunião termina, as informações sobre como eles tomaram decisões geralmente são limitadas, mas todo mundo sabe que o seu futuro e o de seus colegas foi o tema dela. Alguns colegas são sacramentados ou reafirmados como profissionais de grande potencial. Outros simplesmente são classificados como profissional categoria B que a organização quer manter. Algumas vezes fala-se até mesmo a respeito dos profissionais categoria C.

Aqui o fator X da percepção da situação é importante, pois a melhor aposta que você faz para o seu sucesso é fazer com que o seu chefe seja um verdadeiro aliado seu. Também é seu desejo ter causado uma boa impressão perante os colegas do seu chefe, outros executivos e, obviamente, o pessoal do RH.

Embora as empresas difiram entre si quanto ao grau de formalidade destas reuniões e quais aspectos são abordados (algumas vezes questões organizacionais maiores como mudanças estruturais, fusões, recursos necessários, cultura organizacional e engajamento dos colaboradores, ou então, tendências de mercado), todas elas seguem o mesmo padrão geral. Há três componentes principais em uma análise retrospectiva de talentos:

- Apresentação e discussão sobre cada funcionário (por exemplo, você), incluindo histórico profissional, desempenho, experiências acumuladas no trabalho, aspirações e preferências em termos de carreira, restrições quanto a mudanças de local de trabalho, etc.

- Informações adicionais, geralmente obtidas através de dados de avaliações formais, apresentações em programas para desenvolvimento de liderança, sessões em grupo, entrevistas ou outros métodos referentes ao seu nível em termos de pontos fortes, oportunidades e potencial para assumir funções mais importantes.

- Revisão do contexto organizacional no qual cargos atuais ou futuros serão abertos por várias razões (por exemplo, outras promoções, aposentadoria, novos empreendimentos, novas competências necessárias) para atender as necessidades da empresa – cargos estes em que você poderia estar sendo considerado.

A Figura 8-1 mostra um modelo de perfil que inclui alguns elementos contidos em um perfil do funcionário.

Durante o curso da reunião para análise retrospectiva de talentos, todos os chefes dão uma visão geral de seus subordinados, discutindo seus méritos e trajetória (por exemplo, próxima função dentro da carreira e ponderando sobre futuros cargos e tipos de experiência profissional que melhor atenderiam tanto os objetivos profissionais de seus subordinados quanto aqueles da empresa. Após todo mundo ter apresentado o perfil de seus subordinados e ter feito suas ponderações, o objetivo é se chegar a um consenso (ou a um alinhamento mínimo) sobre os indivíduos sob análise e futuras designações e etapas adiante. É simples assim (embora a tomada de decisão nestas reuniões nem sempre seja fácil). Há muita coisa acontecendo nos bastidores. Isto dito, tais reuniões são críticas para determinar se você é ou não um verdadeiro profissional de grande potencial. É aí também que ocorrem muitas decisões relativas a grandes promoções.

FIGURA 8-1
Modelo de perfil do funcionário

Nome: John Doe
Cargo: Diretor de Marketing
Empresa: Lucky Games
Local de trabalho: Xangai
Tempo no cargo: 1 ano e 3 meses
Mandato: 3 anos e meio

Maior diplomação alcançada: MBA
Faculdade/Universidade: UCLA
Área de especialização: Financeira

Experiência profissional:
- Gerente-Sênior de Marketing, US Actions Figures
- Gerente de Marketing, US Educational Toys

Experiências críticas adquiridas:
- Experiência no exterior (Estados Unidos)
- Multidisciplinaridade
- Liderança de uma equipe grande
- Realização de mudanças e inversão de tendência

Experiência anterior:
- Gerente de Marketing, Engenheiro de Sistemas de Informação
- Vendedor Associado, Manuais Técnicos e Didáticos

Experiências críticas:
- Experiência internacional
- Diferentes ramos de atuação
- Startup

Aspirações na carreira:
- CMO Lucky Corporation

Disponibilidade para transferências: Para qualquer ponto onde a Lucky opere
Idiomas: Fluente em inglês e espanhol

Análise Retrospectiva de Talentos

Se você quiser saber se as discussões sobre sua condição como profissional de grande potencial são profundas todas as vezes, diríamos que não. A probabilidade de uma discussão sobre suas capacidades ser aprofundada depende de três fatores:

1. O seu nível hierárquico dentro da organização (quanto mais alto, maior a possibilidade de seu potencial futuro ser discutido em detalhes).
2. O grau de formalidade, rigor e tempo alocado que o processo de análise retrospectiva de talentos de sua organização segue.
3. A preparação e as percepções do seu chefe.

Suponhamos, por exemplo, que o seu chefe se prepara para este tipo de reunião e apresenta ao grupo presente uma avaliação do seu potencial embasada em dados e razões que julga apropriados (ou exigidos pelo processo). A melhor chance de ser visto como um profissional de grande potencial pela organização como um todo é fazer com que o seu chefe o apresente como um profissional deste tipo antes da reunião para análise retrospectiva de talentos. É relativamente raro alguém apresentado como profissional categoria B no início da reunião sair com o status de profissional de grande potencial ao final dela. Por outro lado, mesmo que você seja classificado como profissional de grande potencial quando o seu chefe adentra a reunião, é bem comum (cerca de 10-20% das vezes) você acabar sendo retirado da lista devido a problemas ou *feedback* negativo que outras pessoas possam saber ou ouviram dizer a seu respeito.

Consequentemente, o seu desejo é que o seu chefe lhe apresente segundo a melhor perspectiva possível. Caso ele não o conheça bem ou tenha uma opinião desfavorável em relação às suas capacidades (ou pior ainda, nem compareça à dita reunião), é improvável que você seja posicionado ou permaneças como profissional de grande potencial por muito tempo. Mesmo que outras pessoas achem que você tem grande potencial, o seu chefe é o seu principal defensor na sala de reuniões. Foi esta a razão para iniciarmos o nosso livro com o primeiro dos fatores X – percepção da situação. A sua relação com o seu chefe é fundamental para você ser designado como um profissional de grande potencial. A única exceção poderia ser ter um histórico de profissional de grande potencial (bem como um alto desempenho) no passado e ter apoiadores do alto escalão que sejam particularmente entusiastas em relação à continuidade do seu potencial no futuro.

Como Influenciar o Processo de Análise Retrospectiva de Talentos

Como influenciar o processo de análise retrospectiva de talentos em si? Qual a melhor maneira de garantir que você está sendo bem representado durante a discussão? Sondagens e avaliações medem suas habilidades em termos de pensamento estratégico, seus conhecimentos financeiros ou o quanto você colabora com os demais. Esta parte do seu perfil do funcionário é difícil de ser preparada e influenciada.

É preciso garantir que você sempre esteja atuando a pleno vapor. Se não for alguém com alto desempenho, é improvável ser visto como qualificado para futuros cargos de liderança. Portanto, você deve apresentar um desempenho acima da expectativa. No Capítulo 2, identificamos as quatro zonas de oportunidade em que você pode se destacar. É preciso também se concentrar em demonstrar e dominar todos os fatores X, já que estes são indicadores-chave do seu potencial (mesmo que sua empresa não os tenha articulado diretamente). Há vários outros instrumentos para alavancagem que você precisará acionar no momento certo. Primeiramente, é preciso estar bem atento ao que aqueles que tomam as decisões estão discutindo a seu respeito, os tipos de cargos que enxergam para você no futuro e, logicamente, quando são realizadas as reuniões para análise retrospectiva de talentos. Em segundo lugar, é preciso garantir que todos os presentes nestas reuniões saibam o que você realmente quer em longo prazo na sua carreira.

Ao saberem quando irá acontecer este tipo de reunião, alguns candidatos de grande potencial ameaçam deixar a empresa caso não sejam promovidos ou não lhes seja dado o que querem. Embora algumas organizações respondam a este tipo de artimanha, e embora haja ocasiões em que elas funcionem, a tendência é provocar irritação entre os executivos e profissionais mais experientes do RH. Isto levanta a questão do comprometimento com a empresa e da lealdade ao chefe ou a outros executivos que o apoiem. Também provoca uma sensação negativa nos demais. Algumas empresas e colegas irão até as últimas consequências para que estes profissionais ameaçadores caiam fora, influenciando headhunters (recrutadores externos) na esperança que eles tenham sucesso com a sua ameaça. Embora em muitas empresas isto constitua quebra de contrato laboral (leia as letras pequenas) – algumas empresas fazem você assinar uma declaração todos os anos como parte do seu pacote de benefícios ou uma declaração de código de ética dizendo que você não irá facilitar o aliciamento de empregados por parte de terceiros, o que na prática ainda acontece.

Alguns profissionais de grande potencial que ameaçaram deixar a empresa caso não fossem promovidos, acabaram se dando conta que eles põem a si mesmos e a organização contra a parede. Eles acabam indo embora, pois suas empresas não reagem bem a este estabelecimento de condições definitivas e inapeláveis por parte deles. Mesmo que sejam promovidos, a experiência pode ser tão negativa que o indivíduo acaba mesmo deixando a empresa, num prazo de um a dois anos.

Portanto, nossa recomendação final é: caso sinta necessidade de deixar uma empresa, esteja preparado para assim fazê-lo e adote uma linha de ação legítima. Evite dramas no ambiente de trabalho e falsas ameaças. Concentre-se em desenvolver sua capacidade como líder e naquilo que você precisa para chegar lá.

Certifique-se de que o seu Perfil do Funcionário seja Preciso e Completo

Sua empresa possui um registro (arquivo) a seu respeito com o seu histórico profissional, formação acadêmica (instituições frequentadas e área de especialização) e, no mínimo, seu histórico de desempenho dentro da empresa. Garanta que este arquivo reflita os pontos de destaque mais importantes de sua carreira e seja preciso e completo.

No passado isto era chamado de "arquivo de pessoal". Ele literalmente ficava em uma pasta suspensa dentro de um armário em algum canto do RH. Hoje em dia ele é mais comumente chamado de "perfil do funcionário" e está num formato totalmente eletrônico em algum dos vários sistemas de gestão de talentos ou ligados ao RH. O seu chefe, o chefe do seu chefe, o RH e outras pessoas que poderiam estar considerando você para cargos futuros podem provavelmente acessar este registro. Estes dados não são secretos ou ocultos, mas sim um recurso positivo, uma representação sua e de suas capacidades. Considere-o um currículo on-line. Seria parecido a ter um perfil de LinkedIn interno à empresa. Este perfil é usado em reuniões para análise retrospectiva de talentos em organizações de todos os tipos e tamanhos para facilitar uma discussão a respeito de vários indivíduos.

A boa notícia é que tais informações geralmente são transparentes e estão disponíveis para qualquer um autorizado a acessá-las. Embora diferentes usuários tenham diferentes níveis de acesso (por exemplo, o seu gerente e o RH podem ver tudo ao passo que os seus subordinados diretos e colegas do mesmo nível hierárquico poderiam ser capazes de ver apenas a sua formação acadêmica e o histórico profissional, mas não suas aspirações profissionais ou avaliações de desempenho), existe apenas uma única fonte de informação sobre você como funcionário da empresa. Isto também se torna importante quando o seu próximo chefe quiser descobrir quem é você e o que fez. A primeira coisa que um possível novo gerente pede ao considerá-lo para um cargo dentro da equipe dele é o seu perfil.

A má notícia é que, se as informações forem incompletas ou imprecisas, talvez você não tenha transmitido uma imagem favorável a seu respeito. Algumas vezes as pessoas entram em uma empresa e se esquecem de colocar os seus dados logo no começo. Ficam tão ocupadas que acabam nunca atualizando no perfil do funcionário sua experiência profissional anterior ou preferências de locais, caso precisem ser transferidas. Portanto, quando, dois anos mais tarde, chega o momento de revisá-lo visando uma promoção, simplesmente as informações não constam do perfil. Mesmo que tenha fornecido as informações ao entrar na empresa, estas poderiam estar incompletas ou desatualizadas. E, mudanças organizacionais e novas tecnologias podem ter um impacto na qualidade dos dados existentes.

Considere, por exemplo, o que aconteceria com os seus dados caso entre em uma empresa que é posteriormente adquirida por outra maior e, depois, aconteça uma fusão com uma terceira. Você gostaria que as informações a seu respeito fluíssem de forma automática em cada um destes eventos. Infelizmente, pelo fato de as empresas utilizarem sistemas de dados de RH diversos e precisarem harmonizar em uma única solução toda a vez que houver uma grande mudança, dados podem ser perdidos. Você poderia chamar isto de "perda na tradução" e isto pode afetar um número qualquer de campos de dados diferentes. Embora o nome e cargo dos funcionários provavelmente estejam corretos, todo o resto está sob risco potencial.

Vimos alguns prestigiosos líderes de grande potencial de empresas que sofreram um processo de fusão serem prejudicados pelo fato de ter sido perdido todo o histórico acadêmico numa dessas transferências de dados (até mesmo o status de profissional de grande potencial). O fato passou despercebido até surgir uma reunião para análise retrospectiva de talentos. Imagine o tempo gasto e o árduo trabalho para se obter um MBA de Harvard, apenas para descobrir que tal informação não constava mais do perfil e os líderes presentes na reunião para análise retrospectiva de talentos acharem que você tinha apenas o bacharelado. Ou quem sabe você e mais dois colegas estão disputando a mesma vaga de diretor para a América Latina. Você é o único que fala espanhol e português fluentemente, além de já possuir experiência prévia na região, porém nenhum dos três perfis traz informações no item "Idiomas" ou "Experiência Profissional", não indicando que certamente você deveria ser o escolhido. Ou então, você passou cinco anos dirigindo uma filial de uma grande rede de varejo antes de entrar para a companhia atual. Durante este período, você adquiriu importante experiência como gerente de linha, embora, na atual empresa, você gerencie apenas algumas pessoas. Se seus chefes atuais não souberem a respeito de sua experiência prévia, poderão pensar que você ainda não está pronto para assumir um cargo maior de gerente de uma grande unidade de negócios.

Portanto, é preciso garantir que os dados em seu perfil sejam, na medida do possível, os mais completos, precisos e atualizados. O primeiro passo é verificar quais sistemas você pode acessar e verificar as informações lá contidas atualmente. Em alguns casos, será fácil encontrar na homepage ou intranet instruções claras de como atualizar seus dados. Já em outros, talvez seja mais difícil encontrar ou até mesmo estas informações não estejam disponíveis (total ou parcialmente) quando você acessa o sistema. A melhor forma de abordar a questão é marcar uma reunião formal com o seu chefe para discutir sobre sua carreira (conforme indicado no Capítulo 2). Durante esta conversa, peça para ver o seu perfil ou background de forma a poder garantir que as informações estejam corretas. Se tiver dificuldade em fazer isto, o próximo passo é encontrar-se com o pessoal do RH. Eles não apenas poderão permitir que você veja as informações, como também pode ser que você ache que eles sejam pacientes para ouvi-lo, podendo atuar como conselheiros de carreira.

Teoricamente, manter os dados atualizados é uma tarefa simples. É preciso atualizar o seu background uma vez e então checar periodicamente (por exemplo, em busca de uma nova função ou promoção) para ter certeza de que novas funções e avaliações de desempenho estejam lá. Algumas empresas têm épocas específicas do ano quando encorajam seus funcionários a acessarem as ferramentas e atualizarem os próprios dados de modo a poder tirar proveito disso. Se os sistemas de informação de RH da empresa funcionarem bem e os dados que você pode acessar estiverem limitados a estas poucas áreas, este poderia ser o caso. Em outras organizações, entretanto, os sistemas de RH não são avançados ou automatizados, resultando em dados incompletos ou imprecisos.

Conforme observado, quando empresas crescem através de aquisições ou fusões, o sistema de RH de uma pode não estar interligado ao da outra.

Os perfis são capazes de captar muito mais informações sobre você do que estes elementos simples. Empresas mais sofisticadas podem ter informações descritivas muito mais ricas nos perfis. Entre as informações adicionais poderíamos ter experiência profissional, disponibilidade para transferência, aspirações na carreira, treinamento avançado em competências (sejam eles internos ou externos), premiações e certificações.

Experiências adquiridas. Embora a maior parte das empresas registre os cargos anteriores ocupados no item "Experiência Profissional", algumas vão além e registram os tipos de trabalho e algumas vezes experiências críticas que você teve (para maiores informações, veja a lista-exemplo no Capítulo 4, Condução da Carreira). Pesquisas clássicas sobre profissionais de grande potencial em vários tipos de empresas diferentes indicam que as pessoas aprendem mais a partir de experiências do que de qualquer outra forma (por exemplo, forças-tarefa, tarefas especiais, treinamento formal, mentoria, *coaching*, etc.). Portanto, algumas vezes é útil o que as pessoas fizeram, de fato, em funções anteriores. Até mesmo conhecer certos atributos básicos das experiências é útil para determinar a amplitude de sua experiência profissional. Por exemplo, o perfil poderia indicar dois cargos intitulados "gerente de marketing" durante um período de quatro anos. Se estes dois cargos fossem em departamentos bem diferentes da empresa em países diferentes (por exemplo, um deles em um mercado desenvolvido como o Reino Unido e outro em um mercado emergente como a Índia), isto realmente diria algo diferente a seu respeito e como você atuou em condições bastante diversas.

Outra vantagem de um conteúdo mais detalhado no perfil é a profundidade das informações sobre cada experiência profissional vivida. Por exemplo, o seu perfil poderia indicar que você teve um desempenho destacado no seu cargo anterior como diretor de expedição, região nordeste, de 2014 a 2016. Mas o título do cargo sozinho não diz nada sobre o que você fez neste cargo, se o seu desempenho foi excepcional ou não ou o que aprendeu na função. Ao contrário, algumas informações no perfil dizendo que em seu primeiro cargo operacional você coordenou uma importante e bem-sucedida transformação no processo de despacho é muito mais útil. Ou quem sabe você tenha implantado um processo novíssimo, aumentando o desempenho lidando com (isto é, despedindo) os 10% dos subordinados com pior desempenho, tendo feito tudo isto ao mesmo tempo em que apresentou resultados acima da meta. Este é o perfil de alguém que apresenta bons resultados e tem potencial significativo para fazer mais no futuro também.

Se sua organização capta informações sobre as experiências adquiridas ou oferece a possibilidade de se fornecer detalhes de desempenho e lições aprendidas em funções anteriores, tire proveito disso.

Disponibilidade para transferência. Garanta que o seu perfil indique se você está propenso ou não a mudar-se para outro estado, região ou país para assumir um novo cargo ou promoção. Considere o que aconteceria caso dissesse que está aberto a ser transferido e um dia sua empresa lhe oferece uma oportunidade em um local onde não deseja morar e então você diz não. Isso significa que você irá se privar de uma promoção e perder a chance de ser designado profissional de grande potencial no futuro? As respostas a estas perguntas dependerão da empresa, dos cargos disponíveis e de você. Mas o ponto é que estar aberto a ser transferido continua sendo um fator importante para as empresas e o seu perfil tem que ser claro em relação às suas intenções. Lembre-se, o perfil do funcionário é a principal fonte de informação usada para descrevê-lo holisticamente nas reuniões para análise retrospectiva de talentos.

Nos últimos 40-50 anos, as organizações mudaram seu pensamento em relação a como administrar a mobilidade (disponibilidade para ser transferido) de sua força de trabalho. No período entre 1960-2000/2010, muitas empresas tinham a ideia de que todo mundo deveria estar disponível para se mudar para qualquer lugar necessário. Isto era chamado de "tapinha nas costas". Um dia o funcionário estaria gerenciando uma equipe em Boston e, no dia seguinte, diziam a ele para arrumar as malas e se mudar para Xangai. Hoje em dia, entretanto, a dinâmica é diferente devido a mudanças no contrato laboral, novas gerações de trabalhadores, um número cada vez maior em que cada um dos componentes do casal trabalha fora e tem jornada estendida para cuidar de idosos. As empresas sabem que elas não podem simplesmente dizer às pessoas quando e para onde elas devem ir para uma oportunidade de assumir uma nova função ou ser promovido. Como resposta, os funcionários irão simplesmente recusar a proposta ou deixar a empresa.

A organização ainda precisa suprir pessoal com o melhor talento possível em todos os mercados, seja em Nova Iorque, Los Angeles, Cidade do México, Dubai, China ou Reino Unido. É por isso que ter informações a respeito da sua disponibilidade para ser transferido é tão importante nas análises retrospectivas de talentos. Embora as empresas geralmente procurem preencher estas vagas com pessoal local (por uma série de razões, inclusive conhecimento da cultura local e em termos de custos), algumas funções primordiais são reservadas para profissionais de grande potencial para que possam reciclar de modo a aprender diferentes aspectos do negócio em várias partes do mundo. Mas para planejar isto de forma efetiva, as empresas precisam saber quem está disposto a morar em diferentes localidades em que a empresa opera. Seu interesse e desejo expresso em ser transferido se tornam um elemento importante no planejamento discutido em reuniões para análise retrospectiva de talentos. Caso não possa se mudar para um determinado local para ajudar no crescimento da empresa, estará limitando suas oportunidades na carreira, mesmo que todo mundo concorde que você é um talento de grande potencial.

Aspirações na carreira. Parecido com as informações contidas no perfil sobre disponibilidade para ser transferido, muitas organizações também controlam informações expressas referentes às suas metas e aspirações. Embora os processos e sistemas de talentos mais sofisticados possam conter planos de carreira detalhados com as próximas funções em mente (por exemplo, "você se vê um dia no cargo de diretor financeiro e aqui está o plano para chegar lá"), até mesmo as discussões mais básicas de análise retrospectiva de talentos em geral incluem a pergunta: "O que ele quer fazer com a própria carreira?"

Reiteramos a importância de manter conversas com o seu chefe. Estas conversas virão à tona novamente nas reuniões para análise retrospectiva de talentos. Caso possua metas e aspirações na carreira que não articulou claramente e, consequentemente, não aparecem no seu perfil, talvez sua empresa não o considere para certos tipos de oportunidades. Ela precisa saber que você quer ser promovido. Caso lhe seja oferecido amanhã aquele cargo de gerente de vendas na Carolina do Norte, você faria as malas e aceitaria a oportunidade? Também é preciso conhecer quais são suas metas a longo prazo. Você quer ser um diretor financeiro algum dia e, consequentemente, possui uma carreira com movimentação vertical (ascensional) e com profundos conhecimentos na área financeira? Ou está realmente mais interessado em ser um gerente-geral e aberto a tentar outras funções com movimentação lateral (no mesmo nível hierárquico) como nas áreas operacional, vendas, marketing ou até mesmo RH visando desenvolver um conjunto mais amplo de competências no longo prazo? Porém, conforme observado anteriormente, você deve ser insistente em relação aos cargos que aspira.

Obviamente, não coloque informações falsas em relação a sua experiência no seu perfil (por exemplo, mentir sobre o seu nível de formação acadêmica ou instituição cursada nem sobre seu histórico profissional prévio) ou experiência dentro da atual empresa. Além de errado, isto também pode lhe trazer problemas jurídicos. Já vimos gente dizendo ter MBA de prestigiosas universidades quando, na verdade, não o possuíam. Caso tenha um título acadêmico e isto não estiver aparecendo no seu perfil, certifique-se de que conste. Mas se não o possui, não invente que o tem. Mais cedo ou mais tarde, alguém descobrirá. Quanto mais alto subir na carreira, maior o risco para você e para a empresa. Simplesmente não proceda desta maneira.

Certifique-se de que os Seus Interesses Sejam Conhecidos

Certificar-se de que o seu dossiê está completo e preciso é o primeiro passo para influenciar no processo para análise retrospectiva de talentos. Outro fator importante sob seu controle é garantir que os seus interesses sejam claramente conhecidos e por quais pessoas.

Primeiramente, determine quem estará presente na reunião para análise retrospectiva de talentos e que pelo menos um ou mais destes indivíduos saibam o que você quer na esperança de que eles sejam seus apoiadores e defendam seus interesses nesta área. Se o seu chefe estiver participando da reunião, certifique-se de ter tido aquela conversa e tenha sido bem claro quanto às suas aspirações e preferências. Caso contrário (e, em alguns casos, mesmo que estejam indo participar), você talvez quisesse ter tido conversas com o chefe do seu chefe e com o pessoal do RH. Outros colegas do seu chefe (particularmente se eles forem mentores) também podem ser seus apoiadores, as perspectivas deles coincidirem com as suas.

Por exemplo, um gerente interessado em conseguir um emprego fora dos Estados Unidos "ligou" os seus interesses usando uma série de meios, inclusive conversas com o seu chefe imediato, o chefe do chefe, seu eventual chefe no local para o qual pretenderia ser transferido, o pessoal do RH e, possivelmente, o RH do local para o qual poderia vir a ser transferido. Na época em que todos discutiam a respeito deste gerente na reunião para análise retrospectiva de talentos, todo mundo sabia o que ele pretendia. Obviamente, isto não garante que ele vá conseguir o cargo desejado, já que outras pessoas poderiam ser mais indicadas para tal. Mas as longas conversas deste gerente com todas as partes envolvidas certamente podem ajudar desde que não sejam vistas como algo sendo feito por baixo do pano ou como manipulação.

Ao ter conversas sobre a sua carreira com o seu chefe, o RH e outras pessoas, pode ser que você se dê conta que suas aspirações estão fora da realidade ou, de outra maneira, não alinhadas com as percepções que a empresa tem a seu respeito. Mesmo que seja um superstar de grande potencial, pode ser que a empresa não o veja como sendo capaz de ir além das expectativas para preencher exatamente aquele cargo que você tem em mente, mas, em vez disso, outro cargo igualmente interessante para você. É ótimo que você tenha aspirações (e espera-se dos profissionais de grande potencial que as tenham), porém, se for um profissional da área operacional que deseja ser o diretor do departamento jurídico, mas sem ser diplomado em direito, será interpretado que você está querendo ir longe demais. Vimos exatamente o contrário, isto é, um experiente profissional na área de direito querendo se tornar gerente-geral nacional, embora não tendo nenhuma experiência em finanças, cadeia de suprimentos, marketing, vendas ou qualquer outra função remotamente ligada a dirigir um negócio. Embora isto possa funcionar em algumas empresas, muitas irão considerar um passo maior que a perna sem um trabalho de capacitação para cobrir lacunas críticas em termos de conhecimentos e experiência. Alguém com alta capacidade de aprendizagem poderia chegar lá, mas ainda assim exigiria um esforço tremendo.

Vale a pena explorar mesmo as mais sutis distinções na forma que a sua empresa o vê hoje. Digamos que você pertença ao departamento financeiro e deseja ser gerente-geral nacional, mas a empresa o vê como um futuro diretor financeiro. Você precisa saber disso para poder tomar as decisões corretas visando o seu futuro. Use as reuniões para discussão de carreira para descobrir isto. Você não vai querer parecer demasiadamente ambicioso por uma promoção. Os seus chefes interpretarão isto como um sinal de que você é muito superficial e não se concentra no panorama como um todo da liderança ou, no mínimo, que lhe falta consciência de si mesmo. Qualquer uma das interpretações pode manchar a sua credibilidade e ter um impacto negativo em futuras oportunidades. Se você realmente quer se tornar o próximo CEO, mas a empresa não o vê em condições para tanto, então será necessário tomar algumas decisões ponderadas sobre aspirações dentro da realidade.

Seja Proativo

Sua organização precisa ter as informações mais atualizadas a seu respeito, inclusive informações básicas de background, interesses, experiências, preferências e aspirações a qualquer momento. Se for possível, atualize frequentemente o seu perfil. Quando um elemento não é atualizado em um perfil, coloca em questão a qualidade e a atualidade dos dados contidos no sistema e em todo o prontuário. Muitas vezes, os executivos presentes em uma reunião para análise retrospectiva de talentos irão desconsiderar o prontuário todo e aguardar até que ele seja completamente corrigido, antes de prosseguir com um candidato. Você não vai querer que isto aconteça justamente num período em que estão sendo tomadas decisões. Afinal de contas, o perfil é uma representação sua em forma de banco de dados. Caso queira ser um profissional de grande potencial, a organização precisa saber o máximo possível a seu respeito.

Há um elemento organizacional final a ser considerado antes de seguir em frente com os seus objetivos na qualidade de profissional de grande potencial. Este elemento será o foco do próximo capítulo, qual seja, o contexto cultural de sua organização. Assim como a aprendizagem catalisadora é um aspecto basilar para os outros quatro fatores X, a cultura da organização onde você trabalha é fundamental para todos os dados, processos e decisões de quem são os profissionais de grande potencial. A cultura fornece uma importante camada que influencia os parâmetros e contornos de como alcançar o status de profissional de grande potencial.

Lições Importantes

- Juntamente com o seu histórico de desempenho, a relação com o seu chefe é fundamental para definir como você será classificado na reunião para análise retrospectiva de talentos. Garanta que ele seja o seu defensor. Certifique-se de ter reuniões periódicas com o seu chefe para tratar da sua própria carreira, confidenciando-lhe suas aspirações e pedindo a ele *feedback*.

- Certifique-se de apresentar um desempenho acima do esperado e concentre-se nas quatro zonas de oportunidade descritas no Capítulo 2. Esta é a exigência básica na análise retrospectiva de talentos.

- Demonstre e domine, com o máximo de suas habilidades, todos os fatores X, já que estes são indicadores-chave do seu potencial, juntamente com quaisquer competências de liderança específicas que a sua empresa mensure e valorize.

- Para as reuniões de análise retrospectiva de talentos é preciso garantir que a sua organização tenha, a qualquer momento, as informações mais atualizadas a seu respeito, inclusive informações básicas de background, interesses, experiências, preferências e aspirações. Portanto, mantenha-as atualizadas.

- Não forneça informações falsas em relação ao seu background e experiência dentro da empresa.

9

Cultura Organizacional

Compreendendo as Forças que Moldam a Percepção das Pessoas a seu Respeito

Digamos que você tenha assimilado todos os cinco fatores X que diferenciam os profissionais de grande potencial dos demais. Este feito garante-lhe automaticamente a condição de ser chamado de profissional de grande potencial? Os fatores X irão ajudá-lo a salvaguardar esta condição independentemente de como e onde você se movimenta dentro da organização? Esta designação significa que você será visto como um profissional de grande potencial caso vá para outra empresa? Infelizmente, a resposta para todas estas perguntas é não.

Embora o seu verdadeiro potencial seja algo que você sempre carregará consigo, o seu status como profissional de grande potencial é amplificado ou restrito pela cultura da empresa em que trabalha. Por este motivo, é preciso ter absoluta clareza em relação às demandas culturais de sua organização. É preciso estar disposto a se comportar de acordo com estas exigências. Em muitas empresas, os líderes de cargos mais altos até são chamados de transmissores de cultura. Eles não apenas têm que incorporar o melhor da cultura organizacional, como também devem reforçar e amplificar normas críticas em suas ações e decisões. À medida que o seu status de profissional de grande potencial o leva para cargos mais altos, você terá que se amoldar "ao jeito certo" exigido pelo cargo.

Como cultura é o conjunto de valores, normas, políticas e práticas (tanto formais quanto informais) que influenciam a vida cotidiana nas empresas, ela molda profundamente as maneiras como os indivíduos são avaliados em termos de seu potencial. Seu poder advém de tudo que a empresa aprendeu sobre como enfrentar ameaças externas e se organizar internamente para atender estas demandas. Por exemplo, em uma dada organização o relacionamento é de fundamental importância. O histórico da companhia evidencia a necessidade de colaboração e trabalho em equipe. Sucessos no passado foram construídos através de trabalho em torno de um projeto que exigia que diversos departamentos trabalhassem em conjunto de forma não competitiva e altamente integrada. Já em outra organização, vencer em termos individuais é mais apreciado. Seus sucessos no passado foram construídos em torno de indivíduos defendendo a ideia de um novo produto e, por sua vez, sendo muito bem recompensados como indivíduos pelo seu sucesso. A cultura interna da empresa ajudava a superar metas de vendas todos os anos durante os últimos quinze anos. Embora estas duas culturas sejam muito contrastantes, cada uma delas funciona de modo a garantir o sucesso da empresa. As questões são então as seguintes: Em qual delas você iria crescer considerando seus talentos e inclinações naturais? Você prefere trabalhar em equipe ou se destacar como indivíduo realizador?

Consequentemente, aquilo que é necessário para ser percebido como um cidadão exemplar em uma organização talvez não seja o mesmo em outra. Na maior parte das empresas, aquilo que é valorizado pela cultura interna pode ser igualmente importante, se não mais, do que nossos fatores X. O mesmo comportamento em uma cultura, digamos, começar as reuniões com uma conversa informal perguntando sobre como foi o fim de semana ou sobre a família, pode ser visto como uma forma positiva de se fazer um "preaquecimento" com as pessoas. Já em outra cultura organizacional, isto poderia ser percebido como uma perda de tempo e a marca de um gerente improdutivo ou indisciplinado. Sem incorporar os imperativos culturais apropriados ao seu comportamento, você pode ser totalmente descartado da condição de profissional de grande potencial.

Portanto, é preciso identificar, compreender e se adaptar aos elementos culturais dominantes nos seus modos de agir e fazer escolhas no dia a dia. Se os seus próprios valores e comportamentos coincidirem com as exigências culturais de sua organização, você se sentirá bem à vontade em seguir adiante e construir uma brilhante carreira dentro da empresa. Algumas vezes, porém, somente revelar as principais demandas culturais pode ser suficiente para fazer você questionar, em primeiro lugar, se está mesmo na empresa certa. Afinal de contas, parafraseando Milton em *Paraíso Perdido*, seria "melhor comandar no inferno do que servir no céu"? Talvez você se dê conta que as exigências culturais estão muito fora dos limites de quem você é ou deseja ser. Vimos isto acontecer particularmente quando as pessoas decidem mudar de empresa ou até mesmo de ramo de atividade. Elas subestimam a importância da "adequação cultural" para o sucesso delas ao "darem um grande salto" para uma nova firma. Se permanecer dentro do mesmo ramo de atividade, você aprenderá os estilos culturais das principais empresas do setor simplesmente pelo boca a boca e através de comentários em sites para *feedback* de mídias sociais populares como o Glassdoor. Mas se você pular de, digamos, serviços financeiros para a área de saúde, consultoria ou serviços sociais, poderá se surpreender muito com as radicais diferenças entre as culturas.

É preciso entender quais são os comportamentos determinados culturalmente e as ações que favorecem ou desfavorecem sua condição de ser percebido pelos outros como um profissional de grande potencial. Estes podem definir a sua carreira e se você quer permanecer na atual empresa ou sair dela. É preciso intuí-los tão logo você entre em uma nova empresa. Você irá se defrontar com testes determinados culturalmente logo na primeira reunião no primeiro dia do seu novo emprego. Você vai querer fazer as escolhas corretas em como responder e se entender com os demais. Por exemplo, imagine esta primeira reunião. Você mal conhece as pessoas em volta da mesa, para não dizer as regras do jogo. Para quem você deve dar mais atenção e como? Seria a pessoa de nível hierárquico mais alto? Seria a pessoa que dá um número maior de contribuições? Ou seriam os caras de um determinado departamento (por exemplo, financeiro ou vendas)? Você deveria prestar mais atenção às reações dos membros de sua equipe ou daqueles pertencentes a outras equipes? Deveria discutir uma recomendação, apoiá-la, fazer uma série de perguntas ou simplesmente manter-se calado por ser um funcionário novo na empresa? Como você deveria responder quando um alto executivo lhe fizer uma pergunta na lata? Quem você atende e quais questões você tenta resolver primeiro é importante no que diz respeito à cultura de uma empresa. E é preciso descobrir muito rapidamente a resposta para todas estas perguntas.

Neste capítulo, vamos examinar simplesmente como a cultura organizacional amplifica os fatores que ela considera necessários para se atingir o status de profissional de grande potencial. Vamos explorar também como a cultura determina sua trajetória profissional dentro da organização. A partir daí iremos ajudá-lo a compreender e interpretar os aspectos culturais mais comuns para você entender e agir segundo estes parâmetros.

Cultura como Amplificador ou Elemento Retardador do seu Status de Profissional de Grande Potencial

Como os elementos da cultura de uma organização afetam a condição de você ser visto como um profissional de grande potencial ou simplesmente mais um indivíduo esforçado mediano? Idealmente, a cultura organizacional não deveria ter impacto algum. "Potencial" deveria ser simplesmente isto, sua capacidade de ser bem-sucedido em cargos mais altos. Na realidade, a cultura tem tanto um efeito amplificador quanto pode atuar como um elemento retardador no seu potencial. E é aí que as coisas se complicam: exatamente o mesmo comportamento, em duas organizações diferentes, pode atuar tanto como elemento amplificador quanto retardador.

Tomemos o exemplo de uma organização em que as pessoas tomam decisões off-line, em outras palavras, antes (pré-ligação) ou depois (fechando o circuito) das reuniões para tomada de decisão aparentemente formais. Nestes ambientes, ter uma boa capacidade de percepção da situação irá fazer com que você seja mais bem-sucedido. Você saberá de antemão que precisará manter contato com três ou quatro pessoas-chave que tomam decisões de uma maneira verdadeiramente significativa, adaptando sua demanda ou iniciativa de modo a atender às necessidades delas. Parta do pressuposto que este pequeno grupo irá tomar decisões finais relativas às suas iniciativas. Se você for capaz de se empenhar e fizer todo o árduo trabalho preliminar ou "estabelecer as conexões" necessárias para ter decisões a seu favor, os altos executivos (inclusive o seu chefe e o chefe do seu chefe) verão em você aquele intermediário capaz de resolver as coisas. Eles passarão a confiar em você para que todo o terreno seja preparado com as pessoas certas. Quanto mais conectado você estiver com o verdadeiro processo de decisão informal, maior será a sua capacidade de transitar pelo ambiente político.

Embora isto possa parecer simples, nem todas as empresas valorizam a tomada de decisão desta forma. Em algumas culturas, decisões preestabelecidas são consideradas contrárias ao estabelecimento de uma discussão saudável, aberta e honesta. Estes tipos de organizações acreditam que a inovação e a criatividade são reprimidas quando as pessoas estabelecem acordos pelos cantos ou através de política "de bastidores". Eles não veem com bons olhos gerentes que trabalham desta maneira. Vimos exemplos de profissionais de grande potencial sendo pegos trabalhando nos bastidores, apenas para serem chamados de manipuladores, falsos e desonestos. Ironicamente, este é o lado negativo de ser muito bom na percepção da situação em que ela se torna um ponto forte usado em excesso e, em última instância, acaba prejudicando sua carreira no contexto errado.

O segredo é simplesmente descobrir como funciona o processo de tomada de decisão em sua empresa (quando, como e onde é apropriado influenciar terceiros). Em seguida, use suas habilidades de percepção da situação para trafegar de acordo. Mostraremos como fazer estas avaliações neste capítulo.

A Cultura Influencia Profundamente o Destino de sua Carreira

Outra forma de se pensar em cultura e seu impacto sobre você é em termos de para onde ser designado como um profissional de grande potencial irá levá-lo no final das contas. Em algumas organizações, a designação profissional de grande potencial é um conceito amplo e a trajetória de sua carreira pode acabar sendo oportuna e marcadamente não planejada (do tipo irregular e imprevisível). Já em outras, trata-se de responder à pergunta "potencial para qual finalidade"? Você tem potencial para ser gerente-geral, diretor financeiro, diretor de uma unidade de negócios ou diretor de TI? O conceito de potencial varia pelo fato de as organizações terem crenças culturais diversas e estruturas existentes dizendo a maneira correta de se formar executivos. Por exemplo, algumas empresas dão muito mais ênfase em formar neles uma visão mais generalista à custa de um menor desenvolvimento especializado, ao passo que outras preferem cultivar um conhecimento técnico mais profundo em seus executivos (por exemplo, onde a tecnologia ou avanços futuros nas ciências poderiam ser um fator habilitador fundamental para a empresa). Além disso, as organizações também variam quanto à formalidade com a qual encaram seus programas para desenvolvimento de talentos. Algumas possuem processos formais com planos de carreira claros ao passo que outras adotam uma abordagem mais orgânica que enfatiza as necessidades da empresa em detrimento da estabilidade da estrutura. Embora não exista uma única maneira correta de se maximizar as suas chances de se tornar um profissional de grande potencial, você precisa conhecer como a organização pensa em termos da formação de capacidades para altos executivos e os caminhos para se chegar lá.

Logo no início de uma carreira, as organizações com trajetórias melhor definidas para se progredir podem fazer uma grande diferença em onde sua carreira irá parar décadas mais tarde. Por exemplo, em muitas culturas organizacionais, duas, e por vezes, três funções são aquelas de maior status. Em uma dada organização, os caminhos mais previsíveis para se atingir o alto escalão são as áreas financeira e operacional. Em outra, poderia ser vendas e engenharia. Já em uma terceira, uma experiência internacional seria crítica para se atingir o alto escalão.

Observe a sua empresa e pergunte a si mesmo: Quais áreas parecem produzir o maior número de profissionais de grande potencial? Certas experiências funcionais ou de outro tipo são degraus críticos para se subir na carreira e atingir o alto escalão? Se você é alguém verdadeiramente apaixonado por marketing e se vê ocupando o cargo de diretor de marketing de uma importante empresa de mídia social ou de software para Internet, considere com cuidado se deveria entrar em uma empresa em que esta sólida formação em marketing não está presente em seus executivos. Em vez disso, procure uma organização com marcas de renome em que o CEO ou vários executivos possuem notável e relevante experiência em marketing.

Em suma, é preciso analisar as trajetórias profissionais do alto escalão da empresa em que se está entrando e, particularmente, as promoções recentes, no caso de estar surgindo uma nova tendência. Um elemento crítico na cultura de uma organização seria quais funções são as mais influentes. É possível ter fácil acesso on-line caso seja uma empresa de capital aberto. Mesmo que seja de capital fechado, a maioria delas posta a experiência profissional de seus executivos em seus sites na Web.

Um subproduto destas trajetórias funcionais fixas para se chegar ao alto escalão é que certas habilidades e conhecimentos são primordiais de serem dominadas logo no início de uma carreira. Por exemplo, Moheet Nagrath, ex-diretor de RH da Procter & Gamble, nos confidenciou a necessidade de técnicas de escrita persuasivas (ligado ao nosso fator X tradução das complexidades) como uma exigência para aqueles que queriam ascender na carreira:

> Durante o início de suas carreiras, os gerentes recebem muita orientação sobre como se comunicar efetivamente (tanto na forma escrita como na oral, em apresentações). Dá-se ênfase a escrever de modo conciso e persuasivo, particularmente em memorandos de uma página que forçam a priorização de quais mensagens devem ser transmitidas. O propósito é auxiliar os indivíduos a pensarem rigorosamente em uma proposta ou recomendação, usando uma abordagem lógica e sucinta. Os melhores pensadores se transformam nos melhores escritores e apresentadores consistentes. Nem todo mundo se torna bom nisso. Em marketing (uma função crítica na Procter & Gamble) trata-se de uma habilidade particularmente importante. Por ser uma empresa voltada e impulsionada pelo marketing, onde a propaganda é a forma preferida para convencer consumidores a experimentarem os seus produtos, o pessoal de marketing tem que ser adepto da persuasão. Além do desempenho, as habilidades de se comunicar de forma clara e convincente começam a diferenciar os profissionais de grande potencial

já no nível de gerente de marcas. A importância de ser capaz de escrever e fazer apresentações com destreza se torna mais pronunciada à medida que os indivíduos forem subindo para cargos de maior responsabilidade. Eles precisam demonstrar que são capazes de pensar de forma clara, decisiva e analítica. Para ser claro, não dizemos que estas habilidades automaticamente classificam qualquer um como um profissional de grande potencial, mas elas são fatores importantes que contribuem dado aquilo que a cultura organizacional valoriza. Consequentemente, a maioria dos líderes da empresa são ótimos comunicadores além de outros pontos fortes em termos de liderança.

É interessante observar que este é um exemplo da cultura da P&G despontando na maneira através da qual ela se comunica. Em outras empresas, por exemplo, em que seus líderes se comunicam inteiramente através de apresentações em PowerPoint, redigir memorandos talvez possa ser algo completamente estranho para eles. Nestas culturas, a habilidade a ser aprendida rapidamente é como se comunicar no estilo de apresentação "caseiro" (por exemplo, estilo formal, informal, vistoso ou conciso e expressivo). Observe como as apresentações são estruturadas e como as discussões são conduzidas (por exemplo, as pessoas trabalham a partir de documentos ou em postos para apresentação? Elas tomam notas ou usam caneta e papel, laptops ou tablets?). Mas há várias maneiras de se interpretar a cultura de uma empresa. Existem sinais a serem buscados e fatos "que denunciam" para ajudá-lo a identificar, entender e se adaptar à cultura de sua organização. Passaremos para este tópico a seguir.

Como Interpretar a Cultura de uma Empresa: O que Procurar e o que Incorporar

Como podemos detectar os elementos essenciais da cultura de uma empresa? Começamos com as arenas em que as forças culturais atuam com maior variabilidade em relação a sua influência sobre a sua capacidade de ser visto como profissional de grande potencial. Estas grandes categorias tipicamente definem em grande parte a cultura de uma empresa. Se você não "estiver em sintonia" com estes elementos, será difícil para os seus colegas o verem como um profissional de grande potencial, independentemente do seu desempenho. Mais adiante, nos aprofundaremos nos dois elementos definidores de cultura (indicadores de tarefas e dinâmica social) e suas implicações para conquistar sua designação de profissional de grande potencial.

As Variáveis Culturais que Moldam mais Profundamente as Percepções a seu Respeito

Em sua essência, as organizações são simplesmente grandes conjuntos de pessoas trabalhando em conjunto de forma estruturada ou semi-estruturada visando completar um conjunto comum de tarefas integradas. Além das estruturas e recompensas formais, a cultura organizacional é a força final que determina as maneiras concretas em que você se engaja nestas tarefas com os seus colegas todos os dias. Cinco arenas da cultura são particularmente relevantes para ser considerado um profissional de grande potencial: relacionamentos, comunicação, estilos para tomada de decisão, perspectivas individuais versus grupais e ser voltado para mudanças. Discutiremos cada uma delas a seguir.

Relacionamentos. Embora a forma como você se relaciona e trabalha com os outros importe em todas as empresas (e toda organização diz: "os relacionamentos são importantes aqui"), é preciso determinar como os relacionamentos são usados para tomar decisões e coordenar ações. Como as pessoas estabelecem e mantêm relacionamentos? De quem deve partir a iniciativa e o que se espera como parte do intercâmbio? Por exemplo, numa decisão importante seria suficiente um simples bate-papo com seus colegas ou superiores ou seria preciso almoçar e tomar um cafezinho semanal ou mensalmente de modo a poder influenciar no processo de tomada de decisão? Em algumas empresas, a única maneira de se influenciar é investir tempo com seus colegas por vários dias para se estabelecer uma ligação. Depois disso, telefones ou e-mails são satisfatórios. Já em outras, chamadas de vídeo ou videoconferências são apropriadas para se estabelecer relações.

Comunicação. Como as pessoas na empresa preferem se comunicar umas com as outras? O processo sempre é formal, com reuniões agendadas previamente ou pode-se simplesmente pegar o telefone ou aparecer na sala de alguém? Em algumas empresas, por exemplo, você jamais deve marcar uma reunião com algum superior para ser realizada em sua sala. Você é que deve se dirigir à sala dele. Já em outras empresas, contudo, utilizam-se espaços de reunião compartilhados ou áreas informais para estes tipos de reuniões. Quais são as normas para apresentação de informações em reuniões? Aqueles que irão apresentá-

-las estão munidos de slides? Relatórios oficiais ou briefings são a regra? Os líderes preferem relatórios preliminares de modo que as pessoas já venham preparadas ou eles simplesmente não os leem? Algumas organizações preferem apresentações de quinze páginas com toneladas de detalhes e análises; outras limitam a discussão a uma única página ou nenhum papel em si.

Estilos de tomada de decisão. A cultura organizacional tem uma tendência para a ação ou uma tendência para a análise e o consenso? Em organizações com uma tendência para a ação, o tempo e a capacidade de concentração das pessoas são limitados, o que afeta significativamente a comunicação (por exemplo, fornecer previamente às principais partes envolvidas informações para que elas possam tomar uma decisão em uma reunião).

Outras empresas preferem uma discussão mais demorada das opções, modelos e estratégias, normalmente acompanhadas por uma grande quantidade de análises e materiais de apoio. Consequentemente, as pessoas precisam ter mais paciência. A questão aqui é qual a sua tendência para ação? Ela se adéqua perfeitamente à cultura da empresa? Você apreciaria debates intelectuais para se chegar a um consenso? Ou gastar tanto tempo em discussões o levaria à loucura? Você é mais do tipo que prefere decidir logo e avançar? A velocidade da tomada de decisão também pode se traduzir de que maneira a organização vê as pessoas bem como na forma como elas administram suas atribuições e promoções. Portanto, certifique-se de entender isto ao entrar em uma nova empresa, de modo a alinhar apropriadamente suas expectativas.

Perspectivas individuais e grupais. Algumas empresas abordam o trabalho ou funções e os resultados produzidos como sendo, em grande parte, o produto de indivíduos, ao passo que, outros concentram suas energias na colaboração. Esta abordagem normalmente fica clara na forma como a empresa distribui recompensas por bom desempenho, mas também pode ser vista na dinâmica competitiva interna e/ou diferenças de marcas entre unidades organizacionais ou de negócios. Se a organização é muito individualista em sua abordagem, geralmente ela apoiará uma mentalidade de herói, premiando e reconhecendo aqueles profissionais mais ambiciosos. Infelizmente, isto também aumenta a chance de um profissional de grande potencial cair em desgraça (chamamos isto de ir de "Hipo para Alpo" (de uma condição de profissional de grande potencial para outra de potencial baixo ou mediano). Organizações voltadas para o trabalho em grupo são mais propensas a fornecer uma retaguarda, porém, elas também tornam mais difícil a diferenciação entre os indivíduos. Repetindo, o segredo está em como a empresa premia e reconhece as pessoas e o que funciona melhor para você.

Orientação para a mudança. O último campo cultural que pode ter um impacto na sua condição de profissional de grande potencial é a orientação cultural da organização no sentido da gestão da mudança. Em muitos casos, na condição de um profissional de grande potencial, você se vê em situações em que você deve orientar a mudança. Na realidade, durante sua carreira, provavelmente lhe serão dados encargos em que você terá que atuar como um agente catalisador e defensor de mudanças. Por padrão, as pessoas têm uma resistência natural e significativa (adotando uma postura negativa) a um líder recém-chegado cuja função é "dar uma agitada nas coisas". Porém, em organizações em que mudanças são frequentes e bem aceitas, encargos envolvendo mudanças são bem menos arriscados para o sucesso futuro na carreira (supondo-se que você atinja os objetivos do encargo que lhe foi atribuído) do que naquelas em que as mudanças se dão a passos lentos, muitas vezes enfrentando grande resistência e raramente são bem-sucedidas. Estas diferenças explicam por que destacados talentos internos dispostos a enfrentar as convenções das empresas em que atuam podem tanto virem a se tornar profissionais de grande potencial como arruinarem completamente suas carreiras.

Neste caso, a orientação cultural para agentes catalisadores e defensores de mudanças é simplesmente um fator complicador a mais e um para o qual se deve dar muita atenção. Se profissionais de grande potencial forem contratados externamente ou promovidos da média gerência para cargos executivos, normalmente deve ter sido dito a eles para "agitar as coisas", enfrentando o *status quo*. Infelizmente, muitos não são bem-sucedidos. Eles não passam por um processo de integração e socialização apropriado dentro da empresa (se realmente existir algum) ou não têm o patrocínio dos altos executivos, surgindo uma resistência organizacional significativa. Eles acabam não entendendo que precisam atuar dentro dos limites impostos pela cultura da empresa. Muitos dos que fracassam acreditam, erroneamente, que têm carta branca para "agitar as coisas" e ignoram o fator cultural. O desafio para qualquer líder de grande potencial interno (ou vindo de fora) que está conduzindo a mudança é determinar o que enfrentar na cultura local e o que respeitar e reforçar.

. . .

Para um melhor entendimento de onde se adaptar às demandas culturais, passaremos para os indicadores de tarefas e a dinâmica social. Observe quais condições culturais condizem mais com você. Você acabará tendo uma noção muito melhor dos tipos de organização onde provavelmente irá crescer e, por sua vez, tornar-se um profissional de grande potencial.

Indicadores de Tarefas: Como o Trabalho é Concretizado

Indicadores de tarefas são elementos culturais que refletem as formas como o trabalho é realizado. São as regras que as pessoas seguem para a forma como o trabalho é atribuído e gerenciado; como o desempenho é medido; se são as contribuições individuais ou aquelas de grupos que são mais valorizadas; e as abordagens preferidas para metas de desempenho e exigências em termos de compliance, segurança, qualidade e outros padrões. Estes indicadores refletem o bloqueio e o modo de lidar do trabalho rotineiro (por exemplo, as tarefas básicas descritas no Capítulo 2). Embora algumas delas possam ser codificadas em políticas e programas formais, outras não podem. Entretanto, quanto antes você descobrir e entender estes indicadores, melhor para você.

Algumas empresas esperam que todo mundo tenha um determinado conjunto de medidas (valores mensurados) atribuídas a uma dada função, e o ocupante desta função precisa atingir estes valores ou objetivos para ser recompensado. Este é normalmente o caso de empresas que se baseiam em grande parte em modelos de negócios em que gerar produtos em grandes volumes como, por exemplo, vendas, é fundamental. Imagine uma revenda de automóveis em que o número de carros que você consegue vender simboliza, literalmente, o sucesso (bom desempenho). Deve haver um esforço de equipe para a revendedora (e, provavelmente, um bônus), porém, no final das contas, o seu pagamento e o seu potencial futuro se basearão no desempenho individual atingido. Se você não vender um número de carros suficiente, não vai importar o quão colaborador é, mesmo que você seja amado por todos por ser o responsável pela organização dos jogos de futebol da empresa.

Culturas individualistas geralmente premiam comportamentos de herói em detrimento do sucesso coletivo. Nestes ambientes, você não apenas precisa atingir todos os objetivos expressos em seu plano como também superar alguns ou a maior parte deles. O cumprimento dos seus objetivos pode ser em detrimento de outras pessoas (por exemplo, seus pares ou colegas) sem o qual isto pode penalizar a sua carreira. Em ambientes competitivos como estes, o modelo é "o vencedor leva tudo", dificultando a colaboração entre colegas.

Outras empresas, contudo, como aquelas da indústria aeroespacial, farmacêutica ou de energia, possuem longos tempos de produção entre o desenvolvimento dos produtos e sua comercialização. Colocar finalmente o produto no mercado exige uma grande dose de integração entre departamentos. Embora realizações individuais ainda possam sobressair nestes ambientes, o trabalho interdepartamental em cima do projeto ou na entrega de serviços provavelmente será mais reconhecido em termos de equipes inteiras. Deste modo, a cultura da empresa irá premiar comportamentos colaborativos e não verá com bons olhos aqueles indivíduos que tentam se destacar por conta própria. Para ser um profissional de grande potencial neste contexto, talvez seja preciso abrandar sua ambição e se concentrar mais nas habilidades de relacionamento em vez de querer destacar as suas próprias contribuições exclusivas.

A seguir, enumeramos alguns indicadores de tarefas da cultura organizacional. Embora nem todos eles tenham um peso direto sobre o seu status de profissional de grande potencial, saber quais deles representam limites rígidos que, se ultrapassados, resultarão em graves consequências no entendimento de sua organização é muito importante para o seu próprio sucesso.

Abordagens formais versus abordagens orgânicas para definir "trabalho". Uma área nas quais as organizações diferem radicalmente é em seu grau de formalidade na definição das responsabilidades individuais e nas relações de trabalho. Muitas empresas, particularmente as de grande porte com uma história e cultura arraigadas, enfatizam ter claras definições funcionais com as responsabilidades relativas ao cargo a serem imputadas sobre cada indivíduo formalmente descritas. Nestas firmas, em geral você até pode encontrar quais são as expectativas da empresa em relação a um dado cargo, qual é a estrutura hierárquica e suas relações com outras partes interessadas (por exemplo, colegas, clientes, outros departamentos ou partes de uma empresa).

Estas organizações serão adequadas para você caso goste de clareza em relação a cada um destes aspectos. Quando um chefe oferece uma nova posição neste tipo de organização, é possível perguntar a ele, sem constrangimento, quais são os objetivos e métricas atrelados a ela. Responsabilidades colocadas às claras dão um sentido geral de clareza e estabilidade para o cumprimento diário das funções e no processo de planejamento de carreira a longo prazo.

Outras organizações, entretanto, possuem uma cultura muito mais informal em relação a cargos e funções. Pode ser que você jamais saiba quais são as expectativas em relação a um determinado cargo até ocupá-lo efetivamente. Nessas organizações mais "orgânicas"* e, geralmente, empreendedoras, as linhas que definem a escala hierárquica podem ser indistintas ou difusas e trafegar entre elas pode ser mais difícil. Organizações com estrutura matricial, em que se pode ter mais de um chefe (por exemplo, um chefe para a linha de produto e outro para o departamento), pode complicar ainda mais a situação. Mas para algumas pessoas este tipo de organização é mais prazerosa de se trabalhar também. Tudo depende se sua tolerância à ambiguidade, conforme discutido no capítulo relativo à condução da carreira (veja o Capítulo 4). Ao considerar uma promoção em uma organização deste tipo, quase sempre você está ingressando em um terreno novo. Pessoas que são muito criativas e com um pensamento empreendedor (por exemplo, forte no nosso fator X aprendizagem catalisadora) normalmente escolhem cargos com uma estrutura não tão rígida em empresas que adotam esta abordagem. A cultura da empresa se adéqua à necessidade delas de se deixar levar pela maré. Se, entretanto, suas ambições exigirem que você consiga ver uma trajetória clara com marcos conhecidos, uma organização mais formal seria a melhor escolha.

Decisões que giram em torno das partes interessadas críticas. Em certas culturas, as decisões mais importantes são tomadas tendo-se sempre em mente uma determinada parte interessada. Por exemplo, se estiver assumindo um cargo em que trabalhará de forma muito próxima a um importante cliente, é provável que tenha de se mudar para morar e trabalhar próximo da matriz por alguns anos durante o cumprimento deste mandato. Isto é bastante comum em firmas de consultoria em que profissionais menos experientes podem ser realocados para trabalhar próximo da sede do cliente. Vimos pessoas sendo enviadas para lugares glamorosos como Bermudas, Gênova ou Dubai. Outros foram enviados para Detroit, Liverpool ou Tijuana. Obviamente, o que é algo comum para uma pessoa pode ser glamoroso e altamente desejável para outra, mas, de qualquer maneira, é preciso estar pronto para tal.

Em outras situações, levar em conta a parte interessada pode ser um custo-benefício real ou percebido. Em uma conhecida rede hoteleira, por exemplo, os interesses dos proprietários dominam a maioria das decisões. Em outra, uma seguradora, os segurados sempre estão em primeiro lugar. Por exemplo, um talentoso executivo estava sendo considerado para uma promoção. Ele havia solicitado uma remuneração extra para viagens caso aceitasse o cargo, pois não gostaria de se mudar com a família para o novo local. Sua solução era ir de

---

* Organizações com estrutura horizontal, caracterizadas pela descentralização, grande interação e flexibilidade bem como maior adaptabilidade a mudanças externas. (N. T.)

avião até a matriz da empresa para lá trabalhar durante a semana. Ele queria que a empresa lhe pagasse estas viagens aéreas semanais. Uma das pessoas que iria decidir a respeito perguntou: Como nossos segurados irão se beneficiar do fato de pagar um bilhete aéreo toda semana para deslocar um executivo nosso? A resposta veio daqueles que tomariam a decisão, que reviram o potencial deste executivo ser promovido e que não viam um benefício suficiente do pagamento destas passagens semanais. Conclusão: eles revogaram a proposta. Descubra quem é o grupo de interessados dominante e como sempre atrelar a perspectiva deles às suas decisões.

Expectativas em relação a trabalhar com outras pessoas. Outro indicador cultural diferenciador é como se espera que as pessoas trabalhem umas com as outras em questões como protocolos relativos a reuniões, remuneração/reconhecimento e montagem de equipes mais estruturadas e formais versus equipes montadas para atender uma situação específica. Isto normalmente não tem nada que ver com o tamanho da empresa, mas sim, com o tom estabelecido pelos seus altos executivos. Isto tem um efeito-cascata cultural nas relações. Em uma empresa que conhecemos, espera-se que o funcionário dê total atenção às reuniões e contribua ativamente. Já em outra, é permitido verificar seu celular ou laptop para questões urgentes no meio da reunião. Em ambos os casos, estas são as regras vigentes independentemente do cargo ou nível hierárquico ocupado. Elas são sintomáticas de crenças arraigadas sobre como um trabalho é feito melhor, seja de modo colaborativo em que todos se envolvem ou de modo independente, em que cada um tenta alcançar aquilo que é melhor para si.

Em empresas em que os líderes são mais abertos, acessíveis e flexíveis, as formas como as pessoas abordam as reuniões, planejamento de projetos, prazos, contratação e até mesmo alocação de pessoal em equipes tendem a serem baseadas em relacionamento. É mais provável você ser incluído numa reunião com altos executivos do que não. Também é mais provável ser reconhecido pelas suas contribuições para os resultados obtidos pela equipe e não por realizações individuais.

Embora isto possa, inicialmente, parecer atraente (e é para muitas pessoas), também significa que você deve focar mais na construção de relações, networking e envolvimento com os demais do que nas tarefas a serem cumpridas. Se for uma pessoa introvertida e preferir trabalho intelectual, mais isolado e por conta própria, esta situação pode ser intimidadora. Provavelmente você também terá que trabalhar mais para se destacar como um profissional de grande potencial. Para alguns líderes, particularmente aqueles tradicionais do tipo A, o foco dual nas relações e na execução pode se tornar um grande obstáculo para o sucesso. Eles tendem a ver as exigências feitas para a construção de relacionamentos como uma perda de tempo e não investem suficientemente nesta área. Se você for alguém que quer se destacar e ser reconhecido (por exemplo, ter sua apresentação formal como assunto de destaque a ser tratado e ser reconhecido por isto), irá querer procurar organizações com uma cultura mais individualista.

Perguntas a serem feitas ao determinar este aspecto da cultura são: Como a empresa aborda a questão de premiação por desempenho? Ela adota uma filosofia de pagamento por desempenho? Ela premia contribuições individuais ou aquelas por equipe ou então ambas são valorizadas igualmente? Elas adotam uma premiação e incentiva (através de aumentos por mérito e bônus anuais) as contribuições a curto prazo que são mais fáceis de serem feitas individualmente ou existe um equilíbrio entre incentivos de curto e longo prazo (através, por exemplo, de direito para compra de ações da empresa a um preço menor, compra limitada de ações da empresa ou pagamentos de bônus multianuais) que requeiram uma abordagem mais estratégica e colaborativa? Em caso positivo, em que métricas e tipos de comportamento elas se baseiam? Como as pessoas interagem entre si dentro das equipes? São elas simplesmente cordiais ou realmente colaborativas? Aqueles vindos de fora normalmente tropeçam por deixarem de construir relações em primeiro lugar?

Dinâmica Social: Como se Espera que as Pessoas Interajam?

Outro importante elemento da cultura organizacional é a dinâmica social, as formas através das quais as pessoas interagem umas com as outras informalmente. Elas refletem a ampla gama de regras que não estão por escrito de como trabalhar com os colegas. Estas regras relacionais da cultura de uma empresa podem fazer com que você seja visto ou não como um profissional de grande potencial.

Tomemos o exemplo de Scott, um promissor engenheiro de software que entrou numa determinada indústria cerca de dez anos depois de ter se formado. Ele tem um currículo impressionante e grande conhecimento técnico em sua área. Durante os seis primeiros meses na nova empresa, ele rapidamente impressionou o seu chefe e outros executivos com o seu pensamento inovador e análises críticas sobre o que a empresa precisaria fazer. Ele apresentou uma série de soluções para novos processos que estavam chamando a atenção de vários executivos. Portanto, em seu primeiro ano de empresa Scott havia sido identificado como um líder de grande potencial. Consequentemente, foram dadas a ele as rédeas de uma série de importantes projetos para a empresa, inclusive a liderança do redesenho de um importante sistema de produção.

Apesar de saber que a cultura ali era um tanto resistente a pessoas vindas de fora e que as relações eram de fundamental importância, ele optou por adotar um estilo direto e focado de gerenciamento de projetos. Com o apoio dos executivos, ele sentia um forte senso de urgência e acreditava que a construção de relações poderia esperar até que ele tivesse alcançado alguns sucessos iniciais. Ele se convenceu de que os altos executivos apreciavam seu foco "de laser" como agente catalisador e defensor de mudanças e viram no seu senso de urgência um ar de renovação.

Mas em poucos meses, o fato de Scott ter deixado de investir logo no início na formação de relações construtivas com seus colegas transformou-se em sua ruína. Ele tinha fortes indícios logo no início sobre como lidar com a nova função, mas preferiu ignorá-los. Por exemplo, logo no começo, observou que embora suas recomendações fossem teoricamente aceitas, elas pareciam se traduzir muito lentamente em ações. Logo depois, ele começou a sentir que as pessoas recebiam suas recomendações com um maior questionamento sobre sua viabilidade. Finalmente, suas propostas eram recebidas com um "grato pela sugestão, mas já resolvemos o problema por nossa conta".

Embora suas recomendações fossem provavelmente sólidas, Scott falhou ao deixar de criar uma rede de contatos necessária para a sua implementação. Seus colegas ficaram ressentidos por ele deixar de investir neles. No final, Scott foi rebaixado de seu status de profissional de grande potencial para aquele de um participante importante. Foi deslocado horizontalmente para outro cargo de impacto muito menor e, doze meses depois, deixou a companhia. Hoje ocupa um cargo de diretor na empresa em que trabalha, onde, felizmente, encontrou uma cultura organizacional em que se encaixava.

As questões a seguir tratam da dinâmica social que você precisa detectar e, em seguida, moldar.

Quando e como é apropriado buscar ajuda? Em algumas culturas, por exemplo, pedir ajuda a terceiros é visto como um sinal positivo de franqueza e aprendizado, uma disposição de buscar informações e *feedback* e um espírito colaborador. Já em outras, pedir ajuda é um sinal imediato para os seus superiores (e, pior ainda, para os seus colegas) de sua incapacidade para a função atual, o que dirá ter potencial para funções maiores. Em culturas individualistas voltadas para tarefas, "ajudar" os outros no desempenho de suas funções pode levar a percepções negativas sobre a parte que cabe a cada um (mesmo você, caso tenha ajudado alguém).

Em que consiste ir além ou muito além da expectativa em relação à função desempenhada? A graduação de sucesso (isto é, sofrível, consistente, ótimo, excepcional) é claramente definida nos objetivos de desempenho a ser atingido por cada funcionário? Ou a norma é realizar tarefas adicionais que vão além do acordado formalmente para ser visto como profissional de grande potencial? O que as pessoas realmente esperam das outras (colegas, subordinados diretos e chefes) que supostamente são profissionais de grande potencial? Como estas expectativas são mensuradas? O funcionário é reconhecido e apreciado por realizar suas tarefas básicas ou é reconhecido apenas quando realiza coisas que vão além daquilo que é exigido?

Quando você deve questionar o seu chefe, outros superiores e colegas em reuniões? Obviamente, isto irá variar de acordo com os interesses do seu chefe (veja o Capítulo 2), mas o elemento cultural pode ser influente aqui também. Em algumas organizações os chefes querem ver a sua capacidade de discutir ideias (de maneira respeitosa) de modo a determinar se você possui um senso analítico e a confiança necessários para se tornar um futuro líder. É preciso saber se há situações específicas em que você realmente deve questionar e o porquê. Saber quando correr riscos apropriados com o seu chefe, nos momentos certos e da maneira correta, de modo a melhorar o seu posicionamento em relação aos demais.

Quanto tempo e energia se devem investir na construção de relações com os colegas? Algumas culturas ditam se as pessoas constroem suas redes de relacionamento almoçando juntas dentro da empresa, encontrando-se regularmente para eventos sociais depois do horário de trabalho ou engajando-se em conversas individuais no meio do corredor. A disposição do ambiente físico da empresa pode influenciar isto (por exemplo, sua empresa tem salas fechadas ou uma configuração com espaços abertos?) da mesma forma que podem influenciar o número de localizações remotas dentro de uma dada geografia ou mundialmente. O uso permitido de tecnologia (por exemplo, sua empresa possui um sistema de videoconferência avançado ou reconhece a utilidade das redes sociais para a realização de trabalhos?) também pode influenciar a forma como as relações são administradas. Imagine uma empresa totalmente virtual em que os membros de uma equipe jamais se encontraram uns com os outros.

Embora isso possa parecer estranho para aqueles com vários anos trabalhando em salas ou cubículos, para as gerações mais jovens bastante acostumadas com as redes sociais e a Internet das coisas, valeria pensar um pouco mais a este respeito.

Você deve estar acessível quando estiver viajando ou de férias? O seu chefe tem preferência, mas a cultura de sua organização talvez seja uma em que quando as pessoas estão de férias estas não devem ser incomodadas a menos que seja uma verdadeira emergência. Quebre a norma estabelecida ao chegar a um novo emprego e você poderá ser visto como um feitor insensível. Já em outra organização, o esperado é você estar disponível 24 horas por dia nos sete dias da semana. Caso não responda rapidamente a uma mensagem ou e-mail durante suas férias, poderá ser visto como um folgado indolente.

Quando e como você deve dividir os créditos e reconhecimento com indivíduos ou equipes? O reconhecimento deve ser um processo público (em grandes grupos) ou privado? Ou nenhuma das situações? Como funcionam as premiações e o reconhecimento e quem os recebe? Apenas os profissionais de grande potencial são reconhecidos por seu trabalho? Ou os profissionais categoria B são reconhecidos por realizarem bem o seu trabalho porque a organização precisa cativá-los, já que eles têm menos chances de serem promovidos rapidamente? Como os nomes dos cargos são usados? Eles são atribuídos estrategicamente para reconhecer as pessoas por suas contribuições ou estão estritamente atrelados a níveis e cargos específicos?

Quais são as normas referentes a atividades sociais durante o expediente e/ou fora da empresa? Você tem que participar de eventos da empresa e jantares formais quando colegas e superiores o convidam? Jogar futebol às sextas com a turma ou um pouco de tênis é um convite que não se pode recusar? Você sempre precisa estar presente a eventos públicos como concertos e apresentações, entrega de premiações ou reuniões informais marcantes (como, por exemplo, comemoração de aniversários e aposentadoria) ou isto é apenas para aqueles com relações mais estreitas com as pessoas que estão sendo homenageadas?

Os Fatores Intangíveis que Influenciam a Percepção das Pessoas a seu Respeito

Além dos indicadores de tarefas e da dinâmica social, outros elementos mais intangíveis da cultura organizacional podem influenciar no seu status de profissional de grande potencial. Alguns podem parecer bastante triviais, mas são bem reais. Eles estão relacionados a fatores pessoais intangíveis como aparência (por exemplo, quando é absolutamente necessário usar terno e gravata ou uma roupa formal e quando é preciso usar o tipo certo de jeans para combinar), linguagem corporal (por exemplo, quando olhar de forma firme ou descontraída), estilo e maneirismos, certos tipos de frases a serem usadas e/ou evitadas (soubemos do caso de uma empresa em que as pessoas sentem arrepios ao serem chamadas de "caras" no sentido de funcionários), além, obviamente, da higiene. Há livros e livros tratando do assunto linguagem corporal. E, algumas pessoas com todas as capacidades certas para se tornarem executivos podem acabar saindo deste caminho simplesmente por deixarem de dar atenção a alguns destes fatores (onde a higiene descuidada é um dos erros mais clamorosos).

Logicamente, os critérios parecem ser superficiais, podendo até mesmo beirar a discriminação em certos casos, mas são uma realidade no mundo corporativo.

Quantos CEOs de grandes empresas parecem desalinhados e inarticulados? Há uma razão para o enorme mercado para *coaching* de executivos, alguns dos quais focam apenas em "embelezamento para executivos" e "presença para executivos".

Se, em algum ponto, você receber alguma dica de alguém sobre sua falta de "pinta de executivo" (um termo que normalmente engloba tudo isto e mais um pouco; veja o Capítulo 7), leve isto a sério. É um sinal de que suas chances de promoção para a diretoria e cargos executivos são limitadas. Descubra quais aspectos de "presença" lhe faltam e trabalhe em cima deles. Seria a sua habilidade de se comunicar de maneira efetiva e convincente? Seria sua aparência, linguagem corporal, postura ou algo que se possa mudar facilmente de modo a estar mais adequado? Tais elementos são importantes. Embora eles não sejam os únicos responsáveis para você atingir o topo, eles podem impedi-lo de chegar a fazer parte da lista de profissionais de grande potencial.

Embarcando em uma Nova Cultura

Como você deve se adequar em termos comportamentais a fatores culturais? Por exemplo, é preciso sempre estar se adaptando ou apenas quando se ingressa na empresa? Como determinar ao que realmente você precisa se adequar ao embarcar? Em que você pode sair um pouco do esquema e ter pensamentos mais independentes ou opiniões próprias?

Quando falamos do impacto da cultura organizacional sobre sua condição como futuro profissional de grande potencial, geralmente estamos discutindo o processo de entrar em uma nova empresa ou mudar para outro departamento dentro da empresa. Se já estiver há vários anos em uma mesma empresa, provavelmente você já se deu conta de 90% da cultura lá imperante. Isto dito, as normas variam nos diferentes níveis da organização, da mesma forma como varia de um setor da empresa para outro (às vezes até mesmo de departamento para departamento ou de unidade operacional para a matriz). A exceção é em pequenas empresas que possuem normas consistentes e valores já em uso, independentemente do nível ou unidade. Atente à cultura sempre que passar a ocupar um novo cargo e também a sua unidade funcional ou de negócios atual. Uma vez entendido as nuances da cultura da organização, você pode simplesmente monitorar a si próprio bem como o contexto ao longo do tempo.

Se for novo na empresa, o processo formal de integração e socialização em sua organização (ou em um novo setor da empresa, caso esteja mudando dentro da própria empresa) deve ajudá-lo. Infelizmente, é notória a má fama das organizações na recepção de novos colaboradores. Na verdade, poucas irão lhe informar sobre as sutilezas das normas culturais da empresa. Embora elas possam detalhar os processos de trabalho (por exemplo, é assim que fazemos a gestão de desempenho, é assim que funciona nossa política de férias, é assim como fazemos nossas previsões orçamentárias), é pouco provável que elas irão fornecer uma lista daquilo que se pode e não se pode fazer imperante naquela cultura. É preciso burilar suas habilidades de observação (observe com cuidado as normas comportamentais nas reuniões que você participa, como e quando as pessoas interagem entre si), ficando atento ao que as fofocas que circulam no escritório dizem a respeito de comportamentos inapropriados.

Mas se for novo na empresa e quiser realmente entender o funcionamento da sua organização, recomendamos que encontre um *coach* cultural. Algumas organizações possuem profissionais deste tipo. Que desempenham uma função de mentoria formal, ao passo que outras permitem que você se vire por conta própria. Resumo da ópera: a questão é que você deve garantir que alguém (ou um grupo de pessoas) em quem confie identifique grandes problemas comportamentais a serem evitados, providencie *coaching* e orientação antes de você, sem querer, violar as normas da empresa, e o ajude a conquistar o direito de trabalhar nos limites do que é permitido pela cultura da empresa. Determine imediatamente quem são as pessoas confiáveis e bem informadas e comece a construir uma sólida relação com elas. Mais tarde elas poderão vir a se tornar mentores que o ajudarão na determinação do seu progresso profissional.

Entendendo a sua Própria Abordagem e se Você se Adéqua ou não à Cultura Organizacional

Como você se comporta diante da tênue linha que separa permanecer fiel a você mesmo ou se adequar às demandas culturais de uma organização? O quão longe você pode se distanciar para se adaptar a elas?

Ao pensarmos em como o trabalho é realizado (todos aqueles indicadores de tarefas discutidos anteriormente), comece identificando suas próprias preferências. É preciso estar muito atento a como você se sente à vontade em termos de adaptação baseado em parte nas preferências próprias de sua personalidade e em parte nas experiências passadas. Como você gosta de executar o seu trabalho e como prefere trabalhar com os outros? Você é do tipo que gosta de trabalhar sozinho para depois dividir suas ideias com os outros para ter uma opinião deles, ou você prefere interagir e se envolver com outras pessoas à medida que desenvolve ideias e soluções? Você gosta de trabalhar em vários projetos ao mesmo tempo ou completar cada um deles numa sequência linear? Gosta de cultivar muitas relações no trabalho ou apenas aquele punhado necessário para fazer bem o seu trabalho? Você gosta de se socializar com os seus colegas fora do ambiente de trabalho ou prefere separar suas relações pessoais daquelas profissionais? Prefere um ambiente virtual remoto ou um em que as pessoas estão sempre alvoroçadas a sua volta?

Assim que conhecer o seu próprio estilo e preferências, faça a si mesmo as mesmas perguntas sobre a organização. Faça uma varredura do ambiente e observe como as pessoas trabalham juntas. São elas colaborativas, cooperativas ou simplesmente coordenadas? As pessoas dividem suas ideias e dão crédito umas às outras ou elas guardam informações para si e apenas as repassam quando necessário? Como o pessoal do alto escalão reconhece os outros? O reconhecimento e o elogio são feitos em público ou pessoalmente ou de ambas as maneiras, ou simplesmente não são feitos? As pessoas presentes a reuniões questionam livremente e formam ideias e recomendações? Ou as discussões são mais ordenadas, com um líder formal ou representantes do departamento dominante orientando a discussão? As pessoas permanecem conectadas dia e noite ou elas se desconectam depois do expediente e durante as férias? As tarefas são realizadas de uma maneira passo a passo formal com claras regras e responsabilidades ou uma abordagem mais criativa e orgânica é o modelo preferido por aqueles a sua volta? As pessoas "costuram" as decisões previamente às reuniões ou o verdadeiro trabalho é feito nas próprias reuniões, sendo a política de bastidores malvista. A formalização das funções e responsabilidades são vistas como positivas ou como uma forma de miná-lo?

Muitos destes aspectos espelham aqueles já anteriormente discutidos. Lembre-se também que a cultura organizacional é como a personalidade; certos aspectos são subjacentes. Você somente passa a conhecê-los depois de algum tempo e apenas em certas situações. Somente pelo fato de as pessoas dizerem a você como algo supostamente deve ser feito, não significa como ela é realmente feita. A observação é um dos meios mais confiáveis que se tem para compreender a cultura de uma organização. Observe interações, teste suas ideias com amigos confiáveis e mentores (e *coaches* culturais) e observe com grande atenção e em diversas situações diferentes.

A forma como você aborda o conhecimento da dinâmica social da organização deve seguir uma tática similar. Primeiramente, conheça a si mesmo. Faça um teste de personalidade ou algo semelhante (há diversos tipos diferentes de ferramentas on-line para desenvolvimento das próprias aptidões para ajudá-lo a entender sua própria tendência de como gosta de trabalhar. Tenha muita clareza em relação aos seus pontos fortes e aqueles que precisam ser melhorados (espera-se que você já tenha feito isto em algum ponto de sua carreira). Em seguida, considere como os outros trabalham em conjunto na empresa em que está ingressando. A cultura lá se baseia em networking informal ou percorrendo os diversos níveis hierárquicos através de protocolos mais formais? As pessoas circulam pelos corredores e batem papo sobre o final de semana ou tudo acontece formalmente através de calendários do Outlook? Há alguma expectativa de que apenas o pessoal legal saia junto para se reunir depois do expediente? Você precisa melhorar a sua forma no tênis ou futebol para fazer parte do grupo? O que se espera quando alguém busca ajuda, orientação e *feedback* de outras pessoas (por exemplo, é um sinal indicador de abertura e crescimento na forma de pensar ou seria um sinal de fraqueza?). Determine estes pontos rapidamente de modo a maximizar as suas chances de permanecer no topo da lista dos talentos. Embora você possa optar por não adotar todas (ou simplesmente nenhuma) as normas culturais, saiba o que está aceitando e o que não está. É duro ser surpreendido e sair da rota de ascensão sem saber o porquê.

...

Cultura é algo complicado. Deve-se dar muita atenção a ela logo de início e tentar detectar todos os elementos discutidos neste capítulo. Quanto mais tempo você tiver de casa, provavelmente menos terá que se preocupar a este respeito já que, como um peixe dentro d'água, você já assimilou a cultura da empresa. Isto dito, os profissionais de grande potencial de uma organização normalmente são os melhores exemplares dos traços culturais que ela mais valoriza.

Lições Importantes

- Para se atingir a condição de profissional de grande potencial e nela permanecer, é preciso ter absoluta clareza das demandas culturais tanto no estilo comportamental quanto naquele para tomada de decisão.

- À medida que for subindo dentro da hierarquia organizacional, você precisa não apenas incorporar o melhor da cultura organizacional mas também se tornar um transmissor desta cultura.

- Para a sua própria felicidade e sucesso final, é preciso ter uma forte e positiva adequação entre suas próprias tendências e preferências em termos de trabalho e as exigências culturais de sua organização.

- Ao considerar a possibilidade de fazer parte de outra empresa e, mais importante ainda, uma que seja de uma área ou setor diferente do seu, preste atenção nas regras culturais. Nas entrevistas de emprego, dedique-se a identificar as normas culturais. Pergunte a si mesmo o quanto elas combinam com você.

- Lembre-se das cinco áreas culturais de maior variabilidade, que também têm a maior influência sobre as percepções da condição de profissional de grande potencial de um indivíduo: (1) relacionamentos, (2) comunicação, (3) estilos de tomada de decisão, (4) perspectivas individuais e grupais e (5) orientação para a mudança. Use-as como balizadores em suas entrevistas de emprego bem como durante o seu ingresso em um novo trabalho.

10

Prosseguindo na sua Jornada de Profissional de Grande Potencial

Quando o CEO da GE, Jeffrey Immelt, comentou sobre sua decisão de promover John Flannery como novo CEO, ele afirmou de forma muito simples: "Não colocamos o John neste cargo por aquilo que ele sabe. Nós o colocamos neste cargo pela rapidez com que achamos ele ser capaz de aprender (ênfase nossa).[1] Gostaríamos de deixá-lo com esta ideia fundamental: a partir do momento que deixar de aprender, você deixa de ser um profissional de grande potencial. Ao mesmo tempo, é preciso estar extremamente atento àquilo que é preciso aprender e o quão bem aprendê-lo.

O verdadeiro desafio não está apenas em se tornar um profissional de grande potencial, mas também em permanecer nesta condição. O grau de inclinação da curva de aprendizagem e os desafios com os quais irá se deparar apenas aumentam à medida que for subindo na carreira. Testemunhamos indivíduos talentosos atingirem o nível executivo e depois perderem este status antes de alcançarem o seu objetivo final na carreira de se tornarem vice-presidente ou assumirem um cargo no alto escalão. Alguns entenderam que a exigência para obter esta designação não se aplicava mais. Afinal de contas, eles haviam chegado lá. Outros deixaram de perceber quais seriam as novas habilidades e conhecimentos que eles precisariam desenvolver e aperfeiçoar. Outros não compreenderam que os mecanismos por eles utilizados para enfrentar e colocar em xeque os desvios na rota de ascensão não eram mais viáveis. Em todos estes casos, as pessoas deixaram de ser chamadas de profissionais de grande

DE QUE FORMA VOCÊ PODE PERDER O SEU STATUS DE PROFISSIONAL DE GRANDE POTENCIAL

- Você constantemente apresenta um desempenho abaixo do esperado nas várias responsabilidades pertinentes a sua função ou não consegue atingir uma ou mais metas críticas de desempenho. Caso deixe de alcançar objetivos-chave mais de uma vez, você não será mais considerado um profissional de grande potencial.

- Alcança todos os seus objetivos, mas os resultados apresentados não têm o amplo impacto na organização que deveriam ter tido (ou que o seu chefe e outros altos executivos esperavam que você tivesse).

- Recebe *feedback* constante de seus subordinados diretos e/ou colegas de que eles não gostam de trabalhar com você. Eles levam ao conhecimento dos superiores que você é um gerente ou colega indelicado, difícil, ausente ou arrogante. O resultado oposto do que deveria ser o fator X da aceleração de talentos.

- Dá a impressão de ser muito motivado, ambicioso, agressivo e egoísta nas suas aspirações na carreira. Alguém que faz isto é taxado de "caça-cargos" (alguém que busca promoções em vez de ajudar a empresa a crescer).

- Você constantemente bate de frente com o seu chefe no que tange à forma (estilo) de trabalhar ou simplesmente age com negligência no sentido de administrar eficazmente o seu relacionamento com ele, deixando de demonstrar o fator X da percepção da situação.

- Falta-lhe presença de executivo, como definido dentro de sua organização (por exemplo, é desorganizado, usa roupas inadequadas nas reuniões, dá pouca atenção à linguagem corporal, não tem habilidade de falar claramente e com autoridade).

---

potencial por, basicamente, pararem de aprender. Não queremos que isto aconteça com você.

Começaremos pela notícia ruim: as diversas formas pelas quais você pode perder seu status de profissional de grande potencial. Um homem prevenido vale por dois. A partir daí, passamos para uma questão crítica: você deve ou

- Deixa de apresentar e transmitir bem suas ideias nas reuniões, nosso fator X de tradução das complexidades.
- Seus colegas percebem que seus insights e ideias são desprovidos de relevância.
- Chega constantemente atrasado nas reuniões, não cumpre prazos ou, de alguma maneira, demonstra ser uma pessoa não confiável. As pessoas precisam contar com você para gerarem resultados, especialmente o seu chefe.
- Perde o controle emocional, muitas vezes fica frustrado abertamente e demonstra suas emoções negativas com frequência. As pessoas sabem quando você está irritado e sabem também como provocá-lo.
- Esquece-se de prestar atenção à política e cultura da organização e à maneira como se espera que as pessoas se comuniquem com níveis hierárquicos superiores (percepção da situação).
- Não trata os demais com respeito e não ouve os outros. Comumente observamos isto, particularmente entre pessoas com ego exacerbado e/ou inteligência emocional baixa.
- Demonstra pouco discernimento quando lhe passam informações confidenciais (por exemplo, confidenciando-as com as pessoas erradas nos momentos errados). Como diz o velho ditado: "Para que três pessoas consigam guardar um segredo, basta que duas delas estejam mortas".
- Falha na aquisição de habilidades e conhecimentos exigidos pelos cargos para os quais poderia vir a ser promovido (aprendizagem catalisadora).

não deixar uma empresa caso ainda não tenha alcançado a condição de profissional de grande potencial. Concentraremos o restante de nossa discussão orientando-o sobre as melhores formas de se cultivar um modo de pensar que leve em conta a aprendizagem continuada, necessária para se permanecer na condição de líder de grande potencial durante toda uma carreira.

Como Eu Poderia vir a ser Excluído do Celeiro de Profissionais de Grande Potencial da Minha Organização?

As pessoas comumente perdem o status de profissional de grande potencial. Estimamos que entre 15 a 25% daqueles que recebem a designação de profissional de grande potencial perdem esta condição a cada ano. No quadro "De que Forma Você Pode Perder o seu Status de Profissional de Grande Potencial" enumeramos as razões mais comuns que encontramos. Logo no início de uma carreira, um deslize perceptível quase sempre é a principal razão. Uma falta de compostura em momentos críticos ou durante situações muito estressantes também pode colocá-lo nesta condição. À medida que for subindo na escala hierárquica, comportamento/relações se combinam com desempenho para explicar o fato de alguém ser colocado à margem. Deixar de adquirir novos conhecimentos e habilidades bem como uma visão mais ampla desempenham um papel cada vez mais importante mais tarde. Em nossa lista, reconheceremos uma série de fatores para reprovação como, por exemplo, a ausência dos cinco fatores X.

Uma vez alcançada a condição de profissional de grande potencial, é preciso trabalhar arduamente para salvaguardá-la. É aí que as habilidades bem trabalhadas de percepção da situação e condução da carreira irão servi-lo bem. Em nossa pesquisa descobrimos que é difícil se restabelecer como um profissional de grande potencial depois de cair fora do celeiro. Embora muitas organizações possam lhe dar uma segunda chance colocando-o em outra função (processo chamado de "replantio", fazendo-se uma analogia com colocar uma planta em outro vaso para ver se ela cresce novamente), outras simplesmente irão considerá-lo carta fora do baralho e se concentrarão em outros indivíduos talentosos. Isto é particularmente verdadeiro em níveis mais altos. Uma vez que você seja percebido como uma pessoa com "desempenho consistente" ou como uma pessoa difícil, carente ou interesseira, será difícil derrubar estas percepções, mesmo que, miraculosamente, seja capaz de reverter a situação em termos de desempenho ou comportamento. Em nossas entrevistas, ouvimos falar de um raro caso em que o indivíduo conseguiu recuperar a condição de profissional de grande potencial após ter cometido um grande equívoco, mas sempre exigiu deste mesmo indivíduo demonstrar um desempenho realmente excepcional e/ou uma mudança comportamental bem visível. Além disso, a pessoa precisava conseguir o apoio de alguns superiores influentes dispostos a dar uma mão e apresentar fortes argumentos a seu favor, tomando como base um aumento extraordinário de desempenho.

Caso tenha caído em desgraça, verá que será muito difícil recuperar o seu status de profissional de grande potencial. Isto não significa que a organização não o valorize mais; ela simplesmente não o vê mais com condições de ascender a postos mais altos. Se isto acontecer, o que você deve fazer? Recomendamos que faça as mesmas coisas que qualquer outro indivíduo com desempenho consistente e que ainda não tenha sido classificado como indivíduo de alto desempenho faz: conversar com o chefe, RH e outros líderes. Na próxima seção fazemos recomendações sobre o que ouvir e o que perguntar para depois decidir quando é o momento certo de avançar.

O que Devo Fazer Caso Não Seja Designado como um Profissional de Grande Potencial?

O que acontece se você não tiver sido designado como um profissional de grande potencial, muito embora venha trabalhando em todos os fatores X? Por enquanto, não se preocupe. Lembre-se que, conforme discutido no Capítulo 1, muitas empresas possuem uma política formal de não informar aos funcionários o respectivo status. Entretanto, existem sinais como maior atenção por parte dos líderes seniores ou ser convocado para tomar parte de forças-tarefa especiais ou para participar de programas para liderança, que podem ser elementos indicativos de que você faz parte da lista dos profissionais de grande potencial. Mas o que acontece caso não esteja percebendo nenhum destes sinais? Embora vários elementos entrem em jogo na forma como uma organização determina o potencial de seus profissionais, há maneiras de se ter uma ideia sobre suas perspectivas no longo prazo.

Ao que Atentar em Conversas com Superiores

Além de questões diretas de desempenho ou conflito de estilos, é possível ter uma ideia sobre a sua trajetória em conversas com os outros e através de atenta observação sobre como o seu chefe está tratando seus colegas (e como se espera que você deva tratar seus subordinados que também podem, eles próprios, estar na condição de profissional de grande potencial). Converse com o seu chefe, o chefe do seu chefe, seus mentores e o pessoal do RH, em particular sobre suas aspirações e objetivos de carreira. Embora você jamais deva exagerar nas suas ambições, os outros devem saber em que está pensando e aonde quer chegar no futuro (é uma informação importante no processo de gestão de talentos, conforme discutido no Capítulo 8). Se suas chances de vir a se tornar um profissional de grande potencial forem mínimas (e muitas organizações são transparentes a este respeito), estas pessoas irão usar três táticas diversas para transmitir mensagens que geralmente indicam que você não está caminhando no sentido de alcançar um status de profissional de grande potencial dentro da empresa em que trabalha, ao menos num futuro próximo. Tais táticas são: a indiferença, o aplacamento e indicações enganosas.

A primeira delas (a indiferença) talvez seja a mais fácil de descobrir ao discutir suas aspirações em termos de carreira com terceiros. Colocado de maneira simples, eles educadamente irão ouvir quais são os seus interesses, porém não darão sinais de empolgação ou entusiasmo a este respeito. Na melhor das hipóteses, obterá uma resposta calma e comedida agradecendo-lhe pelas informações e prestando atenção por obrigação. No pior caso, provavelmente irão encará-lo de modo impassível e irão mudar de assunto imediatamente. Quando isto acontecer, você saberá que não irá muito longe nesta organização.

A tática do aplacamento é muito mais comumente usada com profissionais categoria B. Neste caso, os chefes estão interessados em manter este tipo de profissionais na empresa. Afinal de contas, eles estão fazendo um grande trabalho, mas não veem neles muito potencial para crescimento e ascensão a cargos mais importantes. Se você for um profissional deste tipo, eles preferirão que você assuma cargos com mobilidade horizontal ou que permaneça na sua função atual, continuando a ter um bom desempenho (geralmente o que acontece também com profissionais altamente especializados). Portanto, provavelmente lhe dirão que você é muito prezado e está fazendo um ótimo trabalho. Poderão dizer que você precisa continuar demonstrando sua colaboração e/ou que "estas coisas", ou seja, promoções, "levam tempo". Ou então ouvirá coisas como: sempre há espaço na empresa para pessoas como você, com suas diversas habilidades e com o seu nível de conhecimento. Talvez possam até lhe dizer que haverá outras oportunidades para você no futuro, embora dificilmente venham a prometer algo referente a cargos mais altos.

Por outro lado, a tática da indicação enganosa é mais difícil de ser detectada e pode ser facilmente confundida com sinalizações realmente positivas sobre você ser um profissional de grande potencial. Nestes casos, os seus chefes poderão dizer sobre novas experiências que poderá adquirir, novas áreas para desenvolvimento em que você poderá atuar após ter demonstrado avanços naquelas previamente identificadas. Ou então, possíveis cargos futuros que eles têm em mente para você, até mesmo trajetórias de carreira alternativas que eles conseguem enxergar para você logo mais à frente. Em suma, você acaba achando que é um profissional de grande potencial a partir destas sinalizações, mas a história não é bem assim. Eles querem que você permaneça na mesma posição, continue a melhorar e agregue valor à empresa, mas não em cargos mais altos. Entretanto, dada nossa discussão sobre trajetórias de carreiras "irregulares e imprevisíveis" e a necessidade de aprender a partir de diferentes experiências (Capítulos 4 e 6), é possível ver como estas sinalizações podem ser muito similares ou até mesmo iguais àquelas dadas a talentos de grande potencial legítimos.

O seu objetivo é expressar francamente quais são os seus objetivos no longo prazo em termos de carreira e conseguir perceber nas entrelinhas de modo a determinar como realmente os seus chefes o veem. Você pode até mesmo fazer a seguinte pergunta: "No momento, como o senhor vê meu futuro profissional a longo prazo?" Se a empresa acredita que você tem potencial significativo, provavelmente você receberá grandes elogios sobre o seu nível de flexibilidade e futuras oportunidades com frases como: "Temos grandes planos para você", "Achamos que você pode ir longe e fazer muita coisa" ou "Todos nós estaremos trabalhando por você algum dia". Se, por outro lado, não estiver no páreo, eles usarão uma das três táticas mencionadas anteriormente. A organização não está tentando lhe enganar. Ela está interessada em continuar a investir em você, só que não exatamente da mesma forma que naquelas pessoas que ela acredita terem maior potencial.

O que Pedir?

O que fazer se realmente constatar que o seu potencial é limitado? Independentemente de os seus chefes lhe dizerem diretamente ou não, pergunte a eles o que você precisa fazer concretamente para ser mais bem-sucedido. O que é preciso demonstrar para ser visto como tendo o potencial ou a capacidade de assumir cargos mais importantes e de maior responsabilidade? Peça a eles para serem o mais específico possível. Caso seus comentários não sejam a respeito do seu desempenho atual, é bem provável que um ou mais dos fatores X sejam parte da equação.

Por exemplo, pode ser que você tenha dificuldade em se adaptar ao seu chefe ou o chefe do seu chefe, o que estaria influenciando o ponto de vista deles (percepção da situação). Talvez corram rumores sobre o seu modo de interagir com os outros ou sobre a qualidade dos talentos que você contratou ou gerenciou (aceleração de talentos). Talvez você não tenha demonstrado aquilo que era necessário em uma situação desafiadora, da maneira como eles esperavam (condução da carreira) ou quem sabe suas habilidades de comunicação e de estratégia ainda não sejam suficientemente sólidas para influenciar líderes mais experientes (tradução das complexidades). Ou talvez não esteja demonstrando capacidade de aprender e crescer a partir de experiências ou um interesse inerente em formar as suas próprias (aprendizagem catalisadora).

Mesmo que tenha demonstrado todos estes fatores X ainda há que se considerar a nuance da adaptação à cultura da organização. Talvez você simplesmente não combine com o estilo dominante de sua organização e até o momento não tenha sido capaz ou esteja disposto a mudar suficientemente o seu comportamento de modo a se adequar a ele. São estas percepções que você deve reunir a partir de conversas e de suas próprias observações. Ao fazer isto, é possível determinar em que pontos concentrar os seus esforços para ser visto como um profissional de grande potencial agora e no futuro, seja na empresa em que atua no momento ou então em outra organização.

Devo Considerar a Possibilidade de Sair da Empresa Atual?

Embora tenham lhe dito ou então você tenha a sensação de não ser um profissional de grande potencial e sua progressão futura ser limitada, estar ciente destas informações realmente lhe dá algumas opções. Mais especificamente, você pode decidir por continuar a dar o seu melhor na esperança de que a situação melhore (terá um novo chefe, um cargo novo e apoiadores em uma função ou departamento diferente, uma avaliação favorável ou simplesmente houve uma evolução de suas habilidades) ou então, poderá sair da empresa e procurar uma nova colocação. Embora sair da empresa e começar revigorado em algum outro lugar às vezes pareça ser a escolha mais fácil, faça a si mesmo a seguinte pergunta:

Quantos chefes tive até o momento? Se apenas um, é provável que seja prematuro mudar para outra organização. Se forem quatro ou cinco e nenhum deles foi seu apoiador, designando-o como um profissional de grande potencial, este é um sério sinal de que você deve procurar outra empresa. Isto é particularmente verdadeiro se você é sempre classificado como um "profissional com bom desempenho" nas análises retrospectivas de talentos.

Ao mesmo tempo, você deve perguntar a si mesmo se acha que o seu desempenho foi bem superior do que aquele indicado pela percepção deles: Como minha ética no trabalho é avaliada pelos meus colegas? Qual o nível de comparação do meu talento pessoal? Os resultados do meu trabalho são comparáveis a quê? Tenho comparações tangíveis e visíveis que me dão bons argumentos para contestar?

Certifique-se de estar familiarizado com o modo de funcionamento de análises retrospectivas de talentos bem como dos processos de promoção. Seus dados estão atualizados? Os outros realmente sabem quais são suas aspirações profissionais? Qual a ênfase na sua firma em relação a tempo de casa versus outros fatores? O quão importante é a formação acadêmica para cargos superiores (por exemplo, diplomas de nível superior e cursos de formação executiva)? Você foi formalmente avaliado em sua postura como líder ou existe uma maneira através da qual pode solicitar *feedback* sobre suas habilidades e capacidades? Existem programas dos quais você pode participar visando crescimento adicional de modo a demonstrar o seu comprometimento e interesse pela empresa?

Finalmente, examine de verdade a própria motivação. Você tem dado tudo de si? Vem consistentemente dominando e demonstrando os fatores X? Todas estas são importantes considerações antes de simplesmente pedir demissão por não estar claro para você o que a empresa pensa a respeito do seu potencial. Temos conhecimento de vários casos em que a pessoa pediu demissão apenas para descobrir que, ao tratarem da papelada relativa à demissão ou informarem ao chefe da sua intenção, elas eram de fato consideradas profissionais de grande potencial. Uma nova e interessante experiência para crescimento ou então uma promoção estava prestes a ser concretizada.

Digamos que, após considerar todas estas variáveis, você decida procurar oportunidades externas e comece então a receber propostas. Há diversos fatores críticos a ponderar ao considerá-las. A cultura da empresa em vista se adéqua positivamente às suas características? Retorne à nossa discussão sobre cultura organizacional (Capítulo 9) para avaliar quais aspectos parecem ser uma adequação mais natural para você, por exemplo, uma cultura que valorize o relacionamento versus uma que valorize mais o aspecto individual. Os processos de carreira da organização parecem mais avançados ou adequados àquilo que você quer comparativamente a sua empresa atual? O trabalho em si se encaixa perfeitamente, adequando-se bem aos seus talentos inatos, capacidades e experiências até a presente data? O que você pode levar para a nova firma em termos de experiências, habilidades e relacionamento?

Alguns destes fatores poderão lhe dar alguma vantagem inicial em termos de desempenho? O que você irá aprender na nova função e empresa que poderiam ser valiosos para a sua carreira? O que irá lhe acontecer ao deixar para trás, na empresa antiga, redes de relacionamento, mentores, colegas com grandes qualidades, bem como oportunidades de treinamento e mentoria? Ao desistir disso tudo, isto irá colocá-lo em desvantagem para começar a desempenhar a nova função?

Sair da área de atuação atual normalmente significa começar de novo no que diz respeito a sua rede de contatos bem como uma curva de aprendizagem mais acentuada em termos de exigências de conhecimentos. Temos de fato conhecimento a partir de pesquisas sobre portabilidade de carreira que apenas certos aspectos podem ser levados para outra empresa. Entre estes estariam seus contatos pessoais com clientes e redes de contatos externas, o seu treinamento e formação e seus talentos inatos. Portanto, é importante avaliar criticamente o quão vantajosos estes fatores serão em sua nova organização.

Permanecendo na Condição de Profissional de Grande Potencial Através do Foco no *Feedback* e no Desenvolvimento

Você foi classificado como um profissional de grande potencial e continua a praticar os cinco fatores X bem como faz todas as coisas que recomendamos. E agora? Conforme dissemos no início do capítulo, o seu desafio é continuar aprendendo e se desenvolvendo. Esta é a essência de nosso quinto fator X, a aprendizagem catalisadora e o motivo para dizermos que a aprendizagem catalisadora suporta todos os outros fatores X. Você simplesmente tem que continuar aprendendo.

Aprenda com o *Feedback*

Ao longo das últimas duas décadas, aprendemos um bocado a respeito de desenvolvimento de liderança no que tange ao talento de grande potencial. No cerne está a importância da autoconsciência e do *feedback*. Líderes que têm consciência de si mesmos simplesmente apresentam um desempenho melhor e, por sua vez, têm maior potencial. Esta qualidade é a pedra angular daquilo que chamamos de inteligência emocional. Em um estudo comparativo entre altos executivos com desempenho excepcional e outros medianos, Daniel Goleman concluiu que cerca de aproximadamente 90% da diferença poderia ser atribuída à inteligência emocional em relação a habilidades cognitivas.[2]

O *feedback* serve como uma via de mão dupla para compreender e diagnosticar seus pontos fortes e oportunidades para melhoria e um poderoso meio para impulsionar mudanças. Ela é essencial para a autoconsciência. Se você ficar sabendo através de um relatório de *feedback* que os seus colegas acham difícil trabalhar com você, seus subordinados diretos não o verão como fonte de inspiração e os seus chefes darão notas baixas nas avaliações. Portanto, você claramente tem áreas em que deve se concentrar para o futuro antes de alcançar o próximo nível hierárquico. Ao contrário, ao saber que você tem como ponto forte a formação de equipes, liderando grandes iniciativas transformacionais e selecionando pessoas muito talentosas, são indicadores de um futuro grande líder. Então a questão passa a ser: "Devo concentrar minhas energias nas minhas deficiências ou nos meus pontos fortes?".

A resposta simples é: não se trata de um ou outro, mas sim, ambos. Pesquisa conduzida por John Zenger, Joseph Folkman, Robert Sherwin e Barbara Steel indica que um foco na solidificação dos seus pontos fortes tem um retorno maior em termos de impacto no desempenho do que trabalhar nas deficiências, com algumas exceções importantes.[3] Baseados em uma amostra de avaliações de desempenho 360° com *feedback* de mais de 20 mil gestores e com mais de 200 mil que responderam à sondagem, os dados por eles obtidos mostram que apenas 28% destes indivíduos possuía deficiências críticas que precisavam ser resolvidas com um foco no aperfeiçoamento. Eles apresentaram duas perguntas para autoavaliação para ajudá-los a decidir se uma deficiência deveria ser atacada:

- Recebi algum *feedback* em alguma forma crível sugerindo que um hábito ou comportamento prejudicial está detendo meu desempenho ou progresso profissional?
- Tenho ciência de alguma percepção negativa do meu comportamento que poderia estar ofuscando minhas boas qualidades? Algum destes comportamentos é, muitas vezes, a primeira coisa que vem à cabeça daquelas pessoas com quem trabalho e constituiriam estes o que os colegas diriam fazer parte da minha marca pessoal?

Se a resposta para uma das perguntas acima for sim, então você precisa tornar sua maior prioridade lidar sem demora com esta deficiência ou comportamento nocivo. Gestores da amostra com uma ou mais deficiências fatais foram classificados no décimo sétimo percentil em termos de eficiência. É por isso que focar nestes fatores retardadores pode ser fundamental, particularmente nos níveis mais altos da organização. Um ponto forte usado em excesso também pode se tornar uma oportunidade para melhoria ou até mesmo um fator retardador mais tarde em sua carreira.

Nossa orientação, após fornecermos *feedback* e resultados de avaliações para milhares de líderes em todos os níveis e estágios de suas carreiras, é mais eficaz ajudá-los a identificar pontos fortes a serem trabalhados e oportunidades para melhorar. O peso destes depende mais da função exercida e no que você está sendo avaliado. Por exemplo, se você tiver deficiência em algum de nossos fatores X, você deve concentrar-se nestas áreas bem como capitalizar aquelas em que já está apresentando um bom desempenho.

No final das contas, caso queira se tornar e permanecer na condição de profissional de grande potencial ao longo da carreira, é fundamental procurar ativamente obter *feedback* contínuo das outras pessoas não apenas naquilo que precisa melhorar, mas também sobre o progresso em relação às suas metas. Quando Marshall Goldsmith e Howard Morgan investigaram as atividades que tinham o maior impacto na liderança, esta foi aquela considerada de forma consistente e repetida a mais valiosa.[4] Aqueles líderes que discutiram suas prioridades em termos de aperfeiçoamento com os seus colegas e, consistentemente as alcançavam, foram os que mostraram progresso mais marcante ao longo do tempo. De forma contrastante, gestores que não discutiram suas necessidades de melhoria bem como metas com os seus colegas apresentaram um desempenho que mal excedia o acaso.

Como Solicitar *Feedback*

Algumas questões finais que são as bases para a aprendizagem continuada e nossa premissa fundamental para alguém ser um profissional de grande potencial agora e no futuro são: Como você está buscando obter *feedback* franco? E de quem? Como você está priorizando suas iniciativas de aperfeiçoamento e está medindo o seu progresso? Você já sabe que pontos devem ser trabalhados e melhorados para o futuro? Você se encontra em modo de aprendizagem constante e "juntando as peças"? Você é apaixonado por aprender mais e melhorar as próprias capacidades e conhecimentos como líder?

Apresentamos a seguir algumas maneiras formais e informais através das quais você pode solicitar *feedback* para ajudá-lo a identificar os seus pontos fortes e oportunidades para desenvolvimento, bem como para monitorar o seu progresso.

Sempre comece pelo seu chefe. Pesquisas demonstram que o seu chefe sempre se encontra numa melhor condição de saber quais são as áreas que exigirão seu foco e atenção. O seu chefe determina tanto suas notas de desempenho como a sua condição de ser ou não um profissional de grande potencial. Este é o ponto crucial de nosso fator X: percepção da situação. Sem um bom relacionamento com o seu chefe e sem saber interpretar nas entrelinhas o que ele está pensando, você simplesmente não obterá o *feedback* que precisa.

Peça *feedback* aos seus colegas e/ou subordinados diretos. Logo após uma reunião de equipe, videoconferência ou discussão de um projeto, peça um *feedback* construtivo. Entretanto, as informações que você recebe podem ser mascaradas pois eles estarão lhe dizendo as coisas diretamente na sua cara. Algumas pessoas não emitem suas opiniões ou resolvem problemas desta forma e os seus subordinados diretos poderão se sentir ameaçados caso digam em que pontos você deve melhorar como líder e gestor. Um modo melhor para reunir *feedback* de colegas é através de ferramentas confidenciais como sondagens de *feedback* 360º on-line (*vide* Capítulo 7). Utilize as ferramentas formais de RH da sua empresa (caso disponíveis) ou através de um *coach* ou fornecedor externo. Ao coletar os dados de forma independente e compartilhar os resultados com você de uma maneira agregada (de modo a proteger a confidencialidade daqueles que responderam à sondagem), provavelmente os colegas serão muito mais francos e abertos em informar aquilo em que você realmente precisa trabalhar para melhorar. Este processo talvez seja mais penoso para você como receptor do *feedback*, mas ele também será muito mais preciso e útil.

Estabeleça uma parceria com um mentor, *coach* ou colega. Alguém com quem você trabalhe regularmente ou talvez um especialista externo que você contrate para ser a sua "sombra", acompanhando todas suas atividades em um dia normal de trabalho, dando-lhe *feedback* em tempo real. Ou você poderia estabelecer um relacionamento de *coaching* com alguém que possa lhe dar ideias para o seu desenvolvimento pessoal. Mesmo um mentor interno capaz de lhe relatar qualquer rumor a seu respeito pode ajudá-lo a escolher em que áreas você deveria se aperfeiçoar ainda mais e aquelas em que deveria eliminar falhas importantes. Ao escolher alguém para ajudá-lo, escolha uma pessoa em quem confie e defenda os seus interesses. Finalmente, concentre-se em se aperfeiçoar para ser um futuro líder. Se examinar cuidadosamente, descobrirá que muitos, inclusive a própria empresa, têm as mesmas metas que você.

. . .

Este livro versa sobre como cuidar de sua própria carreira. Esperamos que as informações aqui fornecidas o ajudem a alcançar os seus objetivos e você progrida na trajetória para atingir o seu pleno potencial como líder. Boa sorte em sua jornada!

Notas

Capítulo 1

1. A. H. Church e J. Waclawski, "Take the Pepsi Challenge: Talent Development at PepsiCo", em Strategy-Driven Talent Management: A Leadership Imperative, ed. R. Silzer e BE Dowell, SIOP Professional Practice Series (São Francisco: Jossey-Bass, 2010), 617-640.

2. J.A. Conger e G. Pillans, Rethinking Talent Management (Londres: The Corporate Research Forum, 2016).

3. A. H. Church, C. T. Rotolo, N.M. Ginther e R. Levine, "How Are Top Companies Designing and Managing Their High-Potential Programs? A Follow-up Talent Management Study Benchmark Study", Consulting Psychology Journal: Practice and Research 67, n. 1 (2015): 17-47.

4. R. Silzer e A. H. Church, "The Pearls and Perils of Identifying Potential", Industrial-Organizational Psychology: Perspectives on Science and Practice 2 (2009): 377-412.

5. A. H. Church e R. Silzer, "Going Behind the Corporate Curtain with a Blueprint for Leadership Potential: An Integrated Framework for Identifying High-Potential Talent", People & Strategy 36, n. 4 (2014): 51-58.

6. A. H. Church e C. T. Rotolo, "How Are Top Companies Assessing Their High-Potentials and Senior Executives? A Talent Management Benchmark Study", Consulting Psychology Journal: Practice and Research 65, n. 3 (2013): 199-223; Church et al., "How Are Top Companies Designing and Managing Their High-Potential Programs?", R. Silzer e A. H. Church, "Identifying and Assessing High Potential Talent: Current Organizational Practices", em Strategy-Driven Talent Management, 213-279; e D. Ready, J.A. Conger e L.A. Hill, "Are You a High Potential?", Harvard Business Review, jun/2010.

Capítulo 2

1. D. Ready, J.A. Conger e L.A. Hill, "Are You a High Potential?", Harvard Business Review, jun/2010.

2. Ibid.

Capítulo 3

1. E. Michaels, H. Handfield-Jones e B. Axelrod, The War for Talent (Boston: Harvard Business School Press, 2001).

Capítulo 4

1. "Seeking their Fortune: The Career Path for Top Executives in Big Companies", Knowledge@Wharton, 11/fev/2014, http://knowledge.wharton.upenn.edu/article/seeking-fortune-career-path-top-executives-big-companies. Veja também P. Capelli, M. Hamori e R. Bonet, "Who's Got Those Top Jobs?", Harvard Business Review, mar/2014.
2. "Seeking their Fortune: The Career Path for Top Executives in Big Companies".
3. J. J. Gabarro, "When a New Manager Takes Charge", Harvard Business Review, jan/2007.
4. R. S. Kaplan, "What to Ask the Person in the Mirror", Harvard Business Review, jan/2007.
5. Gabarro, "When a New Manager Takes Charge".
6. M. D. Watkins, The First 90 Days: Proven Strategies for Getting Up to Speed Faster and Smarter (ed. rev.) (Boston: Harvard Business School Press, 2013).
7. Gabarro, "When a New Manager Takes Charge".
8. Watkins, The First 90 Days.

Capítulo 5

1. G. Shaw, R. Brown e P. Bromiley, "Strategic Stories: How 3M Is Rewriting Business Planning", Harvard Business Review, mai/1998.

Capítulo 6

1. M. W. McCall Jr., High Flyers: Developing the Next Generation of Leaders (Boston: Harvard Business School Press, 1998).
2. M. M. Lombardo e R. W. Eichinger, "High Potentials as High Learners", Human Resource Management 39, n. 4 (Winter 2000): 3.
3. C. Dweck, Mindset: The New Psychology of Success (Nova York: Ballantine Books, 2008)
4. Ibid., 10.
5. Jim Collins, Good to Great: Why Some Companies Make the Leap ... and Others Don't (Nova York: HarperCollins, 2001).
6. Dweck, Mindset, 111-112.
7. M. Seligman, Learned Optimism: How to Change Your Mind and Life (Nova York, Pocket Books, 1990).
8. S. G. Barsade, "The Ripple Effect: Emotional Contagious and Its Influence on Group Behavior", Administrative Science Quarterly 47, n.4 (dez/2002): 644-645.
9. R. Cross e R. Thomas, "A Smarter Way to Network", Harvard Business Review, jul-ago/2011.
10. K. A. Ericsson, M. J. Prietula e E. T. Cokely, "The Making of an Expert", Harvard Business Review, jul-ago/2007.
11. Ibid.

Notas

12. Jascha Heifetz, site Web de, jaschaheifetz.com/about/quotations, acessado em 7/ago/2017.

13. Juan Ramón Alaix, "The CEO of Zoetis on How He Prepared for the Top Job", Harvard Business Review, jun/2014.

14. Ibid, 4.

15. Ibid, 5.

Capítulo 7

1. A. H. Church e C. T. Rotolo, "How Are Top Companies Assessing Their High-Potentials and Senior Executives? A Talent Management Benchmark Study", Consulting Psychology Journal: Practice and Research 65, n. 3 (2013): 199-223.

2. A. H. Church e C. T. Rotolo, "Lifting the Veil: What Happens When You Are Transparent with People about Their Future Potential?", People + Strategy 39, n. 4 (2016): 36-40.

3. Ibid.

4. Church e Rotolo, "How Are Top Companies Assessing Their High-Potentials and Senior Executives?".

5. A. H. Church, "Managerial Self-Awareness in High-Performing Individuals in Organizations", Journal of Applied Psychology 82, n. 2 (1997): 281-292.

6. A. H. Church, C. T. Rotolo, N.M. Ginther e R. Levine, "How Are Top Companies Designing and Managing Their High-Potential Programs? A Follow-up Talent Management Study Benchmark Study", Consulting Psychology Journal: Practice and Research 67, n. 1 (2015): 17-47.

Capítulo 10

1. E. Crooks, "GE's Immelt: Every Job Looks Easy When You're Not the One Doing It", Financial Times, 12/jun/2017.

2. D. Goleman, "What Makes a Leader?", Harvard Business Review, jan/2004.

3. J. H. Zenger, J.R. Folkman, R.H. Sherwin, Jr. e B.A. Steel, How to Be Exceptional: Drive 4. Leadership Success by Magnifying Your Strengths (Nova York: McGraw-Hill Education, 2012).

4. M. Goldsmith e H. Morgan, "Leadership Is Contact Sport: 'The Follow-up Factor' in Management Development?", Strategy + Business 36, ago/2004.

Bibliografia

Referências

CHURCH, A. H., "Managerial Self-Awareness in High-Performing Individuals in Organizations", Journal of Applied Psychology 82, n. 2 (1997): 281-292.

_____, A. H. e ROTOLO, C. T. "How Are Top Companies Assessing Their High-Potentials and Senior Executives? A Talent Management Benchmark Study", Consulting Psychology Journal: Practice and Research 65, n. 3 (2013): 199-223.

_____, A. H. e ROTOLO, C. T. "Lifting the Veil: What Happens When You Are Transparent with People about Their Future Potential?", People & Strategy 39, n. 4 (2016): 36-40.

_____, A. H.; ROTOLO, C. T.; GINTHER, N.M. e LEVINE, R. "How Are Top Companies Designing and Managing Their High-Potential Programs? A Follow-up Talent Management Study Benchmark Study", Consulting Psychology Journal: Practice and Research 67, n. 1 (2015): 17-47.

_____, A. H. e SILZER, R. "Going Behind the Corporate Curtain with a Blueprint for Leadership Potential: An Integrated Framework for Identifying High-Potential Talent", People & Strategy 36, n. 4 (2014): 51-58.

DWECK, C. Mindset: The New Psychology of Success (Nova York: Random House, 2006).

READY, D.; CONGER J.A. e HILL, L.A. "Are You a High Potential?", Harvard Business Review, jun/2010, 78-84.

SILZER, R. e CHURCH, A. H. "The Pearls and Perils of Identifying Potential", Industrial and Organizational Psychology: Perspectives on Science and Practice 2 (2009): 377-412.

Referências Úteis Adicionais

BRACKEN, D. W. e CHURCH, A. H. "The 'New's' Performance Management Paradigm: Capitalizing on the Unrealized Potential of 360 Degree *Feedback*". People & Strategy 36, n. 2 (2013): 34-40.

BURKE, W. W. e NOUMAIR, D. A. "The Role of Personality Assessment in Organization Development", *in* Organization Development: A Data-Driven Approach to Organizational Change, editado por J. Waclawski e A. H. Church, 55-77. São Francisco: Jossey-Bass, 2002.

CAREY, D. C. e OGDEN, D. "CEO Succession Planning: Ensuring Leadership at the Top". *In* The Talent Management Handbook: Creating Organizational Excellence by Identifying, Developing, and Promoting Your Best People, editado por L. A. Berger e D. R. Berger, 243-252. Nova York: McGraw-Hill Education, 2004.

CHARAN, R.; CAREY, D. e USEEM, M. Boards that Lead: When to Take Charge, When to Partner, and When to Stay Out of the Way. Boston: Harvard Business School Press, 2014.

CHURCH, A. H. "A New Understanding of Potential: Do You Really Know Who the High-Potentials Are in Your Organization?" Talent Quartely 1 (2014): 15-19.

_____, A. H., "The Pursuit of Potential: Six Things You Need to Know about Defining Potential in Your Organization" Talent Quartely 6 (2015): 29-35.

_____, A. H., "What Do You Know about Developing Leadership Potential? The Role of OD in Strategic Talent Management". OD Practitioner 46, n. 3 (2014): 52-61.

_____, A. H. e DUTRA, S. "The Promise of Big Data for OD: Old Wine in New Bottles or the Next Generation of Data-Driven Methos for Change?". OD Practitioner 45, n. 4 (2013): 23-31.

_____, A. H.; FLECK, C. R.; FOSTER, G. C.; LEVINE, R. C.; LOPEZ, F. J. e ROTOLO, C. T. "Does Purpose Matter? The Stability of Personality Assessments over Time". Journal of Applied Behavioral Science 52, n. 4 (2016): 1-32.

_____, A. H. e ROTOLO, C. T. "The Role of the Individual in Self-Assessment for Leadership Development". *In* Self-Management and Leadership Development, editado por M. G. Rothstein e R. J. Burke, 25-61. Cheltenham, Glasgow, UK: Edward Elgar Publishing Limited, 2010.

_____, A. H. e SILZER, R. "Are We in the Same Wavelength? Four Steps for Moving from Talent ignals to Valid Talent Management Applications". Industrial and Organizational Psychology: Perspectives on Science and Practice 9, n. 3 (2016): 645-654.

_____, A. H. e WACLAWSKI, J. "The Relationship between Individual Personality Orientation and Executive Leadership Behavior". Journal of Occupational & Organizational Psychology 71 (1998): 99-125.

_____, A. H. e WACLAWSKI, J. "Take the Pepsi Challenge: Talent Development at PepsiCo", em Strategy-Driven Talent Management: A Leadership Imperative, editado por R. Silzer e B. E. Dowell, 617-640. São Francisco: Jossey-Bass, 2010.

_____, A. H.; WACLAWSKI, J. e BURKE, W. W. "Multisource *Feedback* for Organization Development and Change". *In* The Handbook of Multisource *Feedback*: The Comprehensive Resource for Designing and Implementing MSF Processes, editado por D. W. Bracken, C. W. Timmereck e A. H. Church, 301-317. São Francisco: Jossey-Bass, 2001.

CONATY, B. e CHARAN, R. The Talent Masters: Why Smart Leaders Put People before Numbers. Nova York: Crown Business, 2010.

HIGHHOUSE, S. "Assessing the Candidate as a Whole: A Historical and Critical Analysis of Individual Psychological Assessment for Personnel Decision Making". Personnel Psychology 55 (2002): 363-396.

McCAULEY, C. D. e McCALL Jr., M. W. (eds.) Using Experience to Develop Leadership Talent. How Organizations Leverage On-the-Job Development. São Francisco: Jossey-Bass, 2014.

MEISTER, J. C. e WILLYERD, H. The 2010 Workplace: How Innovative Companies Attract, Develop and Tomorrow's Employees Today. Nova York: HarperCollins, 2010.

MICHAELS, E.; HANDFIELD-JONES, H. e AXETROD, B. The War for Talent. Boston: Harvard Business School Press, 2001.

NOWACK, K. M. e MASHIHI, S. "Evidence-Based Answers to 15 Questions about Leveraging 360-Degree *Feedback*". Consulting Psychology Journal: Practice and Research 64, n. 5 (2012): 157-593.

Bibliografia

RUDDY, T. e ANAND, J. "Managing Talent in Global Organizations". Em Strategy-Driven Talent Management: A Leadership Imperative, editado por R. Silzer e B. E. Dowell, 549-593. São Francisco: Jossey-Bass, 2010.

SCOTT, J. C. e REYNOLDS, D. H. (eds.) The Handbook of Workplace Assessment: Evidence Based Practices for Selecting and Developing Organizational Talent. São Francisco: Jossey-Bass, 2010.

SILZER, R. e CHURCH, H. "Identifying and Assessing High Potential Talent: Current Organizational Practices". *In* Strategy-Driven Talent Management: A Leadership Imperative, editado por R. Silzer e B. E. Dowell, SIOP Professional Practice Series. São Francisco: Jossey-Bass, 2010.

_____, R. e DOWELL, B. E. (eds.) Strategy-Driven Talent Management: A Leadership Imperative. São Francisco: Jossey-Bass, 2010.

SPERRY, L. "Executive *Coaching* and Leadership Assessment: Past, Present and Future". Consulting Psychology Journal: Practice and Research 65, n. 4 (2013): 284-288.

Stamoulis, D. Senior Executive Assessment: A Key to Responsible Corporate Governance. Chichester, West Sussex, Reino Unido: John Wiley & Sons, Ltd., 2009.

THORNTON III, G. C.; HOLLENBECK G. P. e JOHNSON, S. K. "Selecting Leaders: Executives and High-Potentials". Em Handbook of Employee Selection, editado por J. L. Farr e N. T. Tippins, 823-840. Nova York: Routledge, Taylor, & Francis Group, 2010.

VAN VELSOR, E.; TAYLOR, S. e LESLIE, J. B. "An Examination of the Relationships among Self-Perception Accuracy, Self-Awareness, Gender, and Leader Effectiveness". Human Resource Management 32, n. 2-3 (1993): 249-263.

Índice Remissivo

A. F. Fergunson, 48
abertura
    a *feedback*, 175
    condução da carreira e, 93
    na condução da carreira, 98-9
Accenture, 156
aceleração de talentos, 29, 65-90
    autoavaliação, 32
    avaliação de habilidade para a, 69-72
    avaliação dos talentos de uma equipe, 72-6
    coaching na, 72, 76-9
    encontrando talentos e, 83-4
    habilidades para, 72
    importância da, 66-7
    lições sobre, 89-90
    liderança voltada para o desenvolvimento e, 84-9
    logo no início de carreira, 67
    profissionais com desempenho abaixo do esperado e, 78-84
    resultados da, 88-9
adaptabilidade
    a diferentes chefes, 38-40
    aceleração de talentos e, 67
    às preferências de estilo e às prioridades, 51-8
    detectando necessidades para a, 52-5
    na condução da carreira, 29-30, 91, 92, 94-6
adequação cultural, 208-9
administração do tempo
    administrando a ambiguidade e, 100

    aliviando a carga de trabalho do seu chefe, 51
    para o desenvolvimento de atividades, 84-6
    tarefas especiais e, 40-2
agente catalisador e defensor de mudanças, 98-9, 107
Alaix, Juan Ramón, 160-1
Albarella, Joel, 104-5
Alders, Mark, 88
Alianças, 59
altruísmo, 41-2
ameaças de deixar a empresa, 187, 196-8
ameaças em torno de, 187, 196-8
amplitude, construindo, 104, 106, 210-11
aparência, 224-5
aplacamento, 236
apoiadores, 62-3
apoio, 104-5
apoio, 19
aprendizado, paixão pelo, 122-3, 234
aprendizagem catalisadora, 30, 139-62
    aplicação da, a cargos mais importantes, 142-3
    autoavaliação da, 33, 146-8
    consciência de si mesmo e reflexão na, 154-5
    cultivando habilidades na, 148-62
    definição de, 139
    durante a vida toda, 161
    forma de pensar na, 149-57
    lições sobre, 162
    networking e, 156-7

os sucessos obtidos podem impedir a, 144-6
otimismo e, 151-4
permanecendo na condição de profissional de grande potencial e, 240-4
pessoas otimistas bem como aquelas que dizem a verdade, 157-9
prática e, 159-62
transformando uma função nova desapontadora em um trampolim para conseguir uma promoção, 140-1
versatilidade na, 143-8
aprendizagem continuada, 234
apresentações, 132-5
Arthur Andersen, 48
aspirações, 74, 202
AT&T, 22
atenção, falta de experiência, 100
atitude proativa, 185-7, 204-6
atitude, 63
atribuições que vão além do normalmente exigido, 105, 108-9
autenticidade, 86
"autoconsciência gerencial", 174
avaliação situacional, 171
avaliações de desempenho 360° com *feedback*, 22, 74, 171, 173-7
  escolha de avaliadores para, 174-6
  objetivos de desenvolvimento nas, 86-7
  utilização pelas empresas, 175-8
avaliações de desempenho, 23, 25, 69, 74
avaliações, 26-7, 167-89
  "pinta de executivo", 183-4
  autoavaliações, 32-3, 92, 146-8
  avaliações de desempenho 360° com *feedback*, 173-7
  baseadas em dados, 167-70
  corrigindo avaliações desatualizadas/negativas, 168-9
  de aceleração de talentos, 69-72
  de aprendizagem catalisadora, 146-7
  de condução de carreira, 93
  de talentos dentro da equipe, 72-5
  entrevistas, 180-3
  ferramentas formais para, 27
  indicadores de tendência do potencial futuro em, 169-70

influenciando resultados de, 171-84
lições sobre, 188-9
o que fazer depois das, 185-7
o que não fazer em, 187-8
para designação de profissionais de grande potencial, 21-2
simulações, 171-4
subjetividade das, 26
testes de habilidades cognitivas, 171, 182-3
testes de personalidade, 171, 177-80
transparência em, 82
Avery Dennison, 88

Benett, Ray, 46, 48, 80-1
boa vontade, 50
Bonet, Rocio, 93-80
bônus, 23
brainstorming, 157-8

"caça-cargos", 232
capacidades. *Veja* habilidades; pontos fortes e fracos
Cappelli, Peter, 92
chefes
  a perspectiva, cultivando, 45-6, 47
  adaptando-se a diferentes, 38-110
  aliviando a carga de trabalho dos, 49-51
  atualização sobre o seu desempenho, 41-2
  conduzindo, à medida que pilota, 92, 99, 102-5
  conversas sobre a sua carreira com, 202
  difíceis, 40, 58-63
  fazendo com que os seus, saibam quais são os seus interesses, 203-4
  obtendo *feedback* de, 242-4
  preferências de estilo e prioridades dos, 28-9, 39-40, 51-8
  quando dizer não a oportunidades baseado nos, 109
  questionando, 222-3
  tradução das complexidades para, 117
Church, Allen, 168, 171, 172
coaching
  avaliação de, 71
  cultura, 226
  na aceleração de talentos, 72, 76-8
  obtendo *feedback* de, 243

Índice Remissivo

colaboração, 20
    capacidades de equipe e, 67-9
    cultura e, 208, 215-6, 217
colegas
    discordando de, 222-4
    obtendo *feedback* de, 242-4
    tradução das complexidades para, 116-7
Collins, Jim, 150
comportamento "submisso", 60-1
compostura, 234
comprometimento, 136, 196-7
comunicação, 233
    adaptando as preferências de estilo à, 53
    em entrevistas, 180-2
    na tradução das complexidades, 117-8
    narrativa na, 120, 129-36
    públicos, adaptando as informações para os diversos, 132-5
    valor cultural colocada na, 212-4, 215
concorrência
    condução da carreira e, 98-9
    tentativas de colegas induzirem ao erro, 54-5
condução da carreira, 29-30, 91-113
    ambiguidades na, sentir-se à vontade com, 93, 97-101
    autoavaliação da, 33, 92
    conduzindo, à medida que pilota, 93, 99, 102-5
    dando sentido às tarefas na, 93, 105, 108
    definição de, 91, 93
    engajando equipes e colegas na, 93, 102-5
    lições sobre, 112-3
    permanecendo na condição de profissional de grande potencial e, 234
    promoções e, 96-7
    quando dizer não na, 109-12
    trajetórias "irregulares e imprevisíveis" na, 93-7
confiança
    aliviando a carga de trabalho do seu chefe, 50
    condução da carreira e, 92
    demonstração de iniciativa e, 46, 48-9
    estabelecendo uma relação de, com os chefes, 37-64
    nos membros da equipe, 70
    tarefas especiais e, 41
confiança, 98
conflito de grande impacto, 131-2
Conger, J. A., 29
conhecimentos
    equipes para a complementação de lacunas nos, 67-9
    superestimando os seus, 124
consciência de si mesmo, 154-5, 174, 240-2
construção de profundidade, 105
contexto organizacional, 193
corretor de seguros, 152-4
credibilidade, 67, 82-4
criação de narrativas para apresentação de soluções para um problema, 132
criatividade, cultura organizacional na, 211
Cross, Rob, 156, 157, 159
cultura organizacional, 31, 33, 205, 207-29
    adequação ou não à, 208-9, 238
    aprendizagem catalisadora e, 146-7
    como amplificador/elemento retardador de status, 210-11
    definição de, 208
    destinos de carreira e, 211-3
    dinâmica social na, 222-4
    elementos definidores da, 213-4
    entrevistas de avaliação e, 179-80
    falta de adequação à, 210, 227-9
    indicadores de tarefas na, 216-20
    interpretando, 214-25
    lições sobre, 228-9
    processo de integração e socialização, 225-6
    valorização das equipes na, 69-72
cultura. *Veja* cultura organizacional
culturas formais versus informais, 210-1, 218-9
curiosidade
    aprendizagem catalisadora e, 148-50
    ganho de perspectiva através da, 48-9
curvas de aprendizagem, 100, 239-40

dados
    avaliações baseadas em, 167-70
    competências para a análise, 130, 135-6
    errados, 135-6
    integração de, para geração de insights, 121, 125-9
    nas análises retrospectivas de talentos, 193

pesquisa de, 120-1, 122-5
relações espúrias entre, 128
síntese para estabelecimento de uma narrativa, 121, 129-36
"Debbie Downers" (desmancha-prazeres), 158-60
decisões relativas a contratações, 65-6, 83-5
defensor, 37, 71
definições funcionais, 218-9
deixar a sua organização, 238-40
delegação, 67-9
departamento de RH, 197-204
desempenho, 17
    atual como elemento para previsão de potencial futuro, 26
    avaliando o, de subordinados diretos, 74
    bom modelo a ser seguido, 80-1
    equipe versus individual, 121
    estabelecendo expectativas de, 102
    perdendo o status de profissional de grande potencial e, 232-4
    promoções e, 96-7
    resultados fracos no, 41-2
"desenergizadores", 159-60
desenvolvimento
    aceleração de talentos e, 65-6
    avaliações baseadas no, 167-8
    conversas sobre, 102-3
    foco concertado no, 86-7
    liderança voltada para o, 84-8
    liderança, oportunidades para, 23
    networking e, 156-7
    planejamento proativo para o, 185-7
    planos formais para o, 147
    programas para liderança, 23, 118-20
    recursos e apoio para o, 19
dinâmica social, 221-4
disponibilidade para ser transferido, preferências sobre a, 200-2
disponibilidade, 57, 223-4
disposição para aprender, 146-7
diversidade, em redes de relacionamento, 156-7
documentação da ineficiência, 82
Dweck, Carol, 149

efeito multiplicador de talentos, 67
Eichinger, Robert, 144-7

emoções, ao lidar com profissionais categoria C, 79-82
energia positiva, 152, 153-4, 172-3
engajamento, 84-6
    condução da carreira e, 92, 93, 102-4
entrevistas, avaliações através de, 180-3
equipes
    aceleração de talentos e, 29, 65-89
    classificando talentos em, 76
    como complemento às suas deficiências, 67-9
    concentrando-se na capacidade das, 65-6
    desempenho de, 121
    encontrando talentos na formação de, 83-5
    engajamento de, 93, 102-5
    expectativas culturais em relação a, 219-21
    liderança voltada para o desenvolvimento de, 84-9
    otimismo e, 153-5
    preferências de interação com as, 56
    profissionais categoria C, 78-83
Ericsson, K. Anders, 159-60
estabilidade organizacional, 94-5
estresse, 173-4
estudos de caso, *coaching* como, 75
ética
    chefes antiéticos e, 40, 58-63
    precisão no perfil do funcionário e, 202
exigências mínimas, 105
expectativas, 20-1, 228
    culturais, para trabalho com outras pessoas, 219-21
    em relação à tradução das complexidades, 116-7
    estabelecimento de conversações, 102
    fora da realidade, 203-5, 235-7
    indo além das, 222-3
    profissionais categoria C, 80
    sobre dinâmica social, 222-4
    trajetória profissional, 116-7
experiência, em perfis de funcionários, 200
experiências de complementação e aperfeiçoamento, 106
expertise, 67-9, 106, 211

falhas
    aprendendo com as, 87-8

Índice Remissivo

condução da carreira e, 93
otimismo e, 151-4
perguntas sobre, em entrevistas, 182
fatores intangíveis que influenciam a percepção das pessoas a seu respeito, 224-5
fatores X, 16, 24-30, 237-9
   ao longo de uma carreira, 25, 28
   autoavaliação de, 32-3
   demonstrando domínio dos, 196-7
   desenvolvimento, 27
   importância dos, 31
   pesquisa sobre, 28-9
feedback
   aceleração de talentos e, 67
   agindo após, 96, 97
   aprendizagem catalisadora e, 145-7
   de avaliações, 169-70
   em tempo real, preferências de estilo e, 55
   encorajando *feedback* construtivo, 85-6
   escolhendo as pessoas certas para obtenção de, 128
   foco no, para permanecer na condição de profissional de grande potencial, 240-4
   forma de pensar sobre o, 77
   frequência de, 77
   negativo, consistente, 232
   networking e, 156-7
   norma cultural sobre, 229
   para profissionais categoria C, 80-1
   planejamento de desenvolvimento baseado em, 185-7
   preferências do chefe em relação a, 53-54
   sobre a percepção das demais pessoas a seu respeito, 145-7
   solicitando, 242-4
ferramentas para a gestão da qualidade, 74
Flannery, John, 231
flexibilidade, 94-6, 135, 143-8
foco, 172
Folkman, Joseph, 241
funções de grande transformação, 107
funções desempenhadas na matriz, 107
funções que lidam com o público externo, 107
Gabarro, Jack, 99, 104
General Electric, 192
gestão de conflitos, 58-9
Goffee, Rob, 86

Goldsmith, Marshall, 242
Goleman, Daniel, 240
Good to Great (Collins), 150
habilidades na área financeira, 131, 173
habilidades temáticas, 130-1
habilidades
   aprendizagem catalisadora e, 146-8
   avaliação das, de uma equipe, 73-4
   como Integrador de ideias, 130-1
   conhecendo suas próprias, 68-9
   corrigindo avaliações desatualizadas/negativas de, 168-9
   deixar de aprender, 233-4
   demonstração de habilidades através de simulações, 172
   equipes para a complementação de lacunas em, 67-9
   exercício de funções, 106
   falta de correspondência entre suas responsabilidades e suas reais, 81
   integração de dados para, 120-1, 125-9
   na condução da carreira e, 96-7
   narrativas, 129-32
   pesquisa de dados, 120, 122-5
   prática, 143, 159-61
hábitos de trabalho, 39-40
hábitos ruins, 67, 68
Hamori, Monika, 93-4
Heifetz, Jascha, 159
High Flyers (McCall), 144
higiene, 224-6
Hill, L. A., 29
Hogan Development Survey (HDS), 60-1
Hogan Personality Assessment Suite, 177, 186
honestidade, 185, 187, 202

Immelt, Jeffrey, 231
incentivos, 23
indicações enganosas, 236-8
indicadores de tarefas, 216-21
indiferença, 236
individualismo versus trabalho em equipe, 208, 215, 217
informações
   adaptando, aos diversos públicos, 132-5
   baseadas em dados, 61-2
   buscas contínuas por mais, 129

compartilhando informações em demasia, 128-9
escolhendo as pessoas certas para, 132-135
preferências sobre, 56, 61-2
rastreando informações relevantes, 120-1, 122-5
sobre os membros da equipe, 74
iniciativa, demonstrando, 46, 48-9
iniciativas
    engajando equipes e colegas em, 93, 102-4
    implementando, 48-9
inovação, cultura organizacional na, 211
insights
    busca de dados e, 121, 122-5
    habilidades para integração de, 130-1
    integração de dados para, 121, 125-9
integração funcional, 217
integridade, 41-2, 59
inteligência emocional, 147, 240
inteligência, 115, 130, 240

jogando a culpa nos outros, 121
joint-ventures, 107
Jones, Gareth, 86
KPMG, 48

LeAD (Leadership Assessment and Development), kit de ferramentas, 169-70
líderes e liderança
    acesso a, seniores, 23
    buscando apoio nos, 103-4
    como transmissores de cultura, 207
    competências fundamentais, 47
    competências, fatores X versus, 25
    cultura organizacional e, 211-2
    estilo, na condução da carreira, 91, 93
    heróis, 66-7
    modo de pensar dirigido ao crescimento, 150
    mudanças frequentes de função para testar sua determinação para a liderança, 18-9
    os primeiros noventa dias na, 102-3
    programas de desenvolvimento, 23, 118-20
    tradução das complexidades para líderes seniores, 117
    visibilidade para líderes seniores, 19-20
    voltados para mudanças e, 215-7

vulnerabilidade nos, 85-6
linguagem corporal, 134-5, 180, 224-6
linguagens de programação, 130
Lombardo, Michael, 144-7

Marriott International, 46, 48, 80-1
McCall, Morgan Jr., 144
McKinsey & Company, 79
mentalidade aberta, 92, 141
mentores e mentoria
    gestão das ambiguidades e, 100-101
    networking e, 156-7
    obtendo *feedback* de, 243
"mergulhos funcionais de grande profundidade", 106
métricas, 217
    adaptando-se a preferências, 52
    tradução das complexidades e, 117
Metropolitan Life, 153
Microsoft, 158
Milton, John, 209
mito do herói, 66-7
modo de pensar dirigido ao crescimento, 149-51
modo de pensar fixo, 149, 150-1
modo de pensar
    aprendizagem catalisadora e, 148, 149-52
    aprendizagem continuada, 234
    coaching e, 77-8
    na condução da carreira, 29-30, 91-2
    para a condução da carreira, 92, 96-8
    pragmático, 154
    voltado para a aceleração dos talentos, 85-7
    voltado para o crescimento *versus* fixo, 149, 150-1
Morgan, Howard, 242
motivação, 20, 21
    de equipes, 29, 70
    de membros da equipe, 74
    deixando ou permanecendo em sua organização e, 239
    dos chefes, 57
    feedback e, 239
mudanças de função, 18-9
    disponibilidade para ser transferido e, 200-2
    falta de previsibilidade na trajetória profissional, 92, 94-6

Índice Remissivo

mudanças, organizações com perfil orientado a, 215-7
Musk, Elon, 30, 139

Nagrath, Moheet, 211-3
narrativas, 121, 129-36
   adaptando as informações para públicos diversos, 132-5
   armadilhas em, 135-6
   normas, 224, 225. *Veja também* cultura organizacional

objetivos organizacionais, 20
   condução da carreira e, 92
   quando dizer não a uma nova atribuição, 109-11
   simulações e, 172-3
objetivos pessoais, 86-7
observação
   da cultura, 226, 227
   de preferências de estilo, 52-3
oportunidades, descrevendo em apresentações, 133
organizações com estrutura matricial, 218-9
"Os Cinco Grandes" Traços de Personalidade, 177
otimismo, 151-4

paixão pelo aprendizado, 122-3
Paraíso Perdido (Milton), 209
paralisia analítica, 117
paranoia, 98-9
partes interessadas
   adotando a perspectiva das, 47
   aprendizagem catalisadora e, 147-8
   chefes difíceis e, 58-9
   condução da carreira e, 99, 102-4
   decisões que giram em torno das, 218-20
   gestão de ambiguidades e, 101
   habilidade para a identificação de, 147-8
   perguntas sobre, em entrevistas, 181-2
   tradução das complexidades para as, 116
passando o abacaxi pra frente, 82-4
pedindo ajuda, 222, 228
pensamento sistêmico, 108-9
PepsiCo, 46, 48, 105, 169-70, 192
percepção da situação e, 28, 37-64
   autoavaliação da, 32
   com chefes diversos, 38-40
   com novos chefes, 54-5
   conversas na, 102
   exigências de estilo, adaptando-se às, 51-8
   importância da, no início da carreira, 38
   lições sobre, 63-4
   nas análises retrospectivas de talentos, 192
   permanecendo na condição de profissional de grande potencial e, 234
   simulações e, 170
   zonas de oportunidade na, 39, 40-51
perfis de funcionários, 193, 194, 197-205
perguntas e questionamento
   a respeito da tradução das complexidades para, 127-8
   chefes difíceis, 59
   ganho de perspectiva através de, 48-9
   na avaliação da aceleração de talentos, 70-1
personalidades
   avaliação de, 171
   dos membros de uma equipe, 73 *Veja também* preferências de estilo
perspectiva estratégica, 107-8
perspectiva
   compartilhando a sua, com a do seu chefe, 59
   de públicos diversos, 132-3
   determinando uma, crítica, 47
   estratégica, 107
   exercício de funções, 106
   expansiva, 151
   individual versus de grupo, 208, 216
   relativa a tarefas, 42-6
pessimismo, 152-4
pessoas introvertidas, 178, 221
pessoas que dizem a verdade, 157-60
pessoas que transmitam uma energia positiva, 157-60
PLDC (Potential Leader Development Center), 169-70
política
   gestão de ambiguidades e, 100-1
   networking e, 156-7
   quando dizer não a uma nova atribuição, 109
pontos delicados, 55
pontos fortes e deficiências

aprendizagem catalisadora, 146-8
condução da carreira, 96-7
conhecendo os seus, 68-9
corrigindo avaliações desatualizadas/negativas, 168-9
de equipes para a complementação de lacunas nos seus, 67-9
equipes na complementação de, 67-9
foco na construção, 241-2
identificando os seus, 73
os sucessos obtidos podem impedir a, 144-6
sinceridade e transparência em relação aos seus, 85-7
pontuação LIFT, 170
postagem de vagas on-line, 83-4
potencial
aceleração de talentos e, 65-89
classificando, 76
indicadores de tendência do, 169-70
parcialidade na avaliação de, 26-7
profissionais categoria C e, 78-83
PowerPoint, 132
pragmatismo, 154
prática, 143, 159-61
práticas para desligamento de funcionários, 70-1, 79-82
prazos, 100
preferências de estilo, 28-9, 38-40
adaptando-se às, 51-8
conflitos de, 232
conversas em relação a, 102
detectando, 52-5
flexibilidade nas, 98-9
incompatibilidades nas, 55, 58
influência sobre as percepções dos outros a seu respeito, 224-5
lista de verificação para interpretação das, 56-7
pontos delicados, 55
profissionais com desempenho abaixo do esperado e, 81-2
rude e grosseiro, 71-2
preferências pessoais
incompatibilidades nas, 56, 58
lista de verificação para interpretação das, 56-7

na avaliação de potencial, 26-7
obtendo informações sobre, 54-5
percepção da situação e, 28-9, 39-40
pontos delicados, 55
pré-ligação, 133
presença de executivo, 183-4
pressão, lidando com a, 101
Priceline, 157-8
prioridades
gestão contínua das, 41
percepção do seu chefe a respeito das, 28-9, 39
tarefas especiais, 40-2
processo de integração e socialização, 225-7
processos de análises retrospectivas de talentos, 25, 34, 191-206
ação proativa em, 204-205-6
avaliações baseadas em dados nos, 168
fazendo com que os seus interesses sejam conhecidos, 203-5
influenciando, 195-7
lições sobre, 205-6
o que acontece em, 192-5. *Veja* também avaliações
precisão no perfil do funcionário e, 197-204, 238-40
Procter & Gamble, 212
profissionais categoria C, 78-83
profissionais com desempenho abaixo do esperado, 78-83, 232
promoções, 18, 65-6, 96-7
ameaça de deixar a empresa na tentativa de conseguir, 196-8
correndo atrás de, 141
transformando uma função nova desapontadora em, 140-1
públicos, adaptando as informações para os diversos, 132-5

Ravens Advanced Progressive Matrix, 182, 183
reações automáticas, 159-60
Ready, D. A., 29
recompensas, 70, 219-21, 223-5
reconhecimento, 70, 220-1, 223-5
recursos, 19
conversações sobre, 102
networking e, 156-7

Índice Remissivo

redes de relacionamentos e networking, 104-5
   deixando sua organização e, 239-40
   em excesso, 129
   exercício de funções, 106
   na aprendizagem catalisadora, 156-7
   pessoas otimistas bem como aquelas que dizem a verdade, 157-60
   quando dizer não a uma nova atribuição e, 110-11
Reed, Deebra, 143
refletindo a indumentária do CEO, 53
reflexão, 154-5
relacionamentos, cultura organizacional e, 213-5, 220-4, 239-40
relato do ocorrido em uma reunião, 75
relevância, 234
remuneração de acordo com o desempenho, 17
replantio, 232-4
respeito, 234
responsabilização, 67, 218-9
reuniões, 219-21, 234
Rotolo, Christopher, 168, 171, 182-3

saber ouvir, 52-3, 233
Seligman, Martin, 152-4
Sempra Energy, 143
Sherwin, Robert, 241
simulações, 171-3
socialização fora do ambiente de trabalho, 224-5
sonhadores, 154
SpaceX, 30, 139
startups, 107-8
status quo, 150
Steel, Barbara, 241-2
subordinados diretos
   obtendo *feedback* de, 242-4
   tradução das complexidades para, 116
sucessores, preparação de, 71, 110-1
sucessos
   dividindo os, com os membros da equipe, 70
   obtidos podem impedir a aprendizagem, 144-6
   perguntas sobre, em entrevistas, 181-2
Synthes, 48

talento(s) com grande potencial
   benefícios de ser denominado, 18-20
   caindo fora da lista de, 234-5
   como saber se você é considerado um, 20-2
   como se tornar, 235-9
   concorrência entre, 54-5
   defendendo, 37
   definição de, segundo as organizações, 17
   descrição de, 15
   determinando o seu status, 22-3
   falsas ideias sobre, 115
   feedback, permanência na condição de, 240-3
   influenciando a avaliação de, 24
   informar ou não o status de, 20-1
   os fatores X dos, 16
   os refletores estão todos direcionados para os, 86-8
   processo de identificação de, 21-2, 161-3
   tornando-se e permanecendo na condição de, 24-5, 28-30, 195, 231-43
tarefas
   aceleração de talentos através de, 78-9
   administrando a ambiguidade em, 100-101
   carreiras "irregulares e imprevisíveis", 92, 94-7
   condução de carreira e, 93
   engajando equipes e colegas nas, 93, 102-5
   entendendo as, 93, 105, 108
   networking e, 105
   quando dizer não a uma nova atribuição, 109-12
   relacionamento com as partes interessadas envolvidas em, 99, 102-5
   tipos de, 105-9
   transformando uma função nova desapontadora em um trampolim para conseguir uma promoção, 140-1
   variedade nas, 145-6
tarefas básicas, 42, 44-5
tarefas especiais, 40-2, 62
tarefas básicas versus, 42, 44-5
tarefas para inversão de tendência, 107
tarefas
   aliviando a carga de trabalho do seu chefe, 49-51
   básicas, 42, 44-5

dando prioridade às tarefas especiais do seu chefe, 40-2
perspectiva organizacional em, 42-6
tendências, em avaliações, 26-7
testes de habilidades cognitivas, 171, 182-3
testes de personalidade, 171, 177-80, 228
Thomas, Robert, 156, 157, 159-60
tomada de decisão
   a cultura organizacional na, 210-11, 214-6
   estilo, 56 Veja também "tradução das complexidades"
   integração de dados para, 121, 125-9
   partes interessadas críticas e, 218-20
   pré-ligação, 133
   relacionamentos e, 213-5
trabalho em equipe, 20, 208
tradução das complexidades, 30, 115-37
   autoavaliação, 33
   competências para, 121
   definição de, 115
   expectativas sobre, 116-7
   importância das competências na, 121, 125-9
   lições sobre, 136-7
   papel da trajetória profissional, 115-6
   pesquisa de dados e, 121, 122-5
   síntese para estabelecimento de uma narrativa, 121, 129-36
trajes, 53, 57, 224-5
trajes, preferências de estilo, 53, 224-5

trajetória profissional, 93-7
   aspirações e, 202
   cultura organizacional e, 210-4
trajetórias profissionais, 211-3
transparência, 20-1, 81-3
   em avaliações, 169-70
   nos perfis de funcionário, 197-8
tratamento preferencial, 80-1

variedade de experiências, 144-6
Veith, Greg, 158
vida pessoal, 57
"Você é um Profissional de Grande Potencial?" (Ready et al.), 29
vulnerabilidade, 85-6

Walker, Jay, 157-9
Watkins, Michael, 102, 103-5
Watson Glaiser, *Critical Thinking Appraisal*, 182, 183-4
Wonderlic, teste, 182

Zenger, John, 241
Zoetis, 160-1
zonas de conforto, 91-113
zonas de oportunidades, 39, 40-51, 196
   colaborando para aliviar a sobrecarga de trabalho do seu chefe, 49-51
   demonstrando iniciativa, 46, 48-9
   nível de desempenho nas tarefas especiais, 42-6

Agradecimentos

A ideia para este livro começou com um telefonema de nossa agente, Jill Marsal. Ela havia lido nosso artigo da revista *Harvard Business Review (HBR)* "Você é um Profissional de Grande Potencial?" e nos perguntou se havíamos considerado a possibilidade de escrevermos um livro sobre o assunto. Não havíamos. O telefonema dela, entretanto, serviu de inspiração para começarmos a escrever. Em primeiro lugar, gostaríamos de agradecer à Jill pela sua antevisão e encorajamento. Jay também gostaria de agradecer seus colegas Doug Ready e Linda Hill pela parceria na pesquisa e escrita que produziu o artigo da HBR que, por outro lado, estabeleceu os alicerces deste livro. Jay é particularmente grato a Doug por seus vários anos de pesquisa e escrevendo juntos para solucionar os problemas enfrentados pelas organizações para descobrir novos talentos rapidamente. Tem sido uma parceria e amizade gratificantes.

Sentimo-nos tão afortunados por termos sido agraciados com a editora Melinda Merino, na Harvard Business Review, influente parceira neste projeto. Seria pouco dizer o quão afortunados nós somos. Melinda faz emergir o que há de melhor em nós como autores, seja tentando gerar ideias para a estrutura do livro, lapidando nossa narrativa ou garantindo um claro senso de foco em cada capítulo. Seu senso de humor e disposição para nos ouvir fez com que esta jornada se tornasse agradável e produtiva. Os colegas de Melinda na HBR Press, Jane Gebhart e Dave Lievens, foram fundamentais em fazer com que nossas palavras fluíssem naturalmente, desenredando pontos complexos e mantendo-nos no rumo certo. Obrigado a vocês dois. Também queremos reconhecer a colaboração de Keith Pfeifer e seus colegas da equipe de vendas e marketing da HBR Press. Ficamos empolgados em trabalhar com vocês e ver nosso livro se tornar realidade.

Esta é a primeira vez que estabelecemos uma parceria para escrevermos juntos. Constatamos que cada um de nós complementava o outro nas muitas demandas para se escrever um livro como este. O Allan gostaria de fazer um agradecimento especial ao Jay por convidá-lo a fazer parte deste projeto e pela energia criativa que compartilhamos. Jay é particularmente grato a Allan por seu raciocínio crítico, seu profundo conhecimento em avaliações de profissionais de grande potencial e sua generosa disposição de aguentar as constantes reformulações feitas por Jay. Foi uma jornada fantástica!

Este livro não teria sido possível sem a participação de várias pessoas que generosamente compartilharam conosco suas ideias e experiências sobre liderança e talentos de grande potencial. Allan gostaria de agradecer seu chefe atual bem como seus ex-chefes na Pepsico, entre os quais Lucien Alziari, Peggy Moore, David Ayre, Ron Parker, Andrea Ferrara, David Henderson, Sergio Ezama, Monique Ritacca-Herena, Ruth Fattori e Cynthia Trudell. Cada uma dessas pessoas colocou desafios para ele e deram alguma contribuição única para o conhecimento dele sobre os mecanismos internos do desenvolvimento de talentos e do potencial humano nas organizações. Ele também gostaria de agradecer seus colegas mais próximos: Chris Rotolo, Rebecca Levine, Nicole Ginther, Mike Tuller, Matt Del Giudice, Alyson Margulies, Cara Wade, Kim Happich, Christina Fleck, Lily Maissen, Lori Dawnson, Jamie Lopez, Rafi Prager, Linn Nordlander, Jacqueline Dickey, David Oliver, Jeff Johnson, Miguel Premoli, Camilla Arnsten, Christopher Shyroc e Pavan Bhatia, com os quais trabalhou na construção de um sistema de avaliação e desenvolvimento de primeira categoria.

Além disso, Allan quer reconhecer seus amigos, influenciadores e "conspiradores colaboradores" externos e, por vezes, antagonistas no campo das ideias sobre o tema gestão de talentos e tudo o mais relativo a profissionais de grande potencial. Entre eles, temos: John Scott, Karen Paul, Dave Bracken, John Boudreau, Rodney Warrenfeltz, Jeff McHenry, Bill Macey, Steven Rogelberg, Alan Colquitt, Morgan McCall, Cindy McCauley, Allen Kraut, Milt Hakel, Allen Kannen, Wayne Cascio, Charlie e Evelyn Rogers, Paul Russell, Carol Surface, Maurice Cox, Joel Brockner, Doug Reynolds, Elaine Pulakos, Debra Noumair, Bernardo Ferdman, Eric Elder, Carol Timmreck, Peter Cairo, David Dotlich, Steve Krupp, Marc Effron, Tomas Chamorro-Premuzic e Seymour Adler. Agradecimentos especiais a Rob Silzer por todas as discussões, debates teóricos e parceria relativos à natureza subjacente do potencial para a liderança e o trabalho fundamental por trás do Modelo para análise do Potencial para Liderança. Rob fez com que Allan visse o potencial no "potencial".

Jay gostaria de agradecer a Joyce Rowland pela oportunidade de trabalhar com ela e sua organização em diversas ocasiões para desenvolvimento de talentos ao longo de vários anos. Estas ocasiões, combinadas com os insights aguçados sobre talentos, foi de fundamental importância em uma série de lições contidas neste livro. Jay também deseja expressar sua gratidão para com os seus colegas das comunidades de RH e de desenvolvimento de liderança que contribuíram com importantes ideias: Mark Alders, Scot Dolny, Steve Erickson, Brian Fishel, Helena Gottschling, Allan Kaye, Lacey Leone, Grace McArthur, Amy Meyer, Nagrath Moheet, Michael Molinaro, Janette Piankoff, David Rodriquez, Richard Volsburgh, Rebecca Walker, Kevin Wilde e Ian Ziskin.

Um grande número de executivos e CEOs desempenharam papéis particularmente importantes para aprofundarmos nosso discernimento sobre os fatores X e líderes de grande potencial. Um agradecimento especial vai para Ray Bennet, Scott Drury, Werner Gaissler, Melanie Healey, Steve Klar, Jeff Martin, Robbie Pearl, Douglas Peterson, Dimitri Panayotopoulos, Drew Pinto, Debra Reed, Brendon Swords, Steven Williams e Martha Wyrsch. Além disso, extensivas entrevistas com os seguintes indivíduos aprofundaram nosso entendimento sobre o que é necessário para se tornar e permanecer na condição de profissional de grande potencial: Joe Albarella, Brenda Arends, Hari Avula, Arnoud Balhuizen, Jeremy Chura, Claudia Craigoza, Jim Cristallo, Elan Feldman, Gina Fu, Kelly Hall, Graeme Hepworth, Jean Hyman, John Jenkins, Chris Kempeczinski, Veena Khanna, Spencer Li, Julian Lustig, Jim Lynch, Janisse Martinez, Rachel Sommers, Divya Vishwanath, Matt Thompson, Matthew Milcetich, Amy Miller, Rob Speranza, Don Swan, Greg Veith e Grace Warren. Além destes, muitos outros homens e mulheres que, ao longo dos anos, compartilharam conosco suas experiências sobre liderança. Embora apenas alguns deles figurem neste livro, apreciamos profundamente as lições que nos ensinaram.

Nós dois queremos reconhecer e agradecer os mentores que influenciaram nossas ideias neste livro e, em última instância, nossas carreiras. Jack Gabarro, John Kotter e Paul Lawrence desempenharam um papel importante no entendimento de Jay sobre a complexidade da liderança e o valor crítico da pesquisa de campo. Eles ensinaram a ele, sobretudo, que a pesquisa precisa avançar a prática da gestão de maneira significativa. Ralph Biggadike, John Kotter e Jack Weber inspiraram Jay a se tornar professor de comportamento em organizações, a descobrir o seu amor pelo ensino (a gestores) e a perseguir sua paixão em torno de liderança. A pesquisa de Jay juntamente com Ed Lawler foi o elemento catalisador para despertar o interesse dele por recursos humanos e gestão de talentos. Warner Burke tutelou Allan quando este ingressou no campo do desenvolvimento organizacional e continuou com a sua mentoria ao longo da carreira de Allan. Somos gratos a estas pessoas especiais que moldaram nosso pensamento e nossas carreiras. Ao encerrarmos, Jay gostaria também de agradecer ao Claremont McKenna College pelo período sabático que proporcionou a ele o tempo necessário para poder escrever este livro.

Sobre os Autores

JAY A. CONGER é professor titular da cátedra de Estudos sobre Liderança Henry R. Kravis do Claremont McKenna College. Como educador e *coach* de executivos, trabalhou com milhares de líderes ao longo de sua carreira. Sua paixão pelo ensino o levou a se tornar um dos melhores educadores do mundo para altos executivos segundo proeminentes publicações do mundo dos negócios. Tirando proveito de sua atividade como consultor e de suas pesquisas sobre liderança, Jay publicou 15 livros e mais de uma centena de artigos sobre assuntos que vão do desenvolvimento de líderes, persuasão e comunicação, liderança para executivos, governança de conselhos de administração à mudança organizacional. Contribui com frequência para a Harvard Business Review, e o seu artigo "A Necessária Arte da Persuasão" é um best-seller de longa data. Suas ideias sobre liderança foram publicadas em grandes periódicos como *Businessweek, Economist, Financial Times, Forbes, Fortune, New York Times, San Francisco Chronicle* e *Wall Street Journal*.

Ao longo de sua carreira Jay trabalhou nas faculdades de administração da Harvard Business School, INSEAD (França), The London Business School, McGill University e University of Southern California. Foi professor de cátedra do Kravis Leadership Institute do Claremont McKenna College, onde dirigiu um dos centros acadêmicos mais avançados dos Estados Unidos voltados para o desenvolvimento e a pesquisa em liderança. Também foi diretor do Leadership Institute da Marshall School of Business da University of Southern California.

Sua paixão por liderança começou em tenra idade. Daí em diante Jay foi em busca de oportunidades para liderar, primeiramente como estudante e, depois, como organizador de campanhas políticas, gerente internacional de marketing, professor e consultor. Graduou-se pelo Dartmouth College. Tem MBA pela University of Virginia e doutorado pela Harvard Business School.

ALLAN H. CHURCH é vice-presidente sênior da Global Talent Assessment & Development da PepsiCo. Ele é responsável por estabelecer a estratégia de talentos da empresa, para a identificação e o desenvolvimento de profissionais de grande potencial, bem como para o fortalecimento da cadeia de liderança através do processo de análise retrospectiva de talentos denominado Planejamento de Pessoal. Allan e a sua equipe também planejam e programam atividades internas de alto impacto para a avaliação e o desenvolvimento de altos executivos. Ocupou anteriormente cargos de vice-presidência nas áreas de gestão de talentos e desenvolvimento organizacional na PepsiCo e durante os últimos dezessete anos elaborou e implantou muitos dos processos e ferramentas de ponta da companhia. Antes da PepsiCo, trabalhou como consultor em desenvolvimento organizacional para a W. Warner Burke Associates e na IBM nos departamentos de Medições nas Comunicações e de Pesquisa de Pessoal da corporação. Allan atuou como presidente do conselho de administração do Mayflower Group e no comitê executivo da SIOP. No momento atua no comitê executivo do The Conference Board's Council of Talent Management e no conselho de administração da HRPS (Human Resource People & Strategy), a rede de executivos da SHRM. É professor-assistente adjunto do Teachers College da Columbia University e editor-associado do Journal of Applied Behavioral Science. Atua nos conselhos editoriais do Consulting *Psychology Journal, Industrial-Organizational Psychology: Perspectives on Science, Journal of Psychology and Business, Journal of Social Psychology*, People & Strategy e *OD Practitioner*. Escritor atuante, com autoria de vários livros, mais de trinta e cinco capítulos de livros e mais de cento e cinquenta artigos acadêmicos e também aqueles voltados para profissionais especializados. Possui PhD em psicologia organizacional pela Columbia University. Membro da Society for Industrial-Organizational Psychology, da American Psychological Association e da Association for Psychological Science.

GRÁFICA PAYM
Tel. [11] 4392-3344
paym@graficapaym.com.br